Heibonsha Library

加藤周一を読む

「理」の人にして「情」の人

鷲巣力

平凡社

本著作は二〇一一年、岩波書店より刊行されたものの増補改訂版です。

目次

凡　例

（1）出典の明示は、原則として、以下の通りとした。

・読者の便宜に供するため、その著作の「初出」が分かるように表示すると同時に、「加藤周一セレクション」（平凡社、以下「セレクション」という）に収められた著作は「セレクション」の巻数と頁数を、「セレクション」には収められず「自選集」（岩波書店）に収められた著作は「自選集」の巻数と頁数を、「セレクション」や「自選集」には収められず「著作集」（平凡社）に収められた著作は「著作集」の巻数と頁数を明示した。

・「セレクション」や「自選集」、「著作集」にも収められていない著作は、もっとも代表的な単行本あるいは初出紙誌を提示した。

（2）引用については、原則として、以下の通りにした。

・引用文も、若干の例外を除いて、右記の原則に従った。

・引用にあたって、原文の明らかな誤植と判断したものは改めた。

・引用者による註は〔　〕内に示した。

（3）その他について

・平凡社ライブラリーに入れるにあたって、差し換えたり新たに書き加えたりした節については、目次および節題の末尾に〔＊〕を付した。

・人名については、当該者の生歿にかかわらず、敬称は略した。

・難読漢字には、初出に限らず、適宜ルビを付した。

まえがき　ことば・人間・希望――加藤周一が大切にしたもの

加藤周一は一九一九（大正八）年九月一九日に生まれ、二〇〇八（平成二〇）年一二月五日に亡くなった。享年八九。戦後日本を代表する知識人である。加藤は自らの生業《なりわい》をしばしば「売文業」と称したが、人生のほとんどを文筆活動と大学教員活動に費やした。加藤は作家とも評論家ともいわれるが、どのような作家・評論家として認められているのだろうか。『現代人物事典』（朝日新聞社、一九七七年）で「加藤周一」を執筆した日高六郎は、次のように定義する。

評論家、作家。一九一九（大正八）年九月一九日生まれ。東京府立一中、一高を経て、四三年東大医学部卒。才気の早熟はめざましかった。大学在学中、太平洋戦争さなかの四二年中村真一郎、福永武彦らと「マチネ・ポエティク」を結成。ヨーロッパ近代詩と『古今集』『新古今集』の美に傾倒して、押韻の定型詩をつくる。他方では、戦争の狂気に対する冷静で合理的な批判的態度を持ち続けた。

敗戦後の文筆活動は、きわめて多方面にわたる。血液学を専攻する医学者でもあった加藤は、文学・芸術評論家、文明批評家、時事評論家、文学史家、小説家、詩人、翻訳者として活躍する。その背景には、和漢洋の文化、文学、芸術についての広い教養と知識があった。活動の舞台も国際的に広がり、カナダのブリティッシュ・コロンビア大学（六〇～六八年）、ベルリン自由大学（六九～七三年）、アメリカの諸大学で日本文学や日本美術を教えた。

（後略）

これは加藤にたいする定義として定評があるものである。加藤を手短に語るときには、しばしばこの定義が下敷きに使われた。この定義の鍵となる語は「早熟」「冷静で合理的な批判的態度」「多方面にわたる活動」「和漢洋の広い教養と知識」である。すべて加藤の特徴としてあまねく認められている。

しかし、私が理解している加藤は、「早熟」であると同時に「晩成」であり、「冷静で合理的な批判的態度」が強いと同時に「熱く燃えたぎる情念」に溢れ、「多方面にわたる活動」を展開したと同時に「同じ主題の追究」を持続し、「和漢洋の広い教養と知識」が拡がると同時に「深くて独創的な知見」が掘り下げられ、「冷徹な論理的思考」に優れると同時に「機智に富んだ諧謔《かいぎゃく》」に秀でていた。

このような加藤の九〇年近い人生は、「書く」こと、「読む」こと、それに「語る」ことを中心にして営まれた。加藤は、じつによく書き、じつによく読み、じつによく語った。それだけではなく、書くことを愉《たの》しみ、読むことを愉しみ、語ることを愉しんだ。ひとことでいえば、人生を愉しんだ。

「読む」世界は果てしなく拡がっていた。自宅のふたつの書庫に収められていた書籍は、二万冊を超え、しかも、その範囲は、自然科学、社会科学、人文科学から、文学、芸術、実用書まで、ほぼありとあらゆる分野の書籍が蔵《おさ》められていた。

一九八〇年代の半ばに加藤は、女優でエッセイストの岸惠子と対談したことがある。そのときふたりは初対面だったが、加藤は岸の著書の何冊かをすでに読んでいた。後日、岸は「私の本なんか読んでいるはずがないと思っていたけれど、すみずみまで本当に読んでいらした」と述べた。岸はお世辞をいったわけではない。著者は、自分の著書にかんする書評を目にしたとき、あるいは感想を耳にしたとき、相手がどこまで読んだか、その範囲と深さを精確に理解する。岸は、加藤が自分の著書を本当に読んだことを察知したのである。

加藤はまた映画館や劇場や美術館に通うことも愉しんだ。映画や美術や芝居を観れば、そのパンフレットやカタログを求めた。自宅の居間には、いつも展覧会のカタログが何冊も積み上げられていた。そのカタログは、日本の展覧会のものもあれば、海外の展覧会のものもあった。

編集者や新聞記者が著者の家を訪ねれば、その著者がどんな書物を読んでいるかにおおいに興味をそそられ、そっと「のぞき見」したくなるものである。そういう好奇心に対抗して、なかには蔵書の並べ方でも「演技」する著者がいないわけではない。ところが、加藤はそういうことに一向に無頓着で神経を少しも遣わなかった。玄関や居間や食堂には、どんな書物を読んでいたか、どんな展覧会を観に行ったか、という痕跡が、無造作に、そして確実に残されていた。

加藤はまたじつによく語った。人とのおしゃべりが好きだった。日本の「三大おしゃべり」は、久野収、桑原武夫、丸山眞男だ、と聞いたことがある。桑原武夫のおしゃべりぶりは話に聞くだけで、私は実際に見てはいない。一方、久野と丸山のおしゃべりぶりは、実際に何度も目の当りにしているので、この巷説《こうせつ》には私自身も納得がいく。この「三大おしゃべり」に加藤を加えれば、さしずめ「おしゃべり四天王」とでもいえようか。

加藤に会えばおしゃべりは五時間、六時間に及ぶことも稀《まれ》ではなかった。八〇歳を超えても、いつも三時間から四時間に達した。その間ほとんど加藤がしゃべっていた。私はもっぱら聞き役である。「個人授業」を授けられていたわけだから有り難いことこのうえもないのだが、正直にいえば、聞くだけでも疲れた。御本人はもっと疲れただろうが、そういう素振りは微塵も見せなかった。

次から次へと繰り出される話題は、古今東西に拡がり、ほぼ森羅万象にわたり、専門分野の垣根をいとも簡単に飛び越えた。そして異なる専門分野の事柄を関連づけた。つながりがあるとはおよそ考えていなかったいくつかの事柄が、じつはつながっているのだということがはっきりと見えてくる。あたかも夜空に偶然に点在しているかのように見える星々が、にわかに意味をもちはじめ、「星座」として姿を現してくるようだった。そして「星座」を発見したときに、だれしもが味わうだろう爽快感が全身に満ちてきたものである。

おしゃべりを愉しむことから築かれた加藤の交友はきわめて広い。その一端は、たとえば『高原好日』（信濃毎日新聞社、二〇〇四年。ちくま文庫、二〇〇九年）にも見える。ここに登場する数十人は、信州浅間山麓を舞台に交友を結んだ人たちである。だが、加藤の交友は浅間山麓を舞台としていただけではない。その舞台は、日本のみならず、アメリカ、ヨーロッパはもとより、中国から南米にまで及んでいた。

おしゃべりの交友関係は知識人や文化人とのあいだに結ばれていただけではなかった。長く住んだ上野毛《かみのげ》の商店街に店を営む主人や女主人にも、日ごろから会話を交す人がいた。加藤の葬儀が行われた日の朝、出入りの植木職人が弔問に訪れた。「新聞で加藤さんが亡くなられたことを知りました。そんな偉い方だとはまったく知りませんでした。でも、どうしてもお別れをしたくて参りました」。いかにも純朴そうな職人が加藤に親近感を抱いていることや、そのとき儀礼的に、あるいは興味本位で弔問に訪れたわけでないことは、表情や態度からあきらかに読みとれた。同時に、加藤がふだんその職人にどのような態度で接していたかも窺《うかが》いしれた。

どんなレストランに入っても、気さくにあるいは貪欲に、たとえ短くとも店員とおしゃべりを交した。高級レストランのソムリエにたいする態度も、ファミリーレストランのアルバイトの少女にたいする態度も、変りがなかった。こういう飾らない態度はだれにでも取れるものではないだろう。

お酒を痛飲したことは一度も見たことがないが、さりとてお酒が嫌いではなかった。人と人との話をはずませるために飲むお酒であって、人と人との話をこわすような飲み方は決してしなかった。

加藤は手紙を通しても人とのおしゃべりを交した。見知らぬ人からの手紙にも必要に応じて返事を認《したた》めることもあった。教科書に載った加藤の文章にたいする学校教師の解釈に疑問を覚えて、ある中学生が加藤に直接手紙を送ってきたことがある。「私が書いた文章全体では生徒の解釈が正しい。教科書に取りあげられたところだけを読めば先生の解釈が正しい」と加藤はいった。その旨の返事を中学生に送ったように記憶する。

暮しは簡素だった。美術に深く親しんでいたにもかかわらず、旅先で「美術品」を買い求めることはなく、部屋のなかに、その類は飾られていなかった。その代りに、いつも飾られていたのは、親しい友人たちから季節ごとに届くグリーティングカードだった。人との交りを大切にしたのである。

「書く」ことがなにより好きだった。八〇歳の誕生日を迎えたときにも「人生があと倍あればねえ」と笑った。書くための時間がほしいといいたかったのである。生涯に書いた原稿枚数は数万枚に達するだろう。その著作には、古今東西にわたる知識と教養が活《い》かされ、しかも、美しくかつ精確に表されていた。詩人の魂と科学者の方法を兼ね備えていたからこそ、可能になったことであろう。

それ以上に重要なことがある。加藤の執筆活動の原点には「戦争体験」があった。ことに親友を戦争で失ったことは加藤に決定的な影響を与えた。人間の生命、人間が生みだしたすべての価値を理不尽に踏みにじる戦争に「激しい怒り」を抱いていた。そして、それを生涯忘れることはなかった。だからこそ、ときどきの政治的社会的状況を意識することなしに文を綴ることはなかった。

「読む」ことも、「書く」ことも、「語る」ことも、「聞く」ことも、「ことば」を介する行為であり、「人間」と係《かかわ》りをもつ行為である。思うに「ことばと人間」は、加藤が生涯大切にし続けてきたものである。ことばの力を信じ、ことばの力に賭け、美しいことばを好み、美しいことばで表した。そして、人間の可能性を信じ、人間のつくりだしたものを尊び、人間のなしたことを敬し、人間のつくりだしたものを愛した。それが加藤の基本的姿勢であり、これも生涯を通して変ることはなかった。

本書では、加藤の著作活動の軌跡を辿《たど》ることになるが、加藤の七〇年にわたる活動は、大きく三つの時期に分けられる。

第一期は、旧制高等学校時代からおよそ一九六八（昭和四三）年まで。加藤が文章を書きはじめて「加藤周一」として大成させていく時期である。そのあいだに加藤は三回の「出発」を重ねた。

「第一の出発」は、中学時代から大学時代にかけて、いくさ（戦争）の日々のなかでなされた。文学に関心をもち、戦争に疑問を抱き、医学の道に進み、文学を志したことである。「第一の出発」の終りに作家としての出発がもたらされる。「第二の出発」は、フランス留学である。フランスで、文学の研究方法を修め、ものごとを全体的に理解する精神と方法を学んだ。「第三の出発」は、カナダ西海岸のヴァンクーヴァーにあるブリティッシュ・コロンビア大学で、日本文学・日本美術を深く学び、かつ教えたことである。この時代を加藤自身も「蓄積の時代」と呼んだ。「蓄積」がいかなるものであったかは、このころに記されたおびただしい量の「ノート」が物語る。こうして自らを完成させたとき、自伝的小説『羊の歌』(正続、岩波新書、一九六八年、改版二〇一四年)を書いた。

第二期は、一九六九(昭和四四)年以降、一九八〇年代末までのおよそ二〇年間である。加藤のもっとも多産な時期であり、「蓄積」が花開いた時期である。この時期に加藤の代表作である『日本文学史序説』(筑摩書房、「上」は一九七五年、「下」は一九八〇年)や『日本 その心とかたち』(全一〇巻、平凡社、一九八七、一九八八年)を著し、編集長として『大百科事典』(平凡社)を編んだ。さらに「夕陽妄語《せきようもうご》」(朝日新聞社、一九八四―二〇〇八年)の連載を始め、この連載は第二期を越えて、最晩年まで続く。

第三期は、一九九〇年代初頭から亡くなるまでのほぼ二〇年間である。加藤の「日本文化論」の集大成である『日本文化における時間と空間』(岩波書店、二〇〇七年)をまとめたが、一方では、憲法を護るための市民運動である「九条の会」に精力を注ぎ、避けられない「死」の問題を考えつづけた日々でもある。しかし、森鷗外、齋藤茂吉、木下杢太郎という――加藤と同じく医者にして文学者である――知識人を通して、近代日本精神史を描こうとした企て、すなわち『鷗外・茂吉・杢太郎』を完成させる時間は与えられなかった。死が避けられない病状になってもなお、鷗外・茂吉・杢太郎について語ろうとした態度に、加藤の無念の思いを感じる。

加藤の生涯の言動を支えたものは何だろうか。それは、人間の自由を求める烈しい情熱と、ものごとの意味を究めようとする冷徹な知性だったに違いない。三木清は林達夫のなかに「歴史家と批評家との幸福な結合」を認めたが、私は、加藤のなかに「「理」と「情」との幸福な結合」を見る。

加藤の文学や芸術に関る創見でも、政治的社会的問題にたいする意見でも、それらはいつも少数派の位置を離れることはなかった。そして、少数者としての矜恃《きょうじ》を保って発言しつづけた。声高の大言壮語を嫌い、語るときにはいつも声低く語った。狂信的なものを拒み、厭世的《えんせいてき》なものを嫌う。権力に近づかず、権力に与《くみ》することから身を遠ざけた。その反面、弱者を理解しようとし、弱者の立場に立って発言しつづけた。ソロモンの栄華によりも、ひともとの野の百合に価値を見出す人だった。だからこそ、よくいわれるような「知の巨人」といった表現を、加藤は好むはずもなかった。

新聞、出版、放送というマスメディアだけではなく、加藤は、あるいは講演会に、あるいは研究会に、あるいは市民たちの小さな読書会に出席しては、自らの考えを述べ、出席者たちと意見を交した。こういう行動に加藤を駆りたてたのは、人との交りを好んだからでもあるが、人間にたいしてと同様に、世の中も変りうるという希望を抱いていたからに違いない。世の中が悪い方向に変りつつあるという「絶望」も深く感じていたが、それ以上に、望ましい方向にも変りうるという「希望」を信じ「希望」に賭けていた。加藤は見事なまでに「希望」を捨てなかった。「希望」を捨てないかぎり「敗北」はない。私たちが加藤から引きつぐべきは、まさにこの「希望の精神」に違いない。

第1部　三つの出発

第1章

いくさの日々
——または第一の出発

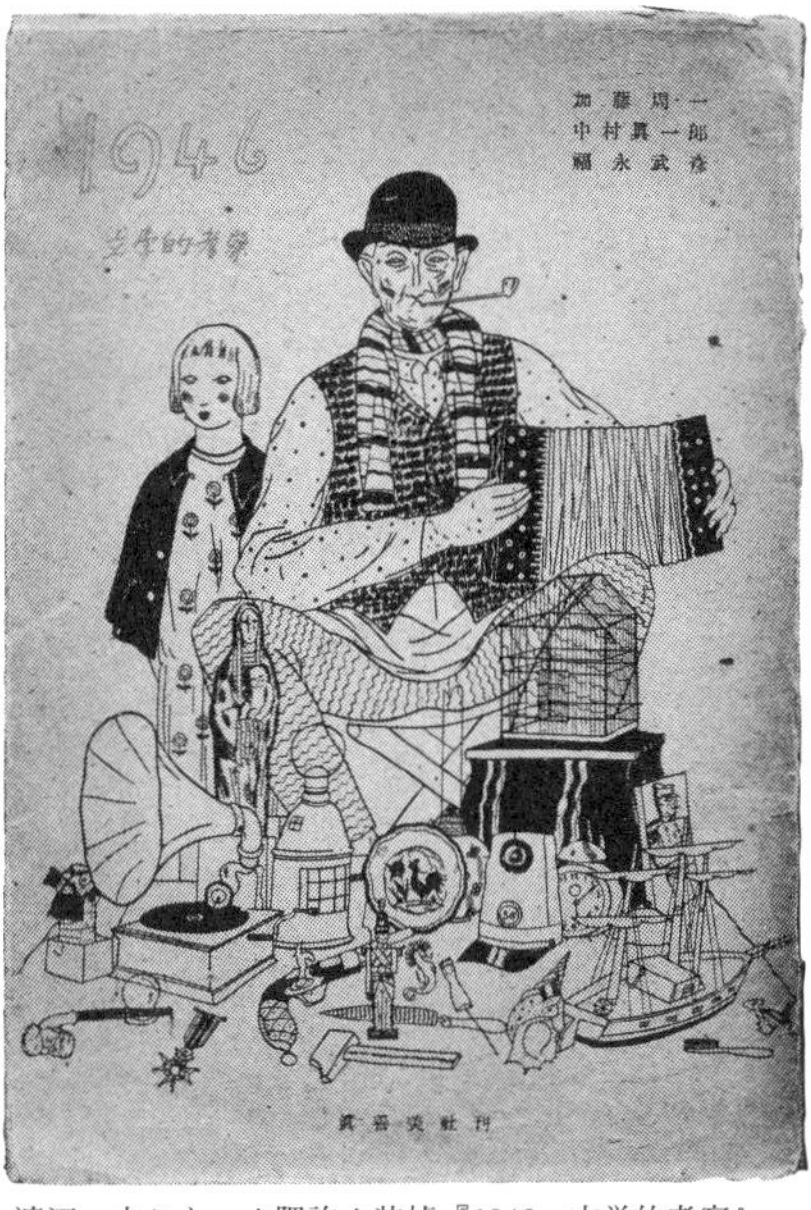

渡辺一夫こと、六隅許六装幀『1946　文学的考察』

１　『向陵時報』と『校友会雑誌』への寄稿

一九一九（大正八）年に生れ、二〇〇八（平成二〇）年に亡くなった加藤周一は、人生のほとんどを二〇世紀に生きた。二〇世紀日本は激動の世紀であるが、その前半と後半では時代の主題が大きく異なる。その前半は主として「強兵」を主題とする時代であり、後半は主として「富国」を主題とする時代だった。「強兵」を主題とした二〇世紀前半に、日本は戦争に次ぐ戦争を遂行した。主なものだけでも「日露戦争」（一九〇四―一九〇五年）、「第一次世界大戦」（一九一四―一九一九年）、「シベリア出兵」（一九一八―一九二二年）、「十五年戦争」（一九三一年満州事変―一九四五年ポツダム宣言受諾）がある。そのあいだに「大正デモクラシー」の時代が挟まれる（期間については諸説あるが、いずれにせよ大正時代を中心とする）。「大正デモクラシー」と呼ばれる時代は、「デモクラシー」と称されてはいたけれど「でも暗し」ともいわれたように、必ずしも民主主義が時代の主潮になっていたわけではない。民主主義と軍国主義とが拮抗し交錯した時代である。ところが、一九二三（大正一二）年の関東大震災を契機にして、経済不況が続くなかで徐々に軍国主義化の傾向を強め、民主主義を駆逐し、軍部ファシズムが確立し「十五年戦争」に突入していく。

そうではあっても「大正デモクラシー」の時代には、比較的自由な、都市文化を謳歌する雰囲気があった。そういう時代のなかで、知識人の上流中産階級の家庭で物心がついたこと、少年時代に軍国主義が民主主義を圧倒していく様子を目の当りにし、いくさの日々に狂信的な思想と行動が日本国中に溢れ、親友をいくさで失ったことは、加藤の精神形成、すなわち「第一の出発」に大きな影響を与えた。

父信一（一八八五—一九七四年）は東京帝国大学医学部の医局長だったが、のちに開業医となる。医学ばかりではなく工学にも興味をもち、一九歳のときに『写真術階梯』（小西本店、一九〇四年）という書物を著している。信一の兄、つまり加藤の伯父精一が写真に凝っていたので、その影響もあったのだろうか。この書物は写真を撮る技術を述べたものではなく、写真機という機械について説いたものである。一方、文学書も愛読し、明星系の歌人たちの歌を好み、自らも短歌を詠み、書斎には『万葉集』をはじめ日本古典文学関連の多くの文学書を蔵した。ところが、父信一は加藤が医学の道に進むことを望まず、文学の道に進むことも好まず、工学の道に進むことを願っていたらしい（実妹本村久子談）。工学は父信一の「見果てぬ夢」だったのかもしれない。医者としての信一は「患者を見ても病名をなかなか同定せず、安静にしていれば治るといって薬もあまり与えなかった」（加藤談）ことは、自伝的小説『羊の歌』（前掲、二八頁、改版三一頁）にも見える。こういう「無愛想な」医者では開業医としては、当時も今日も流行らず、父信一は息子周一にたいしても開業医としての資質を認めていなかったのかもしれない。

病弱であった加藤は、外で遊ぶことを好まず、父親の書斎に蔵《おさ》められていたいくつかの文学書を見つけて読むことを好んだ。こうして読書の習慣を根づかせ、文学への興味を募《つの》らせていく。多くの書物を読み、考えること感じることが多くなれば、自分でも何かを表現したくなるのは自然の成り行きである。
　加藤が自分の書いた文章を積極的に発表するようになるのは、おそらく第一高等学校時代（在学は一九三六―一九三九年）のことである。それらのいくつかは「加藤周一著作集」（全二四巻、平凡社、一九七八―二〇一〇年、以下「著作集」という）や「加藤周一自選集」（全一〇巻、岩波書店、二〇〇九―二〇一〇年、以下「自選集」という）に収められている。二〇二三年八月現在で、もっとも早い時期の加藤の文章として確認できるものは、「藤澤正」という筆名で、一八歳のときに書かれた「映画評「ゴルゴダの丘」」（『向陵時報』第一高等学校寄宿寮、一九三六年一二月一六日）である。この著作は「著作集」にも「自選集」にも収められていない。それらを編纂するときにはいまだ確認されていなかったからである（これを発見したのは「自選集」の「著作目録」を編纂した矢野昌邦である）。今日のほとんどの読者は読んだことがない著作だと思われるので、少し長くはあるが以下に全文を紹介する。

　この映画にはかりにも批判と名づけ得べきものゝ片影だにないのである。批判のない解釈は――勿論《もちろん》そこにはデュヴィヴィエの大衆作家が傲然とのさばつてゐるばかりである「地の果てを行く」でミリタリズムを謳歌する彼のイデオロギイと情熱がカトリシズムに対して全く同様に通用するといふことは彼の制作動機を示唆するものでなくて何であらう。存外デュヴィヴィエの本性はヘロイズムにあるのかも知れない。が、これ等の作品から帰納される彼のヘロイズムは不幸にも大衆作品の最も鼻もちならぬ要素の一つであるといふ外はない。

要するにこれは聖書の字義通り少しくヘロイックなポーズで映画化したものである。その上、この「字義通り」が大《おおい》に祟《たた》つてゐるのである。

元来映画のイリエージョンは文章から来る印象よりも性質がリアルである。之は映画の可能性のもつ有力な方法の一つであるが、方法は必然的に対象を制約する。映画は独自の対象のうちにリアリテイの分野を開拓しなければならない。現にシエイクスピアの夢幻的神秘的壮麗さが一度スクリーンの上にあらはれると如何《いか》に馬鹿々々しく退屈なものであるかと言ふことは「真夏の夜の夢」を見た人は誰でも知つてゐることであらう。キリストのミラクルの場合も同様である。聖書ではそれを象徴的にとる、或《あるい》はさうでなくても不自然さが割合に目立たないのであるが、キリストが十字架にのぼる途端に雷鳴一時に轟いて地が揺らぎ出したり、手の槍傷を示しつゝ「汝等何を惑ふや」と言ふて弟子達に復活のキリストが出現したりする所を目の前に見せつけられては、全く荘厳どころの騒ぎではない。

実際映画の方法をこの位十分に活用した者も少い。外人部隊の戦闘を描いては流石に名職人フランクロイドに及ばぬデユヴイヴイエも一度所を得ては光彩陸離たる大手腕を発揮する。例へばピラトがキリストの罪を群衆の前に断ぜんとするとき死罪を連呼する彼等の動きと音の描写の如きは実に精緻を極はめ、そのリアルな迫力は如何なる藝術上の作品にもその美を容易に見出し難いであらう。始めにキリストを迎へる所、又キリストが群衆を追ひ払ふ所、或は十字架を負ひゴルゴダの丘を蔽ふてのぼるあたり等も実に驚嘆すべき描写と言はなければならぬ。

勿論「彼」の表現は単に群集にばかり見られるのではない。映画は或は優美な、或は荘厳な、無数の素晴しいカットに充ちてゐる。一々数へあげては限りもないが、使徒達が木の枝を手折り、振りかざして歩む辿《すべ》り出し、又復活したキリストが「我が羊を飼へ」とさとすあたり陽光を一ぱいに浴びる牧羊の群の光景、或は覗き見するユダを近景にとり遠く写す最後の晩餐に林の廻る所等、デユヴイヴイエの詩が溢ふれるばかりに湛えられてゐる。クリユージエの撮影に負ふこと大なるは言ふまでもなく、聖歌を適当に用ひたイーベル担当の音楽も又之を助けたにちがひないが、これ等のカットには天才デユヴイヴイエの面目躍如たるものがあるのである。

俳優ではル・ヴイギアンのキリストが断然うまい。彼の幅のある好技がこの絵画的効果と相まつてイデオロギイの恐しく貧弱な映画を救つた功績は「罪と罰」のブランシヤールの熱技と共に淋しかつた秋のシーズンに忘れられてはならぬものであらう。アリイ・ボールとギヤバンは彼等としては平凡だし又大した芝居をする所でもなかつた。しかしアリイ・ボールのヘロデ王がキリストをなぶる所等は流石に捨て難い味がある。「罪と罰」の予審判事にしろ今度のヘロデ王にしろ彼は人をからかふのに妙を得てゐるらしい。

モンタージユは、――殊にキリストの断罪の裁判のあたりのモンタージユは可なり錯綜してゐる。また群集が始めにキリストを讃へ後には死罪を叫ぶといふことの説明等も不足してゐるやうである。私は分けが分らないと云ふ声を二度も観客席から聞いたのであるが日本の観集とフランスの観集とではバイブルの予備知識が丸で違ふるであらうことも考慮しなければなるまい。

要するにジエリアン・デユヴイヴイエの大衆性と藝術性の特徴が最もよくあらはれた映画として興味がある。その絵画的効果は無類の美しさであり、その作品内容は二千年来のマンネリズムを墨守して歴史の含む多くの問題――それは勿論現代のうちにも生きてゐる――には全く批判と洞察の目をつむつてゐるのである。（明らかな誤植は引用者が訂正した。以下同）

『ゴルゴダの丘』は、ジュリアン・デュヴィヴィエ監督が、カトリック教徒の寄付を受けて一九三五（昭和一〇）年につくった映画である。題名からも容易に察せられるように、この映画は『聖書』を題材としている。デュヴィヴィエは『望郷』『舞踏会の手帖』『巴里の下セーヌは流れる』などの作品で知られるフランスの映画監督であるが、戦前、日本ではきわめて人気が高かった。加藤は「デュヴィヴィエの映画は輸入されたものを全部観ちゃった」（『過客問答』かもがわ出版、二〇〇一年、一二九頁）らしい。

右に見たように「この映画にはかりにも批判となづけ得べきもの丶片影だにない」という激しい調子で文は始まり、「要するにジエリアン・デユヴイヴイエの大衆性と藝術性の特徴が最もよくあらはれた映画として興味がある。その絵画的効果は無類の美しさであり、その作品内容は二千年来のマンネリズムを墨守して歴史の含む多くの問題――それは勿論現代のうちにも生きてゐる――には全く批判と洞察の目をつむつてゐるのである」と結ばれる。

ここには後年の加藤の文章や考えかたの特徴が早くも見られる。第一は、分析する対象の「核心」を衝《つ》こうとする態度。第二に、「その絵画的効果は……、その作品内容は……」というような「対句的表現」。第三は、作品のなかに現代の問題が描かれなければ評価しないという姿勢。「三つ子の魂百までも」というべきか。

それにしても加藤は映画をよく観ている。引用される他の作品を見れば、当時の映画を丹念に観ていたことが窺いしれる。しかも、この映画評は、たんなる筋書きの紹介・批評ではなく、まぎれもなく「映像批評」になっている。今日の映画評でさえ、その多くは筋書き批評に過ぎず、映像批評になっていないことを考えれば、出色の映画評である。わずか一八歳でこれを著したことに驚かされる。

加藤が映画評から文章を書きはじめたのには理由がある。旧制第一高等学校時代には、庭球部に所属すると同時に映画演劇研究会にも所属していたからである。映画を観ることを好み、友だちや妹を誘っては「新しく封切られるほとんどの映画を見ていた」（実妹本村久子談）。加藤は「映画は西洋への窓」（前掲『過客問答』、一二九頁）と位置づけていた。映画では、人物、言葉、しぐさ、風景、風習などが具体的に表現されるからである。日本映画よりも西洋映画を好んで観たのだが、映画を通して「西洋」を学んでいたのである。

さまざまな分野の芸術を愉しむ習慣を加藤は終生もっていたが、映画鑑賞はもっとも早く身につけ、晩年に到るまで保ちつづけた習慣である。こうして『向陵時報』に四つの映画評を発表した。なかでも「映画評『新しき土』」（『向陵時報』一九三七年二月一八日。「自選集」一所収）は、注目に値する批評である。これもまた手厳しい批評であるが、この文章にものちのちの加藤の考えかたの一端を窺うことができる。たとえば「断片的美しさの支離滅裂な、雑然たる集合、従って見ているときは恍惚としているが済んで終《しま》えば頭に何にも残らない」（『自選集』一、三頁）とか、「映画のレーゾン・デートルは蓋《けだ》し「将来の戒め」の一語に尽きる」（同五頁）とかいった皮肉な言い回しは、いかにも加藤らしい。しかも、「断片的美しさの支離滅裂な集合」というような捉えかたは、後年の日本文化論にまで貫かれる。

「映画評「ゴルゴダの丘」」も「映画評『新しき土』」もそうであるが、第一高等学校時代に書かれた加藤の文章には「藤澤正」という筆名がよく使われる。なぜ「藤澤正」という筆名を選んだのか、その理由は明らかではない。

「映画評「ゴルゴダの丘」」や「映画評『新しき土』」を発表した『向陵時報』は、第一高等学校の寄宿寮内の新聞であり、学生によって編集発行された。創刊は一九二二（大正一一）年六月一日。第一高等学校は東京府本郷区向ヶ岡弥生町（現・東京大学農学部敷地）に校舎があったことから「向陵」と名づけられた。第一高等学校が一九三五（昭和一〇）年に東京府目黒区駒場に移転した後も紙名は変えずに、二度の休刊をはさみ、一九五〇（昭和二五）年二月まで続いた。

加藤（一九三六年入学）は『向陵時報』に多くの作品を発表した（二〇二三年現在、一九点が確認できる。矢野昌邦編「著作目録」に載らない二点がある。この二点は「春藤喬」の筆名で書かれた）。そのうち一〇点が一九三八年の掲載である。映画評や劇評が多く、右に述べたふたつの映画評も『向陵時報』に発表した作品である。「自選集」の「著作目録」に明らかなように、ほとんど毎号のように発表しており、ある号の「編輯後記」（一九三八年五月三〇日号）には「近来頓《つと》に油の乗ってきた」（鷹津《たかつ》義彦《よしひこ》）と評されている。

旧制高校は全寮生活と寮の自治を特徴とした。第一高等学校では一八九〇（明治二三）年に自治寮が開設され、同時に学生と教職員による校友会が創設され、文芸部、ボート部、ベースボール部などがつくられた。文芸部は『校友会雑誌』を編集発行する任に当ったが、その編集委員は文芸部員から選ばれた。

『校友会雑誌』は一八九〇年に創刊され、一九四四（昭和一九）年に終刊した。のちに学術・文芸の世界で名を馳せた数多くの人たちが青春時代に作品を発表した舞台である（日本近代文学館編ＤＶＤ版が復刻されている）。上田敏（一八八九年入学）、阿部次郎（一九〇一年入学）、谷崎潤一郎（一九〇五年入学）、和辻哲郎（一九〇六年入学）、林達夫（一九一六年入学）、川端康成（一九一七年入学）、堀辰雄（一九二一年入学）、中島敦（一九二六年入学）、立原道造（一九三一年入学）、福永武彦（一九二四年入学）、中村眞一郎（一九三五年入学）などが寄稿した。

『校友会雑誌』に加藤は三つの小説を掲載した。『校友会雑誌』に最初に発表した作品は「正月」（一九三八年二月。「自選集」一所収）である。これは一八歳のときの作品で、残されているもっとも初期に属する小説である（なお、確認できる加藤の最初の小説は『向陵時報』〔一九三八年一月一七日号〕に載った「小酒宴」である）。

右の「正月」に登場する「秋元先生」とは『羊の歌』に描かれる小学四年生のときの担任「松本〔謙次〕先生」（実名）に違いない。「よく事実を見なければいけない」ことを生徒に教え、加藤は、その人柄を好み、その知識を敬っていた。作品では、高校生になった「私」が恩師を訪ねる。時間の経過、時代の変化、「私」の成長、そして恩師の家庭での姿を見たことが、「私」に恩師にたいする微妙な違和感を覚えさせる。人物の心理を巧みに描く小佳品である。

私が辛じて中学に入ったのと前後して、先生も目的〔中学教員免許の取得〕を達せられたが、私の祝いに来て下さった先生が、免状はとっても職は少いし、月給も小学校の方が多いと云って苦笑された時には、自分のよろこびに有頂天だった私も冷いうしろめたさを感じた。その後一年に一度位ずつお会いする度に、動物に限らず理科教育に対する先生の情熱的なものが世間的常識の裡《うち》に消えて行く様に思われた。

二年ぶりにむかい合ってみると、先ず白髪のかすかにまじったお顔に年齢を感じると共に、今は先生の科学的精神もディレッタンティズムとしか思われなかった。

ただでもぽつりぽつりと語られる先生との会話は、互に相手の話題に乗りきることが出来なかったために、とかくと切れがちなものであった。しかし淡い親しさの交流を意識していたので、それは少しも苦痛にはならなかった。たびたび沈黙が会話を襲って来る度に、何とかしてそれを破ろうとお互に努力するあの惨めな焦燥を、私は嘗《かつ》て一度も先生との会話に経験したことはなかった。

（『自選集』一、二〇〇九年、一二頁）

他のふたつの小説は「従兄弟たち」（一九三八年六月）と「秋の人々」（一九三八年一一月）であ

る。加藤が「正月」を発表したころの『校友会雑誌』の編集委員には、中村眞一郎や小島信夫が名を連ねている。加藤も一九三八（昭和一三）年度の編集委員に就き、編集委員として「編輯後《へんしゅう》記」を書いた。そこにはこんな文章も書かれている。「私は最近三高戦応援の練習ぶりを拝見して大いに感心した。一高生のスポーツに対する情熱は到底文化に対する情熱の及ぶ所ではないと思った」（「自選集」一、一七頁）。ここに見られるような皮肉な調子の文章は「映画評『新しき土』」の文章にも共通するが、何にたいしても「熱狂」を嫌う気質も、加藤が早くから身につけ、生涯変らなかったものである。

加藤が『校友会雑誌』の編集委員に就いたころ、軍国主義の風潮がこの雑誌にも及びはじめていた。なかには軍国主義的な調子を帯びた編輯後記を書く委員もいた。その後まもなく、校友会は護国会となり、『校友会雑誌』も『護国会雑誌』（一九四一年六月―一九四四年六月）と名前を変えることになる。

加藤が『校友会雑誌』に作品を発表したのは一九三八年だけである。一九三九（昭和一四）年には小島信夫や矢内原伊作らと同人誌『崖』を創刊し、同人誌『山の樹』（鈴木亨主宰。同人に伊東静雄、福永武彦、中村眞一郎らがいた）に寄稿し、一九四二（昭和一七）年には「マチネ・ポエティク」を福永武彦、中村眞一郎、窪田啓作らと結成する。この「マチネ・ポエティク」という名は、福永武彦の命名だというのが通説だろうが、同人のひとりであった山崎剛太郎《やまさきこうたろう》の記憶によれば、加藤によって付けられたという（清水徹との対談「加藤周一の肖像――青春から晩年まで」、世田谷文学館、二〇一〇年九月二六日。『知の巨匠　加藤周一』岩波書店、二〇一一年、一七二頁）。精確なことはよく分からない。

2　出発点としての『青春ノート』〔*〕

　前節で述べたように、一九三六（昭和一一）年一二月一六日に「映画評「ゴルゴダの丘」」（本書二六―二九頁に紹介）を『向陵時報』に発表以来、加藤は『向陵時報』や『校友会雑誌』に頻繁に寄稿するようになった。文章を著すには、メモ書きを記し、参考資料を抜き書きし、草稿をつくるといった準備作業が必要になる。準備作業はしばしばノートを用いる。加藤は一九三七年（一八歳と推定できる）からノートを採りはじめ、一九四二年五月（二二歳）まで採りつづけた。それが加藤の歿後に発見された八冊のノートである。学生時代に採ったノートとしては、それ以前のノートも、それ以後のノートも見つかっていない。「ノートⅠ」から「ノートⅧ」まで番号が振られ、原稿枚数は四〇〇字換算で二〇〇〇枚に達する。ノートには、詩歌、小説の草稿、小説、評論文の草稿、評論文、そして日記が、ジャンルを問わず、ほぼ日付順に記されている。おおむね「ノートⅠ」から「ノートⅣ」までは第一高等学校時代（一九三七―一九三九年）、「ノートⅤ」と「ノートⅥ」は浪人時代（一九三九―一九四〇年）、「ノートⅦ」と「ノートⅧ」は大学時代（一九四〇―一九四二年）に採られている。八冊のノートを総称して「青春ノート」と名づけたのは加藤ではなく、元立命館大学図書館次長の武山精志である。「青春ノート」の抄録は『加藤周一　青春ノート――一九三七―一九四二』（鷲巣力・半田侑子編、人文書院、二〇一九年）として刊行された。また、「青春ノート」のすべては、キーワードによる検索機能をもったデジタルアーカイヴとしても公開されている。立命館大学図書館のサイトからTRC-ADEACを通して、だれでも、いつでも、どこからでも、アクセスすることができる。

「青春ノート」の「ノートⅠ」から「ノートⅧ」まで目を通せば、加藤の青春時代の軌跡が読みとれる。またその後の加藤の活動の萌芽を確認することもできる。

まず気づくのは、詩歌にたいする並々ならぬ関心が保たれつづけたことである。数多くの自作詩歌、あるいは詩人論は八冊のノートのここかしこに書かれる。「ノートⅤ」には八頁にわたる「藤沢正自選詩集」と名づけた冊子が挟みこまれる。この自選詩集には、それまでに詠んだ詩歌から一九点を選んで収めた。詩集をつくりたいという願望の表れだろう。標題脇には「他人が相手にするもんかい」というやや自嘲的な註を付した。

加藤の詠んだ詩歌には「孤独」「さみしさ」「秋」「雨」といった語彙が多く見うけられる。早くも少数派としての自分を自覚し、戦争のさなか、命を落とす可能性を意識し、孤独感を抱いていたためだろうか。

「ノートⅥ」以降は詩作が少なくなる傾向がある。「藤沢正自選詩集」を編集したことで、詩歌を詠むことにたいして一段落の意識があったのかもしれない。あるいは詩作の才について何らかの疑問があり、詩作から少し遠のいたのかもしれない。あるいは加藤のなかで評論にたいする意識が強くなった結果なのかもしれない。

「ノートⅥ」に「AUTOBIOGRAPHIE」という詩が綴られる。

小学一年で恋を知った。
小学六年で自意識を知った。
中学五年で自意識のくだらなさと藝術の高貴を知った。
高等学校の三年で己が藝術の才至らざるを知った。
楽しみも苦しみも自らそれらのなかにあるはずだが、
さて之から何処へ行かうかと思ってゐる。
生命の樹は必らずしも緑に見えず、ましてすべての学問は灰色に見える所ではない。
しかし予想は先走る。私は憂鬱でもないが、別段楽しくもないのだ。

ゲーテの『ファウスト』を踏まえた詩である。「藝術の才至らざるを知った」加藤ではあるが、詩作を捨てたわけではなかった。「マチネ・ポエティク」運動を始めたのは一九四二（昭和一七）年の秋である。太平洋戦争下、加藤は自ら詩歌を詠みつづけ（次節参照）、藤原定家『拾遺愚草』、西行『山家集《さんかしゅう》』、源実朝《みなもとさねとも》『金槐集《きんかいしゅう》』、そして『建礼門院右京大夫集《けんれいもんいんうきょうのだいぶしゅう》』を読んで過ごした。加藤が好んで読んだ詩人たちは、いずれも時代から疎外され、孤独を生きた人たちである。おそらく加藤にとって、時代から疎外された詩人たちの詩集を読むことが、戦時下の孤独の時代を生きるための拠り所であり、かつ抵抗の密かな意思表示であったに違いない。

「ノートⅧ」には「嘗て金槐集の余白に」（一九四一年七月一八日）と題した文章を綴る。『金槐集』については『しらゆふ』(白木綿)という医学部学生の同人誌にも寄稿した(一九四一年)。「ノートⅧ」に書かれた文は、その草稿である。戦時下、実朝の『金槐集』は人気の高い歌集であった。その益荒男《ますらお》ぶりを評価されていたからである。しかし、加藤はそういう世間の風潮に異を唱えるかのごとく、実朝の孤独を読みとった。流行にたいする異議だったのだろう。

『金槐集』については、敗戦直後に書いた「金槐集に就いて」(「セレクション」五、一九九九年、一七九頁)もあり、それは『1946　文学的考察』(真善美社、一九四七年)に収められた。三度も書いたのは実朝にたいする深い共感があったのだと思われる。戦時下から敗戦直後にかけて書いた三つの『金槐集』論を読み比べれば、実朝という無能な政治家と天才的な詩人とが共存した人物にたいして、その特徴の列挙的な理解から統一的な理解へという深化が見られ、論旨は次第に明快になる。後年には、同一人物のなかに複数存在するいくつかの特徴を統一的に理解する視点と方法を加藤は確立する。そして、後白河法皇も一休宗純も新井白石も、このような視点と方法で論じられる。

「青春ノート」には多くの文学者についての註釈、論評が書かれる。もっとも言及が多い日本の文学者は芥川龍之介であり、その回数は二〇回に及ぶ(デジタルアーカイヴの検索機能で調査したノートに記される回数。以下同じ)。その大半がアフォリズムに関連する記述であり、芥川のアフォリズムに強く惹《ひ》きつけられていたことが理解できる。

小林秀雄(八回)、立原道造(八回)、堀辰雄(六回)にも関心を寄せていた。芥川に触発されたことについては加藤自ら語るが、小林秀雄から受けた影響について自ら述べることはない。しかし、言葉の巧みな操りかたについて、若い加藤が小林秀雄に関心をもっていたことは容易に察しがつく。

立原道造と堀辰雄にも多く言及されるが、ふたりとも信州追分で知りあった詩人であったということもあろう。しかし、それだけではなく、立原にはその人格を敬愛し、堀には戦争と距離を置いた姿勢を尊敬していたからである。

要するに、若かりし加藤は、修辞を駆使した評論と豊かな心情を詠う抒情詩に関心が深かった。修辞と抒情詩に共通するのは、巧みな言葉の操りかたである。そして志操を堅持する人物を敬した。

小説家では火野葦平（五回）、志賀直哉（五回）、森鷗外（五回）が並ぶ。火野にたいしては、戦争をどのように描くかという問題に関心があったことを示し、志賀にたいしては、人間の心理をどのように描くかに関心があったことを語る。医者にして文学者の鷗外は加藤がもっとも親しんだ日本の文学者である。

加藤の後年の執筆活動の重要な分野は、社会的政治的発言である。加藤が公にしたもっとも早い社会的発言は、一九三九（昭和一四）年二月一日に『向陵時報』に掲載された「戦争と文学とに関する断想」（「セレクション」五、一五九頁）である（次々節参照）。敗戦直後に「天皇制を論ず」（「セレクション」五、一九一頁）を『大学新聞』一九四六（昭和二一）年三月二一日号に掲載したことによって論壇に注目される。以降、絶筆となった「さかさじいさん」(「夕陽妄語」『朝日新聞』二〇〇八年七月二六日夕刊。『自選集』一〇、岩波書店、二〇一〇年)まで、一貫して社会的政治的発言を続けた。

社会的政治的発言にかんする記述は「ノートII」に始まる。「インテリ」と題した文は、一九三八(昭和一三)年に書かれたに違いないが、加藤が傾倒した芥川龍之介の『侏儒の言葉』のアフォリズムを範とする文である。

この国の言論が今日程「インテリ」を尊重したことはない。何故なら今日程「インテリ」の攻撃されたことはないからである。

(中略)

「インテリ」は評判に反して戦場では勇敢ださうである。しかし「インテリ」が嘗て評判に反しなかったためしはない。何故ならインテリヂェンスとは評判に反すること正にそのことだからである。

「インテリ」を主題とするが、加藤は、生涯にわたって「知識人の思想と行動」を問題とした。早くも高校生で「知識人と社会」「知識人と戦争」の問題を意識していたことが窺える。とりわけ「戦争と知識人」という主題は、戦時中から戦後まで、繰りかえし論じることになる。

文学部に進学したかったが、加藤はその思いを断念せざるを得なかった（拙著『加藤周一はいかにして「加藤周一」となったか』岩波書店、二〇一八年、参照）。父信一は開業医を営んでいたが、かかりつけの患者は少なく、流行らない医者だった。加藤の家は経済的に豊かではなくなり、加藤が文学部を卒業しても収入が保証されるわけではないことを理由に、母ヲリ子は文学部進学に反対した。家計の窮状を慮《おもんぱか》った加藤は、医学部進学へと路線を変更したのである。しかし、文学にたいする関心、とりわけフランス文学にたいする関心を失ったわけではなかった。父信一が主治医だった東京帝国大学仏文科の辰野隆《ゆたか》に仏文科の講義に出ることの了承を取りつけてくれた。かくして医学部に学ぶかたわら、仏文科の講義に出席し、仏文研究室に出入りするようになった。そして、渡辺一夫、鈴木信太郎、中島健蔵といったフランス文学研究者の知己を得た。研究室が購入していた『N・R・F』や『ユーロップ』といったフランスの雑誌にも目を通すことが出来た。

加藤のフランス文学への関心はどのように育まれたのか。加藤自身も語っているように、それは芥川龍之介を読むことによってもたらされ、片山敏彦に導かれてフランス文学の大海に漕ぎだしたのである。中学生のときから芥川を愛読したが、芥川がアナトール・フランスやポール・クローデルについて語るのを読み、フランス文学の世界に眼を開かされた。高等学校では片山敏彦から多くのフランスの文学者について学んだ。

この頃に加藤が関心を寄せたフランスの文学者はどんな人たちだったか。デジタルアーカイヴ化された「青春ノート」のキーワード検索機能で調べると（立命館大学加藤周一文庫）、加藤が言及するフランスの文学者は数十人に上る。なかでも頻繁に触れるのは、ヴァレリー（三一回）、ボードレール（二一回）、ジッド（一六回）、スタンダール（一二回）、マラルメ（一一回）、プルースト（一一回）、ヴェルレーヌ（一一回）、ランボー（六回）である。フランス人ではないが、フランスで活躍したライナー・マリア・リルケ（一三回）にも繰りかえし触れている。しかし、「青春ノート」には、抵抗詩人やジャン＝ポール・サルトルについては記されていない。それらは戦後になって知るのである。

詩人たち、ことに象徴派詩人に連なる人が目立つが、この頃の加藤は象徴詩に関心があったのだろう。日本の象徴詩人ともいうべき藤原定家にも第一高等学校時代から興味を抱いており、フランスの象徴詩人にも興味の範囲を拡げたのである。

こういう詩人たちに関心を抱いていたのは、浪人時代から大学時代にかけてのことである。日高六郎が回想しているが（『月刊百科』二〇〇九年四月号）、夏休みに信濃追分に行くと、村人から「朝から晩までフランス語の本ばかり読んでいる人がいる」と教えられた。その人こそ加藤周一であった。

フランスから送られてきた雑誌に眼を通し、フランス文学を読み、ノートを採って蓄積していたからこそ、戦後になるといち早く「ジャン・リシャール・ブロック」（『文学時標』一九四六年三月一五日号）、「仏蘭西の左翼作家」（『大学新聞』一九四六年四月一一日号）、「仏蘭西には何が起ったか」（『ふらんす』一九四六年五月）、「ジャン・ゲノに就いて」（『近代文学』一九四六年九月、一巻五号）、「ヒューマニズムと社会主義」（『黄蜂』一九四六年一〇月、一巻三号）、「ロマン・ロランの肖像」（『女性改造』一九四六年一一月、一巻五号）、「我々も亦、我々のマンドリンを持つてゐる」（『世代』一九四六年一二月、一巻六号、ジャン・リシャール・ブロックを題材にする）を執筆し、『現代フランス文学論Ｉ』（銀杏書房、一九四八年）、『現代詩人論』（弘文堂、一九五一年、フランス詩人論である）、『現代フランス文学論』（河出書房、一九五一年）を矢継ぎ早に刊行できたのである。

「青春ノート」にはときどき日記も綴られた。とはいっても、日記を綴った日数はわずか三六日に過ぎない。そのなかでも、もっとも加藤らしい記述が見えるのは、やはり「一九四一年十二月八日」と題した日記である。

一二月八日の朝、大学に着いたときに友人からアメリカとの戦争が始まったことを告げられる。そして教室で授業を受けるとＴ教授は「医学生の覚悟」を促し、Ｓ助教授は「かういふ緊張した所で勉強するのも男子の本懐ですかな」と述べた。

一方、加藤は「最も静かなものは空である」と書く。ヴェルレーヌの〈Le ciel est par-dessus les toits〉ということばを想いだし、「なんと美しい言葉であらう」と記す。さらには「ヴァレリーの海辺の空」を連想し「折から暮れやうとする広重の空」を見たのである。そして「美しい空は永遠である。人間の苦悩と同じやうに」と綴るのであった。

電車内における人びとの複雑な心境が交錯している表情を描き、「人は皆新聞をよんでゐる。恐《おそ》らくはくりかへし読んでゐる」と記す。「如何に痛切なニュースであらうと、所詮弾丸でもないし、飢ゑでもない。僕らの必要とする覚悟は弾丸に対するものであらう。或いは飢ゑに対するものであらう」と、これから襲ってくるかもしれない厳しい試練を予想する。「弾丸や飢ゑは僕を変へるであらう。勇気の要るのもその時であらう」と恐れつつ、暗澹たる思いを「何も書くことがないと云ふことを書くために、文を草する」と表した。太平洋戦争開戦の報を聞いて、飢えや弾丸によって変えられてしまうことを恐れた人は、どれほどいただろうか。

「その日は豊増昇《とよますのぼる》のベートーヴェンをききに行かうと思ったが、妹が心細いと云ふからやめた。警戒管制の家で、ショパンのワルツを聞きながら、この文を草する」という。そして「僕は今も晴れた冬の空を、美しい女の足を、又すべて僕の中に想出をよびさますあの甘美な旋律を愛する。présence とは豊かなものだ」と結ぶのである。

美しい青空、美しいことば、美しい夕空、美しい女の脚、そして甘美な旋律……アメリカとの開戦という現実に、加藤が対峙する拠り所は、こうした「永遠なる美しいもの」であったことを、この日記ははっきりと物語っている。

3　ソネットへの愛好

この時期の加藤の作品には小説や詩歌が多い。『崖』や「マチネ・ポエティク」などの同人誌活動を始めていたのだから、当然といえば当然である。しかし、それだけに止《とど》まらないだろう。加藤の創作意欲が小説や詩歌に向うのは、この時期もその後も、加藤自身がいうように「強い感動を伴う経験をしたとき」（「『著作集』一三、あとがき」一九七九年）である。人に強い感動と衝撃を呼び起こす代表的なものは、愛であり、いくさ（戦争）である。創作、とりわけ詩歌を加藤が詠んだのは、主として四つの時期に集中している。ひとつは戦前、ひとつは一九四七、四八（昭和二二、二三）年、ひとつはフランス留学中の一九五二（昭和二七）年から五四年にかけてのこと。そしてもうひとつが一九七一（昭和四六）年から七三（昭和四八）年にかけてである。いずれも加藤の「愛」とかかわる（第5章に再述する）。

戦前の詩には、妹にたいする愛が詠《うた》われた。加藤は妹にたいして終生変らぬ深い愛を注いだが、その妹への愛が書かせたのが「妹に」（『向陵時報』一九四三年一一月一〇日。「自選集」一三所収）というソネット（一四行詩）である。

「ソネット」（フランス語では「ソネ」）は、ヨーロッパ抒情詩における伝統的な定型詩である。普通、四行、四行、三行、三行で構成され、脚韻を踏む。押韻構成は、基本的には、前半の八行がABBA、ABBA、あるいはABAB、ABAB、後半の六行がCCD、EDE、あるいはCDC、CDCと進む。もちろん、これ以外の変形もある。

この頃の加藤の詩には「ソネット」が多いのだが、それは「マチネ・ポエティク」にかかわり、押韻定型詩への関心が高かったからに違いない。押韻定型詩に関心が高かったのは、加藤には「形式美」にたいする嗜好が若いときからあったことも示唆するだろう。

「妹に」と題されたソネットは全部で三つ書かれている。そのうちのふたつは『向陵時報』に載ったもので、「著作集」にも「自選集」にも収められている。それ以外にもうひとつある。その「妹に」が書かれたのは一九四五（昭和二〇）年のことであり、発表されたのは『綜合文化』（一九四七年九月号）である。

空の　奥を　渡る　冬の
風は　人の　せめぐ　野原
樹々の　上に　溢れ　ながら
青く　遠く　何処へ　行くの？

春の　歌を　望む眉の
翳に　映る　旅の　野ばら
銀の　雪を　ふるひ　ながら
凍る　夜の　声を　待つの？

人の　絶えた　国の　平和
薫る　春の　花の　杜に
暗い　海に　折れた　櫂は
あゝ　想出　神の　日々に

虹の　翼を　搏つと　祈り
行くの　今は　丘を　孤り？

（一九四五年作。前掲『綜合文化』。『マチネ・ポエティク詩集』思潮社、一九八一年）

この詩の各行の末尾は、「冬の」（huyuno）、「野原」（nohara）、「ながら」（nagara）、「行くの?·」（yukuno）。「眉の」（mayuno）、「野ばら」（nobara）、「ながら」（nagara）、「待つの?·」（matsuno）。「平和」（heiwa）、「杜に」（morini）、「櫂は」（kaiwa）。「日々に」（hibini）、「祈り」（inori）、「孤り?·」（hitori）というように構成されている。したがって、傍線を引いた部分を見れば明らかなように、この詩の押韻構成は、ABBA、ABBA、CDC、DEEとなる。

このような詩を詠み、加藤は妹への愛を隠さなかった。五〇歳ちかくのときに書いた『羊の歌』にも妹への愛を綴っている。

私と妹は、恋人たちのように、寄添いながら、人気ない野原に秋草の咲き乱れるのをみ、澄み切った空気のなかで、浅間の肌が、実に微妙な色調のあらゆる変化を示すのを見た。夜になると遠い谷間の方から坂にさしかかった蒸気機関車の喘ぎはじめるのが聞え、坂をのぼりきったときに変る音、駅にとまるときの車輪の軋みまでが、静まりかえった夜を通して、はっきりと聞えてきた。その汽車のなかの人々と、私たちとを隔てていた途方もなく広い空間のなかで、眼をさましていたのは、私たち二人だけであったかもしれない。もし私がこの世の中でひとりでないとすれば、それは妹がいるからだ、と私はそのときに思った。私は高原のすべてを愛していたが、それ以上に、妹を愛していたのだ。

（前掲『羊の歌』、一四六―一四七頁、改版一六五―一六六頁）

戦後になって書かれた「さくら横ちょう」（『綜合文化』一九四八年一月号。「自選集」一所収）というソネットには、少年時代、女王のように振る舞うある少女への淡い想いが詠まれる。

春の宵　さくらが咲くと
花ばかり　さくら横ちょう
想出す　恋の昨日
君はもうここにいないと

ああ　いつも　花の女王
ほほえんだ夢のふるさと
春の宵　さくらが咲くと
花ばかり　さくら横ちょう

会い見るの時はなかろう

「その後どう」「しばらくねえ」と
言ったってはじまらないと
心得て花でも見よう
春の宵　さくらが咲くと
花ばかり　さくら横ちょう

（『自選集』一、一五七―一五八頁）

この「さくら横ちょう」は、中田喜直《なかたよしなお》と別宮貞雄《べっくさだお》がそれぞれ歌曲に作曲して、両者ともに今日でもリサイタルなどでときどき歌われるし、ＣＤ版も出ている。『羊の歌』には「桜横町」という一節が設けられ、右の詩を書いた背景が語られる。

桜横町の住宅の一軒には、同じ小学校に通う娘が住んでいた。彼女は大柄で、華かで、私にはかぎりなく美しいと思われたが、私は彼女と一度も言葉を交したことがなかった。女王のようにいつも崇拝者たちを身の廻りにあつめているその娘を、私は遠くから眺めながら、もし彼女と二人きりになることができたら、どんなによいだろうか、と空想していた。しかし、もしそうなったら何も話すことがないだろうし、私が彼女の気に入ることは到底ありえないだろう、とも考えていた。辛辣な船長の娘は、「馬鹿ねえ、あんなひとのどこがいいの、威張っているけれど、頭が悪いわ」といった。おそらくそんなことだろうと、私も思っていなかったわけではない。しかしそのことは、桜横町の女王への私の関心を少しも変えなかった。とり巻きを連れて、はしゃぎながら、途中までやって来て、自分の家のまえの石段を昇ると、その上で手を振ってみせる彼女に出会わないと、私は学校からの帰り道にいくらか失望を感じるのをどうすることもできなかった。（『羊の歌』、五九頁、改版六六―六七頁）

4　戦争にたいする疑問

「青春ノート」の「ノートⅢ」には「戦争と文学とに関する断片」（単行本未収録、デジタルアーカイヴ「青春ノート」参照）が書かれ、「ノートⅣ」には「戦争と文学に就いて」と「続・戦争と文学に就いて」（『加藤周一　青春ノート』人文書院、二〇一九年、六四―七〇頁）が記される。この三つが「ノート」に採られたのは一九三九年一月と推定される。これらをもとにして著されたのが「戦争と文学とに関する断想」（『向陵時報』一九三九年二月一日、藤澤正の筆名で執筆。「セレクション」五、一五九頁）であり、第一高等学校を卒業する直前に発表された。さらに「ノートⅤ」には一九三九年九月一四日付の「戦争に関する断想」という文章が記された。

この主題は戦後まで引きつがれ、加藤の代表作のひとつである「戦争と知識人」（『近代日本思想史講座4』筑摩書房、一九五九年。「自選集」二、岩波書店、二〇〇九年）に収斂《しゅうれん》する。その出発点となるのは「青春ノート」の三つの草稿だった。

今日程この国の広いインテリ大衆が、モラリッシュな感動と事実を知らうと云ふことに烈しい欲求を見せたことはないのである。
事実を知らうと云ふ欲求は生活を考へることの土台である。戦争は烈しく国民の生活をきたへようとしてゐるが、その時に国民が事実を知らう(と)する欲求は国民の生活に対する真剣な積極性を意味するものでなくて何であるか。しかも日本のインテリゲンチャは近来ややうやく個人主義を身につけきつてゐる。そして個人主義者が生活に対して積極性をもつとき、モラリッシュな感動が、一番切実なものとなる。以上二つの欲求が戦争がきたへつゝある日本のインテリゲンチャを支配するのは少しも偶然ではない。

(「戦争と文学とに関する断片」〔一九三九年一月〕)

人間のモラリッシュな感覚を一方の柱に据え、戦争という事実を徹底的に見つめるというもう一方の柱を据えることによって、文学者＝インテリゲンチアが自らを鍛えていくという論を展開する。このような戦争にたいする文学、あるいは文学者のありかたを基本とすれば、加藤が「青春ノート」のなかで、レマルク『西部戦線異状なし』や火野葦平『麦と兵隊』『土と兵隊』について、感想を記すのも当然のことである。

その後の加藤を髣髴《ほうふつ》とさせる文章は、上記三つの文章を整理統合して発表した「戦争と文学とに関する断想」である。戦争が文学や文化を破壊することを論じた。のちに付された「追記」にいうように、この文章は「要領を得ない」という面があることは否定できない。「著作集」を刊行したときに(一九七九年)、加藤はこれを収録することをためらった。しかし、当時「著作集」

担当編集者だった私は収録することを求めた。その理由は、加藤といえども一九歳のときには稚《おさな》い著作を書いたことを示したかったのではない。収録を求めた理由はふたつある。ひとつは、軍国主義の言論統制のもとでは「反戦のことば」を遣って反戦を主張することは難しい。ところが、軍国主義の言論統制は、反戦のことばを遣わずして反戦を主張する技術を育てる。そういう技術を駆使した最たる作家が花田清輝である。青年加藤は花田に及ばずといえども、そういう技術を使おうと試みた。その証拠がこの著作であり、それゆえに収録したかったのである。もうひとつの理由は、加藤は、終生一貫して戦争にたいする疑問、批判を表しつづけたが、その出発点がこの著作だったからである。

我々に大切なことは、戦争が我々の知性や感性や文化やその他総てをひっくるめた我々の人間を鍛えつつある、と云うことの認識である。この際、何が我々を鍛えたかと云うことより、鍛えられつつあると云うことの認識を尊重する一般的教訓を、学ばねばならぬ。戦争にとって必要なものは自然科学と修身であって文学ではない。（中略）しかし戦争にとって文学が必要でない以上、戦争の側から文学を見たってどうにもならない。そして我々が学ぶべき教訓は、思うに、戦争にとって大切であるのみならず文学にとっても大切なことなのである。

戦争が我々を鍛えつつあると云う認識は、物質的精神的緊張感によって具体性を帯びるが、日本の知性と感性にとってこの緊張を深く感じることだけが最大の課題である。

（前掲「戦争と文学とに関する断想」。「自選集」一、二二頁）

あまり上手だとはいえないが、当時の常套文句を意識的に遣いながら、反語や皮肉を交えた主張が見られ、何をいわんとしたかは明らかだろう。精一杯の「抵抗」を試みたことが窺える。同時に、高校生が校内誌紙に書く場合でさえ、「注意」を払わなければならなかった時勢を示唆する。

こういう考えかたは戦時中にあっては、きわめて少数派の考えかたであった。少数派の姿勢を貫くことができたのは、もちろん、加藤の培った考えかた、そして意志の強さによるだろう。だが、それだけではなく、渡辺一夫や川島武宜《かわしまたけよし》と付きあいがあり、彼らの精神や態度に支えられた、といっても間違いではないだろう。「戦争に対して全く妥協の余地のない、鋭い、全面的批判を抱いていたのは、私の知る限りではこの二人です」（前掲『過客問答』、一三五頁）と加藤は語る。思想的な孤独や政治的な孤立を強いられるとき、志を同じくする者が近くに存在するということは、その人にとっては大きな支えになる。

渡辺や川島が「絶えず「狂気」を「狂気」とよび、「時代錯誤」を「時代錯誤」とよびつづけるということがなかったら、果して私が、ながいいくさの間を通して、とにかく正気を保ちつづけることができたかどうか、大いに疑わしい」（前掲『羊の歌』、一八五頁、改版二〇九頁）というのである。

5 「トリスタンとイズーとマルク王の一幕」

第一高等学校時代には、歌舞伎座や能楽堂や築地小劇場に通うことも習いとした。六代目尾上《おのえ》菊五郎《きくごろう》の踊りに感嘆し、一五世市村羽左衛門《いちむらうざえもん》の歯切れのよい巻き舌に酔い、初世梅若万三郎《うめわかまんざぶろう》の科白《せりふ》に強い衝撃を受けたのだった。つまり、日本の伝統演劇の世界につかっていたのである。

一九四一（昭和一六）年一二月八日、日米開戦の日にはわざわざ新橋演舞場に赴き、文楽の引っ越し公演を、わずか数人の観客のなかで見た、と加藤は記す（前掲『羊の歌』、一七〇―一七一頁、改版一九三―一九四頁）。この件にかんしてはのちに述べるが、そのように記したのは戦争によって、あるいは自分の命も、あるいは日本文化も、滅び去るであろうことを予感したからに違いない。その数人の観客のなかに親友垣花秀武がいたことを、戦後になって初めて知ったと書く（垣花秀武「加藤周一君よ」、「加藤周一さん　お別れの会」二〇〇九年二月二一日。『現代思想』二〇〇九年七月臨時増刊号）。加藤はまた、戦争中も折をみて水道橋の能楽堂に通うのだった。

このように演劇に親しんでいた加藤に戯曲を書く意欲があっても不思議ではない。「トリスタンとイズーとマルク王の一幕」（『向陵時報』一九四四年五月三一日。「自選集」一所収）は、短くはあるけれども加藤が書いた数少ない戯曲のひとつである。この作品は、フランスを中心にヨーロッパ中世に流布した恋愛伝説「トリスタンとイズー」を踏まえ、ヴァーグナーの『トリスタンとイゾルデ』を念頭に置きながら書いたパロディである。トリスタンとイズーもマルク王もマルク王の廷臣も、たえず輿論《よろん》やジャーナリズムを意識して行動するところが、いかにも加藤らしい趣向である。加えて、シェークスピアを意識しながら書いたように私には思われるのだが、諧謔《かいぎゃく》に富んだ科白が多く見られる。

トリスタンとイズーの不義を許したことにかんする廷臣とマルク王の会話は、次の通りである。

廷臣　王様、法律と権力とは王様の味方でした。
王　（退屈そうに）それはそうさ。
廷臣　それなのに王様は二人をお宥《ゆる》しになりました。輿論《よろん》は王様の寛大を讃えて居ります。
王　輿論とは何だ？
廷臣　ジャーナリズムです。法律と権力とさしもの新聞も愈々《いよいよ》王様の味方となりました。
王　完全な勝利かね？
廷臣　仰せの通り、何と言う鮮かな方法的勝利でございましょう！　昨日まではとかくトリスタンに同情的だった *JOUNAL DE THOMAS* も *GAZETTE DE BEROUL* も、今日の朝刊は全く王様の寛大でもちきりです。
王　いや、完全すぎる勝利かも知れない……
廷臣　何と仰言《おっしゃ》います？
王　なぁに欺《あざむ》かれた夫と云う役は気の利いた役じゃない。

廷臣　しかし寛大と宥しとは事態を一変します。宥された時から王の后を奪った英雄はもう英雄ではありません。今頃、トリスタンは森の中で、うちひしがれているでしょう。

王　その通りだ。若《も》し森の中で余がトリスタンを殺したら、余もやはり（欺かれた夫）に留まり、間抜けな、或は残忍な名を、何時《いつ》までも忍ばねばならなかったろう。余は、寛大だけが余の威厳に適《ふさわ》しいことを、寛大だけが余の立場を一変させることを知っていた。

廷臣　王様は全く合理的でした。

王　そうだ。余は、二人の間に置かれたトリスタンの剣と余の剣とを取換え、イズーの指から余が婚姻の指輪を抜取って、寛大の証を残した。

廷臣　周到な御注意です。王様の寛大は恋人たちを圧倒します。イズー姫は心を動かされトリスタンは姫をお返しする決心を致しましょう。

王　そうなればいいのだが……いや、しかしホレイショーよ、男と女の間には、お前の哲学で解らぬことがあるわい。

廷臣　何でございます？

王　なにエロスは合理主義者ではないと云うことだ。

廷臣　と致しましても、王様の合理的な程臣下の身に有難いことはございません。それに、トリスタンとイズー姫の飲んだと云う媚薬の残りを、ただ今、王立学士院で分析して居ります。その結果が解りますと、事態は一層合理的に説明されようかと存じます。

王　分析は結構だ。生体実験もして見るがよい。しかし余はベルグソンと共に云いたい、媚薬と愛との間の平行関係は、脳細胞と思想との平行関係と同じように、哲学的幻想にすぎないと。
廷臣　恐れながら、王様、臣はヘーゲルと共に申上げたい、世界は理性的であると。
王　「逆立ちしたマルクス」は沢山じゃ。
廷臣　直立したマルクスは尚沢山でございましょう。
王　勿論だ。余は貧しくなったトリスタンが貧しいものの英雄になることを惧《おそ》れる。
廷臣　貧しいものは金に苦労をしない英雄を好むものですよ。（「自選集」一、四二―四四頁）

一方、加藤の描くトリスタンとイズーは、伝説やヴァーグナーの台本とは違って「愛の死」を遂げてはおらず、トリスタンはその日の新聞に目を通し考えこんでいる。そしてイズーに向って語りかける。

トリスタン　姫よ。王のもとへ帰ったらどうだ？
イズー　あら、突飛ねえ。考えていると思ったら、そんなことを考えていたの？
トリスタン　いや、英雄のことを考えていたのさ。英雄とはジャーナリズムの製《つく》るものだ。
イズー　それで？
トリスタン　王の寛大を今日の新聞は讃えている。王の姫を奪って逃げるのは、英雄的記事だったが、宥されても逃げるものはもはや英雄的記事ではない。

イズー　何故？　王に同情的な連中も私たちを攻撃してはいないわ。
トリスタン　もう何時攻撃されるかわからない。宥されたからには、英雄的行為に必要な危険を失って了《しま》った。再び英雄であるためには、姫よ、あなたを王に返さなければならない。
イズー　解ってよ。あなたは私を嫌いになったのね。
トリスタン　それは余りに月並な科白だ。批評家が見つけると悪口を云うぜ。
イズー　恋人の科白は永久に同じものだわ。
トリスタン　ああ、イズー、私はあなたを愛している。
イズー　でもそれ以上に自分を愛しているのよ。
トリスタン　だが僕が英雄でなくなると、あなたは僕を愛さないだろう。
イズー　それはそうね。
トリスタン　だから私はあなたを王に返さなければならぬ。

（同四九―五〇頁）

かくしてイズーはトリスタンと別れて、マルク王のもとに戻るのである。

この作品は加藤が二四歳のときに書かれたものであるが、ここに見られる知的諧謔は、その後の加藤の論文にも随筆にも会話にもしばしば出てくる、いわば加藤がもつひとつの特徴といえるものである。

また、ジャーナリズムがらみの趣向は、二〇年を隔てて一九六五（昭和四〇）年に執筆された

「仲基後語」（『群像』一九六五年四月号。「著作集」一三所収）でも使われる。富永仲基と仲基の周囲の人びとに「東京の記者」が面談するという趣向をもつ。

6　怒りの抒情詩『１９４６　文学的考察』

一九四一（昭和一六）年一二月八日の晴れた日に始まった「太平洋戦争」は、一九四五（昭和二〇）年八月一五日の晴れた日に敗戦を迎えた。「十五年戦争」が始まったときに東京府立第一中学校一年生だった加藤は、「十五年戦争」が終ったときには、東京大学医学部をすでに繰り上げ卒業し（一九四三年九月）、佐々《さっさ》内科の医局員として働いていた。佐々内科の疎開先である信州上田で、加藤は「玉音放送」を聞く。

八月一五日の正午、天皇の放送を聞き終って外へとび出した土屋太郎は、一晩を眠らずに過していたので、一瞬間めまいを感じた。晴れあがった真昼の空は青く、巨大な入道雲がぎらぎらと輝いている。盛りあがり、わきあがり、膨張し、途方もないエネルギーをみなぎらせて、天頂にとどく雲。太郎は雲を見た。自分はここに生きていると思い、未来に向ってひらかれていると感じ、身体のなかに、かつて知らなかった希望と力とが溢れるのを意識した。何か叫びたいが、何を叫んでよいかわからず、何か歌いたいが、何を歌ってよいかわからず、よびかけたいが、誰に何をよびかけたらよいのか見当がつかない。確かに助かったというよろこびはあったが、よろこびという言葉はそのよろこびをいうためには弱い。確かに重い鎖からとき放たれたという感じはあったが、重い鎖のことなど念頭にない。戦争は終ったが、終ったときに、戦争はもうなかった。心のどんな片すみにもなかった。もはや、戦争は、遠い、限りなく遠い過去に属していた。あるのは未来。未来につながる現在。今までは、生きていなかったが、これからは生きてゆくのである。どう生きてゆくのか、はっきりした形では意識されないけれども——

（「ある晴れた日に」『人間』鎌倉書房、一九四九年一月号—同八月号。「著作集」一三、一九五頁）

小説「ある晴れた日に」の主人公土屋太郎が敗戦を知ったときのほとばしるような感情は、加藤自身の解放と希望の感情であったに違いない。

新しい時代を「どう生きてゆくのか」を考えたときに、避けて通れない問題として加藤のなかに浮上してきたのが「天皇制」と「知識人」の問題だった。

敗戦後、加藤が強い関心をもって取りあげた最初の主題は「天皇制」である。かくして「天皇制を論ず——問題は天皇制であって、天皇ではない」（『大学新聞』一九四六年三月二一日号。「セレクション」五所収）と「天皇制について」（『女性改造』一九四六年六月復刊号。「自選集」一所収）を続けて発表することになる。

天皇制は避けて通れない問題だ、となぜ加藤は考えたのか。天皇制こそが侵略戦争を引き起こし、合理的精神を駆逐し、狂気が支配する精神的状況をつくりだした元凶である、と考えていたからにほかならない。「天皇制を論ず」では、日本社会の経済的側面の分析と精神的側面の分析を行う。

天皇制が地主制度を保証し、地主制度が貧農と低賃銀労働者とをつくり、それが日本の資本主義を急激に膨張させ、その膨張が植民地獲得戦争の本質そのものであったとすれば、天皇制は戦争の原因でなくて一体何であるか。

（前掲「天皇制を論ず」。「セレクション」五、一九六頁）

侵略戦争の精神史的意義は、正に、現実を認識する能力と文明に対する敬意の欠如、要するに理性の喪失に依って起り、それに依って終ったという点にある。しかも若し日本の社会に理性を喪失させた最大の原因が、天皇制を口実とする不合理主義と神秘主義とであり、天皇制を口実とする軍人、官僚、反動的イデオローグの暴力的弾圧であったとすれば、この意味でも戦争の原因は天皇制である。

（同一九九頁）

こうして「天皇制はやめなければならない。しかも出来るだけ速やかにやめなければならない」（同二〇五頁）と結論する。

ふたつの天皇制にかんする著作は、ともに「荒井作之助」の筆名で書かれた。「追分で世話になった農民の名前をそのまま筆名とした」（実妹本村久子談）のだった。数多《あまた》ある著作のなかでふたつの天皇制論だけが、実在した農民「荒井作之助」の名で書かれたことは、当然、そこに込められた意味があるはずである。その意味は、虐《しいた》げられてきた農民の立場で天皇制を論じたということに違いない。

なお、この「天皇制について」は、「著作集」編集のときには加藤も書いたことを忘れていた。「著作集」に収録されたときに付した「天皇制を論ず」の「追記」に、「私は天皇制について三度書いた」（「「天皇制を論ず」追記」、「著作集」八、一九七九年。「セレクション」五、二〇六頁）とあるが、正しくは「四度書いた」のである。

敗戦直後の五年間は、戦後のなかで雑誌ジャーナリズムがもっとも輝いた時代である。新しい時代を創造しようとする意欲と気概が雑誌のうえに色濃く反映していた。戦時中の言論統制によって休刊に追いこまれた雑誌が復刊し（たとえば『中央公論』『改造』）、新しい時代を切りひらく新しい雑誌が創刊された（たとえば『世界』『思想の科学』『暮しの手帖』『月刊平凡』）。そういう時代の潮流のなかで、学生が編集する雑誌が生れた。いいだももが提唱し、遠藤麟一朗《えんどうりんいちろう》が編集長を務めた『世代』（目黒書店）である。創刊は一九四六（昭和二一）年七月。創刊当初は瀟洒《しょうしゃ》なエディトリアル・デザインを誇った雑誌だったが、次第に粗末な体裁の雑誌となり、刊行も途切れ途切れとなり、一九五二（昭和二七）年一二月、一七号をもって休刊した。

『世代』が果した役割はその寿命の短さに比べてはるかに大きい。新しい酒は新しい革袋に盛られなければならぬように、新しい人材は、新しい時代、新しい媒体でなければ生れない。若い二〇代の作家たち――福永武彦、中村眞一郎、加藤周一、吉行淳之介、中村稔ら――が『世代』

からはばたいていった。

敏腕な編集長だった遠藤は「マチネ・ポエティク」の福永、中村、加藤に「CAMERA　EYES」という時評の連載を求め、三人はそれに応じた。この時評は毎号が「焦点」「時間」「空間」という三つの部分に分かれ、三人がそれぞれそのひとつを書く。この形式がだれの発案によるかは分からない。だが、加藤の主著のひとつが『日本文化における時間と空間』（岩波書店、二〇〇七年）であることと興味深い符合を見せる。発案が加藤であろうとなかろうと、こういう視点のもとに時評を書いたことは加藤に影響を与えたのかもしれない。そうだとすれば「時間」と「空間」の脈絡でものごとを捉える加藤の思考方法は、出発点から最晩年まで、一貫して変らなかったことになる。

この連載は一九四六年七月号（創刊号）に始まり一二月号で終るが、既発表原稿に未発表原稿を加えて『1946　文学的考察』（真善美社、一九四七年）として刊行された。三人の共著ではあるが、加藤が出版した最初の著書である（この本の装幀は六隅許六《むすみころく》、すなわち渡辺一夫によるのだが、当時としては驚くほどに斬新な装幀である。本章扉写真参照）。「怒りの抒情詩」と加藤が称したこの書からは、敗戦直後に、加藤が何にたいして怒りを感じていたかがひしひしと伝わってくる。

その連載の最初に書かれたのが「新しき星菫派《せいきんは》に就いて」（『世代』一九四六年七月号。「セレクション」五所収）であり、これはいわゆる「星菫派論争」を喚び起こした。「星菫派」とは、明治時代に雑誌『明星』によって、星や菫にたくして甘い恋の歌などを歌った詩人たちを指す。戦時中に「洗煉された感覚と論理とをもちながら、凡《およ》そ重大な歴史的社会的現象に対し新聞記事を繰り返す以外一片の批判もなし得ない」（『セレクション』五、一七一頁）まま、戦後になると「最も狂信的な好戦主義から平和主義に」（同）何の反省もなく変ってしまう青年知識人たちを、加藤は「新しき星菫派」と呼んで批判した。

しかし、加藤が怒りを覚えていたのは青年知識人たちにたいしてだけではなかった。多くの「知識人」にたいして怒りを覚え、批判を加えることになる。それは「知識人の任務」（前掲『1946　文学的考察』。『著作集』八所収）であり、のちの「戦争と知識人」（『近代日本思想史講座』第四巻、筑摩書房、一九五九年。『自選集』二所収）である。「戦争と知識人」では、もっと激しく、もっと精密に、戦争中の知識人のありかたについて批判を加えた。「天皇制」と並んで、加藤の戦後初期のもうひとつの主題は「知識人」だったが――そして、終生「知識人」の問題を考えつづけた――、その出発点に「新しき星菫派に就いて」がある。

「新しき星菫派に就いて」は、厳しいだけにやや性急な批判であることを免れず、荒正人《あらまさひと》や本多秋五から「加藤たちこそ星菫派ではないか」という反論を受けることになり、長い論争を繰りひろげた。この論争については、矢野昌邦著『加藤周一の思想・序説』（かもがわ出版、二〇〇五年）に詳しい。

さきの「天皇制を論ず」および「天皇制について」と、この「新しき星菫派に就いて」は、いずれも一九四六年の前半に、ときを置かずに続けて書かれた。そしてこれら三つの著作はお互いに響きあう関係にあり、いわば「三点セット」というべきものである。加藤の戦後における言論の原点、あるいは作家＝知識人としての出発点に位置し、それゆえにきわめて大事な作品群である。

「天皇制を論ず」は、天皇制が生んだ戦前日本の無責任政治および政治指導者にたいする弾劾であり、反省もなく天皇制擁護を主張する敗戦直後の無責任政治および政治指導者にたいする糾弾である。

「天皇制について」は、戦前日本で虐げられてきたのは農民と女性だと分析し、掲載誌が女性誌であったこともあって、女性にたいする激励を送った。「されば、面《おもて》を起そう、日本の女性よ。面を起して人間性の星に対そう。粉黛《ふんたい》は決してあなた方を美しくはしない。あなた方を真に美しくするものは、理性と勇気、時と場合によっては、屈せざる反抗の精神でもあろう」(「自選集」一、八一頁)。ここで「理性と勇気」が必要だと主張していることは注意に値する。

そして『世代』の連載としては掲載されなかったが『1946　文学的考察』につけ加えられた「知識人の任務」では、戦前・戦中の知識人を批判するだけではなく、早くも戦後の知識人をも批判した。「民主主義革命のイデオローグ、真に理性のために語る一切の者は、戦争の怖るべき体験が所謂《いわゆる》知識階級の中にはなく、従って到底理解されることのない自らの孤立を自覚しなければならない。この状態は、戦前に似ている」(「著作集」八、六九頁。傍点引用者)。

戦後初期、まだ時代が希望を失っていなかったときに、早くも知識人の状況が「戦前に似ている」と加藤は認識した。にもかかわらずではなく、だからこそ「民主主義革命のイデオローグ、真に理性のために語る一切の者」のひとりとして自分自身を位置づけたに違いない。つまり、自らは知識人として、孤立を恐れず、困難を克服しながら、戦後を生き抜いてゆく、と宣言したのだった。加藤の予感は当り、その後たえず少数派として行動する結果となったが、この宣言通りに「民主主義」と「理性」のために、自らの時間と精力を費やしたのである。

7　怒りの叙事詩『ある晴れた日に』

加藤の作家＝知識人としての出発点に位置する作品はもうひとつある。その作品は、一九四六年に発表された上記「三点セット」よりも三年遅れて一九四九（昭和二四）年に書かれた。それは『人間』（鎌倉書房）という雑誌に連載された小説「ある晴れた日に」である。

連載は単行本として刊行されたが、『ある晴れた日に』（月陽書房、一九五〇年。「著作集」一三所収。本書の装幀も渡辺一夫である。のち岩波現代文庫）は、戦争体験の強い衝撃が書かせた作品であり、まぎれもなく戦争文学に属する作品である。大岡昇平の『俘虜記《ふりょき》』や『レイテ戦記』、あるいはエーリッヒ・レマルクの『西部戦線異状なし』のように、戦場が描かれているわけではない。しかし、戦争は戦場で戦う兵士の精神を壊し、生命を奪うだけではなく、銃後で戦争を支える人びとの暮しを壊し、心を蝕《むしば》むものである。戦争末期の東京の病院と疎開先の信州を舞台にした『ある晴れた日に』には、いわば「銃後の戦争」が描かれる。戦争指導者の愚挙によって、暮しが壊され、人びとが心を蝕まれ、人間が狂わされていく姿を加藤は怒りをもって描いた。いや、人間だけではなく、文化の基本であることばの響きや語調さえも戦争は変えてしまったと告発する。

太郎は子供の時から東京の山の手で育ち、軽い含み声で呼ぶ「御免下さい」のやわらかい響きを知っていた。その微妙な語調は、戦前に東京の中産階級にあったある程度の礼節というか、控えめな態度の忠実な表現であり、戦争がつづくに従って聞くことの稀になったもので、……。

（前掲『ある晴れた日に』。「著作集」一三、四二頁）

『ある晴れた日に』は、いわば「怒りの叙事詩」といえるだろうか。晩年に加藤は「九条の会」に精力を注ぐが、その動機というべき作品といってもよい。

そればかりではない。加藤がのちに『日本文学史序説』（上・下、筑摩書房、一九七五、一九八〇年）、『日本　その心とかたち』（NHKおよび平凡社、一九八七、一九八八年）、『日本文化における時間と空間』で著そうとした、というよりも、加藤が生涯もちつづけた「日本人とは何か」「日本人のものの考え方とはいかなるものか」という問題意識の端緒ともいうべき作品である。日本の勝利を信じて疑わない同僚の先輩外科医との論争を描いたあとで、次のように述べる。

しかし、それにしても、例えば火傷《やけど》の治療法については綿密な論理を操り整然と語ることのできる男が、何故沖縄の運命については簡単な論理さえも冷静に辿《たど》ることができないのだろう？　医学には詳しいが、戦局には知識がないからか。しかし、客観的な判断と自己の希望との不手際な混同は、知識の不足によるものだろうか。例えば新聞の記事にしても、五万トンの戦艦というような噂にしても、外科学会雑誌の報告は慎重に吟味した後でなければ決してそのまま信用しない岡田〔同僚の外科医〕が、何故新聞の記事は無造作にそのまま本当のこととして話すのか、理解することができない。同じ人間が、あるときには論理的であり、あるときには非論理的である。あるときには慎重であり、あるときには軽率を極めるというのは、一体どういうことか。

（同一〇四頁）

同僚医師との論争は『羊の歌』「内科教室」にも描かれるが、そこでは若い医師との論争として書かれた（その違いについては拙著『加藤周一はいかにして「加藤周一」となったか』〔岩波書店、二〇一八年〕を参照のこと）。

戦時下には、このような知識人が数多くいたに違いない。自分にとうてい「理解することができない」知識人が数多くいるという事実から、加藤は「日本人のものの考えかたとはいかなるものか」という問題意識をもつようになるのである。

8　フランス文学との出会い

私自身は日本語訳のフランス文学をアナトール・フランスからよみはじめた。三〇年代の初めに私は東京の中学校へ通って、芥川龍之介に心酔していたから、芥川に影響をあたえた『エピキュウルの園』の作者に興味をもったにちがいない。高等学校へ入ってから、私は翻訳されていた西洋文学を——ということは、主として一九世紀の小説と二〇世紀文学の一部とを——手あたり次第に読み、中島・佐藤訳の『ヴァリエテ』に出会ったのである。

（「フランスから遠く、しかし……」『パリ1930年代』岩波書店、一九八一年。「自選集」六、三一九頁）

加藤自身が述べるように、加藤をフランス文学へと導いたのは芥川龍之介である。芥川に「心酔」していた加藤は、芥川に影響を与えたアナトール・フランスに興味をもち、フランス文学の森に分け入る。最初に読んだフランス文学はアナトール・フランスの作品だった。ほどなく森のなかで『ヴァリエテ』の作者と出会う。ヴァレリーとの出会いは、加藤にとって衝撃であった。

思考の厳密さと感覚の洗煉との比類のない重なり、抽象的概念と具体的な「イマージュ」との微妙な統合、つまるところ私にとっての文学の定義に近いものを、見出した——あるいは少くとも見出したと思った。

（同）

もっと精確に、もっと深く、ポール・ヴァレリーを読むためにフランス語を習得する必要を「痛感」する。かくして、大学時代には医学部に籍を置きながら、時間の許す限りでフランス文学の授業にも出席し、仏文研究室にも出入りすることになる。

医学部の学生である私が、仏文で講義を聞いたり、研究室に顔を出したりできたのは、仏文の先生たちが寛大だったということが大きいと思います。一つは、主任教授の辰野（隆）先生が、父の患者だったこともありますね。息子が行きたいと言っていると父が話してくれた。辰野さんが、聞きたければどうぞということで、そうなったわけです。当時の仏文研究室は辰野教授、鈴木信太郎教授、渡辺一夫助教授、それに中島健蔵講師と、その四人でした。あとは助手二人と若干の学生。それで授業が引けた後、研究室に残っている学生を、よく白十字〔大学正門前にあった喫茶店〕に連れて行ってくれた。教師が自分たちだけで話すような所に、二、三人の学生に交じってどうして私を入れてくれたのか、それもやはり父との関係もあったんじゃないですかね。渡辺一夫先生は、戦争の嫌いな学生を集めて話をしたりしておられた。後にはそういう集りにも参加できた。

（前掲『過客問答』、一三四頁）

渡辺一夫と出会ったことはその後の加藤を決定した、といっても過言ではない。渡辺の一六世紀フランス文学研究は「綿密周到に調べられていただけではない。まさにそれは、宗教戦争の時代であり、異端裁判の時代であり、観念体系への傾倒が「狂気」にちかづいた時代であって、従ってまた何人かのユマニストたちが「寛容」を説いてやまなかった時代でもあった。すなわち、遠い異国の過去であったばかりでなく、また日本と日本をとりまく世界の現代でもあった。資料の周到な操作を通して過去の事実に迫ろうとすればするほど、過去のなかに現在があらわれ、また同時に、現在のなかに過去が見えてくるということを、渡辺先生は身をもって、私たちに示していた」（前掲『羊の歌』、一八五頁、改版二〇九—二一〇頁）と加藤は受けとめた。「歴史のなかに現在」を探り、「現在のなかに歴史」を求め、外国文化を学んで日本文化を考え、日本文化を探っては外国文化を想うというのは、加藤の世界にたいする基本的な態度である。その基本的な態度は、この時期に渡辺から学んだものに違いない。のちに加藤は『現在のなかの歴史』（新潮社、一九七二年）を刊行する。

フランス文学研究者たちとの親しい付き合いがあれば、フランス文学研究に拍車がかかるのは当然であろう。ことに夏季休暇は集中的に勉強できる期間である。夏季休暇に信濃追分で過ごす習慣はすでに中学五年のとき（一九三五年）に始まっていた。追分では、高校入試の受験勉強に従い、フランス文学を独習し、堀辰雄、立原道造、中村眞一郎、日高六郎に出会った。「村人たちが、毎日、朝から晩まで、フランス文学ばかり読んでいる人がいる、と教えてくれた」（日高六郎「加藤周一追悼」『月刊百科』二〇〇九年四月号）とは、一九四三年夏、日高が加藤に初めて会ったときの思い出である。

加藤が関心を抱いたフランス文学者は、大きく三つに分類される。第一は、象徴主義文学者、ならびに象徴主義文学の後継者たちである。前者には、シャルル＝ピエール・ボードレール、ステファヌ・マラルメがいて、後者には、ポール・ヴァレリー、ポール・クローデル、そしてマルセル・プルーストがいる。

とりわけヴァレリーには旧制高校以来強い関心を抱き、大きな影響を受けた。繊細で洗煉された感覚、厳密で明晰な思考、具体性と抽象性の往復運動。ヴァレリーの資質をもつ日本の文学者は間違いなく加藤周一であろう。二〇〇八（平成二〇）年八月、病床にあった加藤は「ヴァレリーを学ばなかったら、今の私はなかった」と語った。実際、加藤にはいくつかのヴァレリーにかんする著作と講演がある。

第二は、抵抗の詩人たちである。ルイ・アラゴンやポール・エリュアールに代表される詩人たちのことである。「一方で詩人が「ファシズム」の先棒をかつぎ、そのことを愛国心の表れだとしていたとき、他方では詩人が内外の「ファシズム」と命がけで戦い、同時にそれを彼らの愛国心の証だとしていた」（「「途絶えざる歌」追記」、「著作集」二、一九七九年。「セレクション」一、二八〇頁）。加藤は前者のような日本の詩人や文学者に怒りを覚え、後者のような詩人たちがフランスにいたことを戦後になって知り、激しい衝撃を受け強く感動した。その感動が、エリュアールの「自由」という詩をはじめとする「抵抗の歌」を加藤自身によって翻訳させることになる。

彼〔エリュアール〕はありふれたものをありふれた言葉でうたつて来た。ひとりの女への愛を多くの兄弟への愛にひろげて来た。祖国と自由とが脅かされたときに、祖国と自由とを大衆のことばでうたうことが、どうして彼にふさわしくなかつたはずがあろう。

エリュアールの「自由 Liberté」という詩は（翻訳は加藤）、

生徒の手帖に　Sur mes cahiers d'écolier
学校の机や樹々に　Sur mon pupitre et les arbres
また砂の上雪の上にも　Sur le sable sur la neige
ぼくは書くお前の名前を　J'écris ton nom

と始まり八五行を連ねる。八五行のなかに「ぼくは書くお前の名前を」を二〇回繰りかえし、次のように終る。

ただ一つの言葉のおかげで　Et par le pouvoir d'un mot
ぼくはもう一度人生をはじめる　Je recommence ma vie
ぼくは生れたお前を知るために　Je suis né pour te connaître
お前をよぶために　Pour te nommer

自由よ。　Liberté

（『文学51』一九五一年九月号、日本社。『小さな花』かもがわ出版、二〇〇一年、八三頁）

「「抵抗」の詩はアラゴンとエリュアールとによつて代表される。エリュアールの中では、殊に「自由」と題する一篇によつて代表される。童謡のように単純な形式と、日常的な単語。しかしなんという感動がそこには脈打っていることであろう」（同）と加藤はいう。まったくその通りで、このエリュアールの「自由」という詩は、フランス語初心者にだって、それなりに読めるものだろう。だが、こういう表現、いいかえれば日常の暮しとつながりをもった思想表現こそは、まさしく加藤が目ざしたものでもあった。

そして、第三のフランス文学者は、ジャン＝ポール・サルトルである。二〇世紀フランスを代表する哲学者というよりは、二〇世紀を代表する哲学者サルトルにたいして、加藤は、その人格に深い敬意を、その思想に強い共感を抱いていた。「文学とは何か」「アンガージュマン」「知識人の擁護」「人間の全体を理解するための哲学」など、サルトルによって啓発されたことは多い。それゆえにこそ、長い加藤の著作活動のなかで、サルトルという主題は、繰りかえし表れて変奏される。サルトル論の集大成として、のちのち「サルトル」（『人類の知的遺産』第七七巻、講談社、一九八四年。のちに「サルトル私見」と改題。「自選集」七所収）を書くことになるが、それは本書第7章で触れる。

9　偉大なる藤原定家の限界

加藤の関心はフランス文学だけに向いていたのではなかった。象徴主義を軸にして日本に眼を転じれば、そこに「能と近代劇の可能性」（『古典発掘』真善美社、一九四七年。「著作集」七所収）や「定家『拾遺愚草』の象徴主義」（『文藝』一九四八年一月号。「自選集」一所収）を見つけることが出来る。加藤は『拾遺愚草』に藤原定家の象徴主義の偉大さを見出し、同時に定家の象徴主義の限界を見た。

なぜ加藤は象徴主義に関心を寄せ、定家に思いを巡らせたのか。「私は、私の経験したもっとも困難な時代に、私の経験したもっとも深い孤独のなかで、かくの如き象徴主義が、如何に一個の生命を支え、如何に激しく一個の魂を動かすかを知った。全世界を失って己の魂を得る、一つの確実な道を、私は、定家のなかに見いだしたと信じた。言葉の甘美と感覚の微妙繊細とが、荒涼たる私の青春を誘ったのかもしれない」（前掲「定家『拾遺愚草』の象徴主義」。「自選集」一、一七三頁）。かくして定家の『拾遺愚草』は若い加藤の愛読書のひとつとなった。そして定家を「歴史の観察と人生の体験とから無常を結論し、無常から彼自身の美的立場を導き、比類なく明晰な方法の自覚と生涯を捧げて悔いない不撓不屈の意志とを以て、抜くべからざる抒情詩の世界をみずからのために建設した」（同一七四頁）と定家の偉大さを評価した。しかし、同時に定家の象徴主義の限界を見つけるのである。

定家の無常の相対的である如く、彼の自然もまた相対的であり、超越的な根拠によってその存在を保証されない精神も遂に相対的であることを免れないからである。彼にとって、歴史は、夢ではないが、夢の如きものであり、自然は、仮象ではないが、実在するものの体系ではない。感覚は洗煉の極に達し、言葉はぬきさしならず設計された「つづきあひ」の裡に微妙に交響しているが、知性と感覚とのかくも鮮かな協力は、それにも拘らず、正確に実在をめがけてはいない。象徴主義的認識、あるいは同じことだが象徴主義的表現は、この場合に、実在の認識あるいは表現には至らず、精神と自然の照応は、宇宙の存在論的秩序の反映には至らない。定家における超越的立場の欠如は、彼の無常から、美的立場を、そして美的立場のみをひき出したが、また同時に、美的立場の性格そのものも決定したのである。

（同一七三頁）

加藤は、定家の「文学的精神」の限界を見て、この論考を書いたのだった。「私自身の想い出と共に、定家の方法を語ったが、一文明の崩壊にあたり、精神の秩序を再建するためには、『拾遺愚草』の美意識を以ては足りず、例えば「神国論」の超越的権威が必要である。蛮族に包囲された都で「神国論」を書く精神にとっては、美の世界は歴史の無常から眼を背けるところに成立するのではなく、歴史の無常そのもののなかにある」（同一七四頁）と結論するのである。加藤は「精神の発見」を目指していたのではなく「精神の秩序の再建」を思いえがいていたのである。

「精神の秩序の再建」に必要な「超越的思考」を、定家には見出すことができず、親鸞に見出すことになる。だが、それにはさらに一〇年余の歳月を必要とし、フランス留学を経たのちのことになる。

当時の加藤が関心を抱いていたのは、第一に詩歌であり、第二に象徴主義であり、第三に鎌倉時代だった。鎌倉時代は「転換期」である。鎌倉時代という転換期にたいする関心の延長線上に

「親鸞」（一九六〇年。「自選集」三所収）や「仏像の様式」（一九六七年。「セレクション」四所収）が立ちあらわれる。「転換期」に着目して歴史を見ていく方法は『日本文学史序説』に用いられ、同書には四つの「転換期」が設けられる。こういう見かたは、加藤の目指す歴史の「変化と持続」を解き明かすには、間違いなく有効な方法であろう。

10　日本文化論の出発点「日本の庭」

加藤は一九四〇年代の後半、しばしば京都を訪れた（前掲『続羊の歌』、三四頁、改版三九頁）。京都にたいする愛着は晩年まで続くが、すでに四〇年代に「一種の故郷」（同三五頁、改版三九頁）と感じるほどであった。京都にしばしば通ったのには個人的事情もあったかも知れないが、日本文化に関心を寄せていたことが大きかったに違いない。「わたしはまたひとりで京都の町を歩き、折にふれて古寺を訪ねることをいつしか慣《なら》わしとするようになった」（同）。訪ねたのは京都の古寺だけではなく、奈良にも足を伸ばして、奈良の寺を観て歩いた。京都の古寺の庭を観て書いたのが「日本の庭」（『文藝』一九五〇年二月号。「セレクション」四所収）であり、奈良の古寺を観て著したのが「薬師寺雑感」（『薬師寺』〔日本の寺　7〕美術出版社、一九五九年。「自選集」二所収）であり、「仏像の様式」（『芸術論集』岩波書店、一九六七年。「セレクション」四所収）である。薬師寺について「私がこれほどたびたび訪ねた寺は他にないし、その境内でこれほど長い時を過した寺も他にはない」（前掲「薬師寺雑感」。「自選集」二、四〇五頁）と回顧している。また「仏像の様式」

で取りあげられる仏像は、そのほとんどが奈良の寺の仏像である。

なかでも「日本の庭」は、フランス留学以前に書かれた本格的な日本文化論であるが、加藤の生涯にとって大事な著作である。加藤の日本文化論の出発点として位置づけられるだろう。西芳寺、修学院離宮、龍安寺、桂離宮など京都の庭を廻り、その素材や様式を比べ、それぞれの庭が表現する精神に及ぶ。すなわち「心とかたち」。ここから『三題噺』の「詩仙堂志」（一九六四年。「自選集」三所収）を経て、『日本　その心とかたち』や『日本文化における時間と空間』に到る道筋が見える。

加藤は「「日本の庭」を以て書きはじめ」（『続羊の歌』、三七頁、改版四二頁）たという。それはどういうことか。文章を書くということは、自分と自分の外の世界との関係を見据えるということである。東山のある禅寺の枯山水の庭を見ていたときのことを次のように述べる。

その庭の姿は、刻々と変化してやむことがなかった。東山の黄葉が傾きかけた陽ざしに映えるかと思えば、さっとかげって、枯山水は俄《にわ》かに灰色の底に沈み、また陽がさすかと思えば、白い砂の上に音もなく銀色の雨が落ちて、石組みの緑の石が甦《よみがえ》ったように鮮かに輝きだす。それは一つの庭であり、しかも一つの庭ではなかった。よろこびと悲しみ、華かさと憂いが、一瞬の表情に現れては消え、しかもそのすべてが控えめな一種の形――その時々の姿を越えた一つの形としかおそらくいいようのないものにおいて、実に微妙に統一されていた。したしかに私はまだ庭を見はじめたばかりで、好奇心に近いものを感じていたはずだろう。しかしそれにも拘らず、そのとき、ほとんど突然に、これ以上に私にとって身近な世界はありえないだろうということを、不思議な確実さで感じたのである。それは、その世界に対する私の理解の確かさでもあり、私の何かがその世界に属しているということの確かさでもあるはずだった。私は生れて育った東京を離れることで、ある一つの確かなもの──私の外にあるものと内にあるものとの一つの確かな関係──に出会った。

（『続羊の歌』、三六頁、改版四一頁。傍点引用者）

「一つの庭であり、しかも一つの庭ではなかった」という表現は何を意味するか。それは、「室町から江戸初期にかけての夫々《それぞれ》の時代にもっとも深く、抜きがたく根ざしている藝術が、もっともよく時代を超えて今日に生きていること、日本人の感受性と意識の構造とにもっとも強く、はなれがたくむすびついている作品が、もっともよく民族的限界を超えて、普遍的な世界に生きていること、そのような藝術の世界における奇蹟の存在は美しいものをみた瞬間の印象から直接に導きだされることであり、その他のどこからも導きだされないことである」（前掲「日本の庭」）。「セレクション」四、一九七─一九八頁）という見解に呼応するだろう。加藤が繰りかえし遣う「個別の特殊性を普遍性に向けて超える」という表現にも通じることである。「日本の庭」を書いたことで「文章家だと自覚した」というのもうなずける。

しかし、京都の庭を見たことはそれだけに留まらなかった。さらにフランス留学への道を用意したのである。「西洋の文学については──その一面がはっきりしていたので、隔靴掻痒というのとは違うが――庭をまえにして感じたあの理解の確かさを、嘗《かつ》て感じたことがなかった。ということに気がついたのは、私が庭を見たからである。西洋の文化と遠い昔の日本の文化とは、私にとってどうちがうのか。その問いに答えずに、そのまま先へ行くのはごまかしになるだろう、と私はそのときに感じた。西洋を見物したら答えが出て来るだろうと思ったのではない。しかし西洋見物を先へのばす理由はなかった」（『続羊の歌』、三八頁、改版四三頁）。

フランス留学の希望は学生時代から抱いていたものだったろうが、京都の庭を見たことによって、「日本の庭」を書いたことによって、加藤のなかにはっきりした形で表れてきたのである。

第2章

フランス留学三年
——または第二の出発

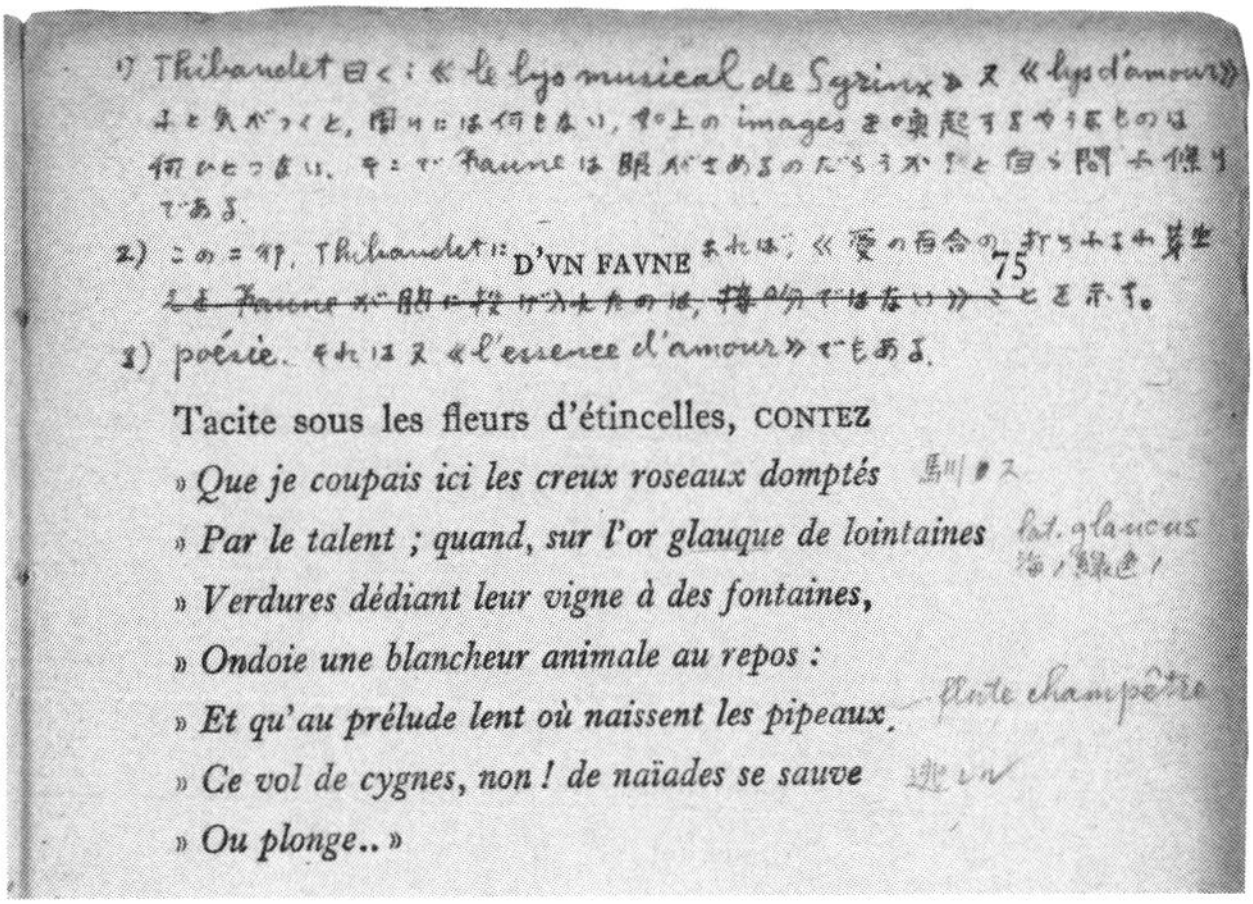

D'VN FAVNE 75

Tacite sous les fleurs d'étincelles, CONTEZ
» *Que je coupais ici les creux roseaux domptés*
» *Par le talent ; quand, sur l'or glauque de lointaines*
» *Verdures dédiant leur vigne à des fontaines,*
» *Ondoie une blancheur animale au repos :*
» *Et qu'au prélude lent où naissent les pipeaux,*
» *Ce vol de cygnes, non ! de naïades se sauve*
» *Ou plonge..* »

マラルメ『詩集』への加藤の書きこみ

1 フランス留学の目的

かくして加藤はフランス政府の留学生試験を受けた。その結果、全給費留学生になることは叶わなかったが、半給費留学生として招かれた。留学したのは三二歳のときである。外国へ留学する年齢としては若いとはいえないが、戦時下と戦後初期に外国留学することはだれにとってもほとんど不可能なことだった。また、海外渡航が自由化されるのは一九六四（昭和三九）年のことである。今日のようにだれもが意思と経済力と多少の能力があれば海外留学ができる時代ではなかった。戦後のフランス政府による日本人留学生招聘制度も一九五〇（昭和二五）年に始まったばかりで、第一回目は推薦によって行われ、第二回目は公募によって行われた。第一回目の留学生のひとりが森有正《もりありまさ》であり、第二回目の留学生のひとりが加藤である。

外国の文学や文化を深く学ぼうとすれば、当地に行って学ぶことが必須の条件だろう。しかも若いうちの留学が望ましい。明治時代から今日まで、大半の外国文学・外国文化研究者は「留学」を経験している。

加藤が認められた「半給費留学生」とは、学費は無償であるが、渡航費と滞在中の生活費は留学生の負担となる。渡航費を調達するために、加藤は急ぎ翻訳の仕事を受け「昼夜兼行で」作業にあたった。その結果、一九五一（昭和二六）年から五二年にかけて、ジャン＝ポール・サルトル「文学とは何か」（『人間』一九五一年）、ジャン・ヴェルコール『海の沈黙　星への歩み』（岩波書店、一九五一年。河野与一《こうのよいち》との共訳）、ジャン・ゲーノー『フランスの青春』（みすず書房、一九五一年。渡辺一夫訳になっているが、「解説」は加藤）、サルトル『シチュアシオンII』（人文書院、一九五二年。白井健三郎と共訳）、ヴィクトル・ユーゴー「朝の谷間」（『女学生の友』、一九五二年）、ポール・エリュアール『詩集』（創元社、一九五二年。窪田啓作、池田一朗との共訳）というように、加藤がなんらかかかわった翻訳が立てつづけに刊行された。

フランス留学にあたって『西日本新聞』と「特派員」契約を結んだのも、滞在中の生活費を捻出するための方策だった。留学中も、見聞した美術や音楽にかんする批評を『西日本新聞』をはじめ日本のメディアに多く寄稿した。それでも「生活費は十分にあったわけではなかった」（実妹本村久子談）。

加藤のフランス留学は、一九五一年一一月に飛行機で羽田から出国したことに始まる。五〇時間かけてパリに到着したが、その五〇時間の旅行記は（「東京→パリ五〇時間」『西日本新聞』一九五一年一一月二三日。『戦後のフランス』未来社、一九五二年）、感情の高揚を示している。

朝の霧のなかに重なる南画のような中国の川、氾濫して村や畠を侵すガンジス河の巨大なデルタ、かつてはスーザとペルセポリスがそこに興り、そこに亡びたペルシァの沙漠、そしてまたエルサレムと死海とユダヤ人の国。そこまでがアジアだが、アジアが終つたときに突然眼下に現われるのはホメロスのうたつた紫の潮路である。われわれは地中海の上をとび、クレタ島の上をとび、エトナの火山とカプリ島とローマの上を飛んだ。歴史の上をとんだという以外に、どういうことばでその印象を要約できるだろうか。アルプスを越えるときまで、ほとんどパリを忘れているほかはなかった。われわれはパリよりも古い歴史の上を、三千年の人間の記憶の上をとんでいたのだ。

（前掲『戦後のフランス』、四―五頁）


「三千年の人間の記憶の上をとんでいた」とはやや大袈裟な表現ではあるが、長年の夢がいよいよ実現するのだから、このような高揚感があったとしても、むしろ当然のことだろう。

そして一九五五（昭和三〇）年三月に貨客船でマルセイユを出て神戸に戻る。三年余りのフランス留学だった。フランス留学の表向きの目的は医学研究にあったが、当時、医学研究の最先端はアメリカにあった。もし最先端の医学研究を求めてアメリカに留学していたら、「あるいはその後も医者の仕事を続けていたかもしれない」と晩年の加藤はいった。敗戦直後に（一九四五年一〇月から約二カ月間）広島における日本とアメリカとの「原子爆弾影響日米合同調査団」に加わり、アメリカの医師たちとも交流があった（そのひとりと五〇年後にアメリカのポモーナ大学で偶然に再会する）。望めばアメリカに留学することができなかったわけではないだろう。加藤が遺した日記《*Journal Intime 1948·1949*》にも、アメリカ留学の可能性がかなり高かったことが記されている。にもかかわらず、アメリカには行かず、フランスに行った。方向転換した経緯は必ずしも明らかではないが、母ヲリ子の逝去が影響していると思われる。しかし、フランス留学は、加藤の人生に決定的な意味をもたらした。

加藤周一が加藤周一になるうえで「ふたつの海外暮し」が大きな意味をもった。一九五〇年代のフランス留学であり、六〇年代のカナダ・ヴァンクーヴァーのブリティッシュ・コロンビア大学への赴任である。後者については次章に触れるが、本章ではフランス留学の意味について考える。

なぜ加藤はフランスに留学したのか。理由はいくつかあるだろう。まず、第一高等学校時代からフランス文学を勉強しフランスに行きたいという願望を抱きつづけていたことである。戦時中にマチネ・ポエティク同人たちは、世田谷区赤堤の加藤の家に集まるとだれかれとなく「フランスに行きたい」といいあっていたらしい。しかし、彼らには「フランスはあまりに遠かった」。にもかかわらず、中村眞一郎は「行ったことがないパリの地図が頭に入っていて「〇〇通りをまっすぐに行くと△△△がある」といった会話をよくした」という。加藤も「外国に行きたがっていた」（以上、実妹本村久子談）。

第二の理由は、加藤は医者であったにもかかわらず、フランス文学研究が、医学研究に優るとも劣らぬほどの位置を占めていたことである。だからこそ、医学の最先端アメリカに行くことよりも、フランスに行くことを選んだのだろう。では、なぜ加藤はフランス文学を学ぼうと考えたのか。その問題は「現代フランス文学の問題」（『新文学』全国書房、一九四八年六月号。『現代フランス文学論I』銀杏書房、一九四八年）に述べられる。

私の現代フランス文学に対する関心は、第一にそれがフランス文学即ち私の世界と異る世界の文学ではなく、ヨーロッパ文学であり、世界文学であり、辺境にではあるが同時に私もまたそのなかに住んでゐる世界の代表的な文学であるといふ事実による。

（前掲『現代フランス文学論Ⅰ』、七頁）

文学を学ぼうとするならば、世界の代表的文学から学ぶのがもっとも有効であるに違いなく、世界の代表的な文学は現代フランス文学である、と加藤は考えた。その現代フランス文学の特徴を次のように捉える。

今日なほほろびないラテン的明晰とフランス的優雅、幾何学的精神と繊細な精神、殊に知性と感性との微妙な協力は、現代フランス文学を他から区別し、私を惹きつけてやまないものである。

（同一二頁）

そのような現代フランス文学に、どのような問題を見つけようとしたのだろうか。それは三つある、と加藤はいう。ひとつは「社会的問題」であり、そこで「作家の社会的殊に政治的責任」の問題を考えること、ひとつは「美学的問題」であり、そこに「象徴主義的風土の成立」の問題を探ること、もうひとつは「宗教的問題」であり、そこで「人間の条件」を究めることであった。

この「人間の条件」を説明して「その根底から、形而上学的問ひとして、問はれなければならない。そのやうな問ひは、理論的にも、実践的にも、最後には信仰或は信念 credo によつてしか答へられないであらう」（同三二頁）という。このような問題意識を抱いてフランスに渡った。

それは、加藤が生涯にわたってもちつづけた問題である。

フランスに留学した第三の理由は、日本文化を究めるにあたり、日本文化を研究しているだけでは不十分で、それでは日本文化を相対化できない。日本文化と比較対照するもうひとつ、あるいはもうふたつの座標軸を設けないとならない。その座標軸をフランス文化に求めたのである。そういう事情は、『続羊の歌』「京都の庭」に述べられる。

> 私は西洋見物をしたために、日本の芸術の有難さを知ったのではない。ある秋の日の午後、東山の斜面に映える西陽を見、枯山水の白砂に落ちる雨を見たから、やがて西洋見物の望みを抱くようになったのである。
> （『続羊の歌』、三七頁、改版四二頁）

> 西洋の文化と遠い昔の日本の文化とは、私にとってどうちがうのか。その問いに答えずに、そのままで先へ行くのはごまかしになるだろう、と私はそのときに感じた、西洋を見物したら答えが出てくるだろうと思ったのではない。しかし西洋見物を先へのばす理由はなかった。
> （同三八頁、改版四三頁）

この三つの理由が混然一体となっていたのではないか。しかし、フランス留学中に、第一の理由は満たされ、第二の理由は次第に小さくなり、第三の理由が次第に大きくなっていったのだろう。そうだとすれば、フランスから帰国する道を選ぶのは当然であった。

2　ブルターニュの青年とハーバート・ノーマン

加藤が留学した一九五〇年代前半のフランスは、第二次世界大戦後に成立した「第四共和政」の時代だった。内政的には、小党の離合集散が繰りかえされ、連立政権による統治が続いた不安定な時代である。外交的には、フランスの植民地各地で民族独立運動が盛んになって、その対応に追われていた。すでにインドシナは第一次インドシナ戦争（一九四六―一九五四年）のさなかにあり、一九五四（昭和二九）年にディエンビエンフーは陥落し、フランスは敗北する。一九五二（昭和二七）年にはアフリカのモロッコ（一九五五年独立）やチュニジア（一九五六年独立）で独立運動が起こり、一九五四年にはアルジェリア戦争（一九五四―一九六二年）も始まる。フランスはかつての植民地を前提とした国家経営は困難だと悟らざるを得なかった。一方、大戦直後はドイツにたいして厳しい態度を取っていたが、ドイツとの友好関係を構築することがヨーロッパの平和と安定に不可欠であると判断し、あるいはそういう判断を余儀なくされ、ドイツにたいして寛容な態度を取る外交に転換した。一九五〇（昭和二五）年には「シューマンプラン」が提起され、この構想のうえに五二年に西ヨーロッパ六カ国が参加した「ヨーロッパ石炭鉄鋼共同体」（ECSC）が発足する（これがのちにヨーロッパ経済共同体〔EEC〕に発展し、今日のヨーロッパ連合〔EU〕になる）。以後、今日までフランスは、アメリカにたいして距離を置く外交を展開しつつ、ヨーロッパ世界のなかで主導的役割を担っていく。

隣国のドイツは、日本と同じように敗戦国であるが、東西ふたつのドイツ〔ドイツ連邦共和国〔西ドイツ〕とドイツ民主共和国〔東ドイツ〕〕に分割された。連邦共和国は、西側陣営に入ることを外交戦略に掲げ、そのために「過去の克服」に取りくんだ。すなわち、近隣諸国にたいして、ナチス・ドイツが犯した罪を認め、損害にたいして補償し、歴史教育で過去の過ちを直視する必要を若者に説いたのである。そのような取組みがあったからこそ、ドイツはヨーロッパのなかで信頼をかち得て、その後、フランスとともに、ヨーロッパ世界のなかで指導的役割を果すようになるのである。

こういう時代にフランスで暮した加藤は、ヨーロッパの政治、経済、社会、文化がどのように動いていくかを目の当りにした。そして、かつての植民地の民族独立が否定すべからざる運動であること、それには歴史的道理があること、それだけではなく、戦争犯罪国およびその国民が、世界の、とりわけ周辺国の信頼を得るために、どのような態度と行動を取るべきかについても学んだ。このときの経験は、のちのちの加藤の論考に活かされる（たとえば「「過去の克服」覚書」。「著作集」二三所収）。

留学した当初、パリ南端第一四区にある大学町のなかの日本館に加藤は滞在したが（のちに第一三区の詩人ルネ・アルコスの家に寄宿する）、そのころ日本館に住む日本人学生は三分の一に過ぎず、三分の二は日本人学生ではなかった。加藤は、日本館に住むブルターニュ出身の哲学を学ぶ青年と知り合いになり、その青年からヴァレリーの一言一句を精読することを学び、「フランス語の文章を私がそれまで読めていなかったということも発見」（『続羊の歌』、四八頁、改版五五頁）

するのだった。

彼はヴァレリーが対話体で書いた「エウパリノス」を、私のために注意深く読んでくれた。何故著者がその場所にその語を用いて他の語を用いなかったか、何故その言廻しを採って他の言廻しを採らなかったか。そういう議論に、仏和辞典はほとんど全く役に立たない。（中略）私は東京で、ヴァレリーを読んで理解することはできるが、フランス語で話をすることはむずかしい、と思っていた。パリの大学町では、フランス語で話をすることは大してむずかしくないだろうが、ヴァレリーを読むのは容易でない、と考えるようになったのである。

（同四八―四九頁、改版五五頁）

しかし、加藤がブルターニュ出身の青年から学んだことは、ヴァレリーの読みの問題だけではなかった。その青年との議論から加藤は、次のようなことを考えるに到る。

おそらく私ははるかに広くロシアの小説家やフランスの詩人やドイツの哲学者を知っていたと思う。しかしフランスの青年が母国語とその古典にむすばれているほど確かな絆で、日本語とその古典にむすばれてはいなかったろう。私の文学的教養は、国際的に横に拡って浅く、彼の教養は自国の歴史を縦にとおして、深かった。私はそういう対照から強い印象を受けた。

（同四九―五〇頁、改版五六頁）

この違いは個人の性向の違いではないだろう。日本の文化とフランスの文化の違いとして、加藤は認識したに違いない。すなわち、のちに日本文化を「雑種文化」と位置づけ、さらに日本文化研究にたいする示唆を得たと思われる。加藤にとって、この青年との出会いはきわめて大きな意味をもっていた。

また、渡辺一夫の紹介によってすでにハーバート・ノーマンと知己の間柄になっていたが、そのノーマンがユネスコ会議のカナダ代表としてパリに滞在したあいだにときどき会食している。あるときノーマンから「あなたは《アビンガ・ハーヴェスト》を読むとよい、きっと好きになりますよ」（同一三五頁、改版一五四頁）とE・M・フォースターを読むことを勧められる。フォースターばかりではなく、ブルームスベリの諸家とジョン・オーブリを教えられ、イギリス文学に親近感を抱くようになった。

たしかにフランス語の文学とはちがう別の世界が展《ひら》けていた。（中略）私のなかにもし英国の文化に対する一種の親近感があるとすれば、それは彼らの散文の――何というべきか、おそらく「知的な侘《わ》び」とでも名づけたい一種の性質と関係しているにちがいないと思う。「侘び」の真髄は、「南方録」もいうように、金殿玉楼の華麗を避けて、浦の苫屋《とまや》の質素に美の極致を見ることであろう。今ある種の英国人が、その著書に題して、大上段には構えず、あるいは《アビンガ・ハーヴェスト》といい、あるいは《ザ・コモン・リーダー》という、その趣向を私は好むのである。

（同一三五―一三六頁、改版一五四頁）

イギリスの文化のなかに、日本文化にも通じる「微妙な奥ゆかしさ」を発見したのである。それまで加藤はイギリス文学にそれほどの関心を示してこなかった。しかし、ノーマンとの対話からイギリス文学の「微妙で代え難い魅力の一端を感得した」（「E・M・フォースタとヒューマニズム」『世界』一九五九年二月号。「セレクション」一、三三八頁）といい、ノーマンを「私の最初のイギリス文学の教師であった」（同）と認める。フランス留学中にイギリスに渡ったひとつの理由は、おそらくノーマンに触発されたイギリス文学、イギリス文化への興味だったろう。

3　精力的に芸術を鑑賞

「発見」は文学ばかりではなかった。演劇を観、絵画を観、音楽を聴いて、そこに何かを――重要な何かを――発見している。フランス留学中に、加藤はフランスのみならず、ヨーロッパ各地を旅し、訪れた地で芸術を鑑賞した。そして紀行文や芸術鑑賞記として発表した。海外にしばらく滞在すれば、だれしも見聞したことに面白さを感じ、名所旧跡にも、人びとの立ち居振る舞いにも、彼我の変らぬものを感じ、彼我の違いを知り、そのよってきたる所以《ゆえん》を考えることになる。加藤の紀行文と芸術鑑賞記の多くは『西日本新聞』に掲載されたが、それは前述のように、生活費を調達するために同新聞社と「特派員」契約を結んでいたからである。紀行文や芸術鑑賞記は、のちに『戦後のフランス』（未来社、一九五二年）や『ある旅行者の思想——西洋見物始末記』（角川書店、一九五五年）として刊行された。

代表的な芸術鑑賞記として「ルオーの芸術」（前掲『戦後のフランス』。「自選集」一所収）、「一枚のボッシュに」（『芸術新潮』一九五三年一二月号。「自選集」一所収）や、「火刑台上のジャンヌ・ダルク」（『文学界』一九五二年六月号。「自選集」一所収）、「アルバン・ベルク『ヴォツェック』」（『芸術新潮』一九五四年六月号、のちに「現代オペラの問題」と改題。「自選集」一所収）などがある。紀行文や芸術鑑賞記がこの時期に多く書かれた理由は、鑑賞してから批評文に仕立てるまでに、それほど時間がかからずに済むからだろう。しかし、文学や思想については、すぐに書けるわけではなく、留学中にはほとんど発表されていない。

加藤がフランスに滞在した当時、フランス演劇には活気があった。第四共和政政府は、国立民衆劇場（Théâtre Nationale Populaire）をつくり、その総裁にジャン・ヴィラールが就いた。作家たちも次々と新作を発表する。たとえば、ジャン＝ポール・サルトルの『悪魔と神』（一九五一年）、『キーン』（一九五三年）、ウジェーヌ・イヨネスコの『椅子』（一九五二年）、ジャン・アヌイの『ひばり』（一九五三年）、サミュエル・ベケットの『ゴドーを待ちながら』（一九五三年）は、いずれもパリで初演された。渡仏後一年も経ったころの加藤の語学力は、これらフランス語の現代劇を観るのにほとんど不自由しなかったらしい。しかし、より深く加藤を感動させたのは、現代劇ではなく、古典劇だった。ジャン・ヴィラールの『ドン・ジュアン』に接してはモリエールの面白さを発見し、ジェラール・フィリップの『リチャード二世』の舞台を観てはシェークスピアの偉大さに気づくのである。

ポール・クローデル原作、アルテュール・オネゲル作曲の劇的オラトリオ『火刑台上のジャンヌ・ダルク』もパリで観た。世界初の舞台上演は一九五一（昭和二六）年、パリ。加藤は初演直後の一九五二年にパリ・オペラ座（ガルニエ宮）で観ている。おそらくクローデルに惹かれて観たのだろう。オネゲルの音楽によりも、クローデルの詩に感動している様子が文によく表れる。

もっとも感動的であり、もっとも美しい場面は、死をまえにした少女が、自らかけめぐったフランスの山河を想い出し、また故郷の牧歌的生活を想いうかべて、嘆くところであろう。「お前は何と美しいのだろう、私のノルマンディーよ！」や「お父さんの家のまえにあったぼだい樹」、つめたい冬の後に、「眼をとじて三つ数える」とやってきた春、「すべては白く、すべてはバラ色、すべては緑！」桜《セリジエ》と梅《ミラベリエ》との花咲くドムレミー（Scène IX）。そして、「ああ何ということだ。私の国民、フランスの国民よ、本当に、本当に、お前が私を生きながら焼こうとしているのか」という歎き、彼女は「死にたくない！」、「私は怖い」という（Scène XI）。――その心は、たとえば、ソフォクレス Sophokles のアンティゴネに通じ、そのことばは、古典悲劇のもっとも美しい章句を想わせる。ジャンヌ・ダルクの歎きはアンティゴネのすばらしい独白、「私は私の最後の空をみつめる……私は死を怖れる、さようなら、人生よ！」と共に、死の怖れを通じてしか、あらわれないであろう生命のかぎりない美しさを描きつくしている。（前掲「火刑台上のジャンヌ・ダルク」。「自選集」一、四三六―四三七頁）

フランスに留まっているだけではなく、イギリス、イタリア、オーストリアなどにも足を伸ばした。

「ロンドンに行って、ナショナル・ギャラリーを見たり、パリでルーヴルを見たりしているうちに、ヨーロッパの美術を、ルネッサンスから見直したい」（前掲『過客問答』、三〇頁）と考えた加藤は、スイスで通訳の仕事を終えたあとでイタリアに行くことを思いたった。イタリアに行く前には「ジオットからレオナルド・ダ・ヴィンチ、ミケランジェロまで、大体はロンドンとパリで見当がつくと思っていた」（同）。ところが「見たのは九牛の一毛であって、〃われ誤てり〃という思いでしたね」（同）。イタリアを巡りながらイタリア・ルネサンスに完全に圧倒されるのであった。

絵画だけではなく、建築も、音楽も、物理学も社会学も政治学も、銀行制度も抒情詩の形式も歌劇も、イタリアで、それもそのなかの小さなフィレンツェという町で生れた。「そんなことは誰にもわかりきったことですね。しかし現地に行ってみれば、聞きしにまさるその迫力を、わかるのではなくて、じかに感じます。百聞は一見に如かず」（同三一頁）。

ヴィーンに行っては、リーサ・デラ・カーサやエリザベート・シュヴァルツコプフの歌う『薔薇の騎士』をテアタ・アン・デア・ヴィーンで何度も聴いて（国立歌劇場はまだ再建されていない）、リヒャルト・シュトラウスの音楽の官能的な美しさに感動する。そのたびに「リヒャルト・シュトラウスを措いて、女の声の美しさを語ることはできない」（前掲『続羊の歌』、一二六頁、改版一四四頁）と思うのである。

R・シュトラウスの音楽以上の力で加藤に迫ったのはリヒャルト・ヴァーグナーの音楽である。『トリスタンとイゾルデ』をヴィーンで聴いて「陶酔」のなかに引きこまれ、「我を忘れ」「世界を忘れ」、「ヴァーグナーを発見した」（同一二一、一二四頁、改版一三八、一四一頁）と書いた。「音と化した不合理性・破壊性・強迫性——それはまさに、決定的にヴァーグナーを定義すると同時に、またその音楽において要約されたドイツ浪漫主義の全体を定義するのではないか」（同）と加藤は考える。

それまでドイツの文化は、微妙な感受性や実際的なものの考え方によってではなく、体系的な思考の正確さと合理性とによって、私の注意をひきつけていた。（中略）しかし組織的・体系的・合理的なドイツ人の文化は、他面においては、度はずれて生々しく、非合理的な激情にみちあふれ、その国のことばで《Rausch》という陶酔に人を導かずにはおかない。私はヴァーグナーを聞くに及んではじめてその陶酔の抵抗すべからざる所以《ゆえん》を知ったのである。（同一二二頁、改版一三九頁）

そればかりではない。「「陶酔」という新しい経験をつけ加えることによって、私の世界の内的秩序を変えた」（同）とまで述べる。ヴァーグナーを聴いて自分の世界が大きく変ったというのである。ヴァーグナーを発見したことがいかに大きな意味をもっていたかが分かる。しかし、その後の加藤が、ヴァーグナーの音楽に突きすすみいわゆる「ヴァグネリアン」になったかというと、そうはならなかった。ヴァーグナーの音楽にたいしても「抑制」が利いた態度を採りつづけた。この知的な世界における「抑制」こそは、加藤の思想と行動の重要な条件だ、と私は思う。

二〇世紀歌劇の最高傑作のひとつ『ヴォツェック』を観たのもヴィーンだった。ゲオルク・ビュヒナー原作、アルバン・ベルク台本および作曲。世界初演は一九二五（大正一四）年。貧しい兵卒のヴォツェックは精神を病んでいて、大尉や医者にいたぶられつづける。内縁の妻マリーと暮し、ひとりの息子をもうける。ところが妻は鼓手長との不倫に走り、彼は妻を殺し、自らも沼に溺れて死ぬ。残されたのは幼い息子だけだった、という悲惨な筋書きである。トリスタンとイゾルデの死は「永遠の愛」だが、マリーとヴォツェックの死は「無意味」に尽きる。それが無調音楽で表現される。加藤は、一九五四年、街にも人の心にも、戦争がもたらした無意味な死と破壊の無残な痕跡が残る街で『ヴォツェック』を観た。「惨憺《さんたん》たる感銘」を受けた加藤の文は高揚した調子を帯びる。

> ヴォツェックの人生は本人にとって（中略）かけがえのないものだろう、しかし他人と世界にとっては意味がない、消えてなくなっても誰も痛痒を感じない、客観的には全く無意味だということが、最後の子供のいる場面ではっきりするのだ。何もヴォツェックにかぎらずわれわれが死んでも同じことであろう。——われわれはそういう事実のまえで、そういう事実が感覚的に迫ってくるときに、戦慄《せんりつ》する。『ヴォツェック』という芝居は、さんざん苦し

んだ末、結局一切は無意味に終るということをいい、その他の何もいっていない。残酷で、陰惨で、もっとも至極な言い分である。その言い分を徹底させ、感覚的に強調するために、アルバン・ベルクはシェーンベルク流の音の体系をおどろくべき技術で完全に駆使した。

（前掲「現代オペラの問題」。「自選集」一、四六七―四六八頁）

加藤の歌劇場通いはフランス留学時代に始まるが、歌劇にかんする著作をヴェルディやプッチーニではなく、オネゲルやベルクから始めたという事実は何を意味するか。加藤の関心は「名所旧跡」にはなく、強く現代ヨーロッパの「精神」の問題に立ち向おうとしたのである。同時に、『火刑台上のジャンヌ・ダルク』にせよ『ヴォツェック』にせよ、当時の日本人で観たことがある人はごくわずかだったことも、これらの批評を書く動機のひとつだったろう、と推測する。

4　発見に次ぐ発見の日々

シャルトル、ランス、アミアン、ルーアンの大聖堂を訪れて「中世美術を発見」したことは加藤にとってきわめて大きな意味をもった。留学中の「最大の発見」といって間違いないだろう。しかし「中世美術の発見」とは、シャルトル大聖堂で「様式の異なるふたつの尖塔」を見たとか、「シャルトルブルー」と称されるステンドグラスを見たとか、ランス大聖堂でゴシック彫刻の傑作「微笑みの天使」を見たとかいうことに止まらない。その延長線上にいくつかの考えが立ちあらわれてきた。

加藤がヨーロッパのさまざまな文化に接し、幅広く文化を知ったということは、それほど重要なことではない。それよりはるかに重要なことは、それらが個々ばらばらにあるのではなくて、ひとつの統一体として形をなしている、ということに気づいたことである。その契機は大聖堂を観たことによって与えられた。

大聖堂は総合芸術である。そこには建築があり、絵画があり、彫刻があり、工芸があり、音楽がある。すなわち、建築も、絵画も、彫刻も、工芸も、音楽も、総合されてひとつの統一的な形をなしている、ということを、はっきりと認識した。これが第一の考えである。

第二は「文化とは「形」であり、「形」とは外在化された精神であって、精神は自己を外在化することにより、またそのことのみによって、自己を実現できるものだということ」（前掲『続羊の歌』、八二頁、改版九四頁）、それは彫刻家高田《たかだ》博厚《ひろあつ》が加藤に繰りかえし語ったことだったが、それをはっきりと悟ったことである。

さらに第三は「一二、三世紀の教会建築の私にあたえた印象が、セーヌ両岸の街の印象と無縁ではなかった」（同五四頁、改版六一頁）ことを発見し「中世の文化は連続して、今でも街とその街の人々のなかに生きている」（同八一頁、改版九二頁）ことを強く感じとったことである。

そして第四は「フランスにおいて、歴史的な芸術がその重要な一部分として知的世界の全体に密接に組みこまれている社会を見た」（同八三頁、改版九五頁）ことである。つまり「フランス人が、事ある毎に《フランスの微笑》や《ピエタ・ダヴィニョンの精神》を引合いに出すのを聞いて、彼らの文化と造形的世界との関係が、われわれの場合とはちがうと考えないわけにはゆかなかった」(同八四頁、改版九五頁)。

こうして「中世美術を通じて、美術そのものの私にとっての意味を発見した。造形的な世界が、私の住む世界の全体にとって欠くことのできない一部分となった」(同八三頁、改版九四頁)のである。

このような豊富な見聞と思考を積んだのちに、次のような結論を得た。すなわち、

造形芸術の歴史を、あたえられた社会の精神(または感受性)の歴史の軌跡とみなす習慣である。その習慣は、建築や彫刻や絵画を私の世界に欠くことのできない構成要素とした。社会的変化は、時代の精神や感受性の変化を条件づけ、後者の変化は、眼にみえる形として、美術の様式の変化にあらわれる。(中略)その連鎖のどこかを切断して、一箇の鎖にだけ興味をもつことは、原則としてできない。

(「「ヨーロッパとは何か」追記」、『著作集』一二、一九七八年。『自選集』二、三一〇頁)

いいかえれば、対象を「全体的に」理解しようとする姿勢である。こういう関心のもちかたは、造形芸術や舞台芸術に限らず、文学や思想の理解にも共通する。さらに文化のみならず、社会を分析する場合にも通底するものだった。この対象を「全体的に」理解しようとする方法は、加藤のフランス留学における最大の成果といってもよいものに違いない。

『続羊の歌』のフランス留学の時期の記述には「発見」ということばが頻出する。これは当時の加藤が「発見に次ぐ発見の日々」を送っていたことを意味する。加藤自身がいうように、フランス留学は、まさに「第二の出発」だった。もしアメリカに留学していたら、こういう経験はほとんど積めなかったに違いない。加藤がいうように、医者を続けるほかはなかったろう。

5　帰国の決断

フランス留学の第二の成果は、文化や社会を分析するために「比較」という視点を獲得したことである。西洋の文化や西洋社会に比較的長い時間じかに触れ、そのなかで暮したことにより、西洋の文化や社会を見極める材料を豊富にもった。そのことによって、子どものとき以来、親しく接してきた日本の文化や社会と「比較」することが可能となった。

その「比較」とは、たとえば九世紀の平安初期の仏像が、一二世紀初めのゴシック初期の彫刻と似ているとか、似ていないとかいった「比較」ではない。天平時代から平安初期にかけて起きた仏像の「変化のしかた」と、一一世紀末から一二世紀初めにかけて北フランスで起きた彫刻の「変化のしかた」についての「比較」であった。「変化のしかた」の比較を通じて「歴史的発展の型」を抽出するという加藤の分析方法が顕れてくる。

いくつかの地域の文化や社会の変化のしかたを比較すれば、ある地域の文化や社会の歴史的発展の型のもつ特殊性と普遍性とが浮かびあがってくるはずである。また「いくつかの地域の文化や社会の変化のしかた」という意味は、比較する場合にはふたつの文化や社会を比較しても有効ではなく、三つ以上の文化や社会を比較しなければならないことにも気づいた。

こうした「歴史的発展の型の比較」の成果として表れたのが「日本文化の雑種性」（『思想』一九五五年六月号。「セレクション」五所収、後述）である。これは、加藤の生涯のなかで転換点に位置する重要な論考であり、代表作のひとつとして数えることに、異論はほとんど出ないだろう。

第三の成果は、文学研究の「方法」の確認である。個別の文学者や思想家についての研究もさることながら、文学研究の方法を学び、それを自らのものにしたことである。具体的にいえば、文学の範疇《はんちゅう》を広くとり、文章の質によって文学を定義することを基本に据えた文学研究方法である。ただし、文学の範疇を広く考える文学の定義は、必ずしもフランス留学中に「発見」したものではない。加藤自身がフランス文学を学ぶなかで、早くからつかんでいたものである。

加藤は現代フランス文学を象徴的に「デカルトとラシーヌとの国の文学である」（前掲『現代フランス文学論Ｉ』、九頁）と位置づけ、「今日なほほろびないラテン的明晰とフランス的優雅、幾何学的精神と繊細な精神、殊に知性と感性との微妙な協力は、現代フランス文学を他から区別し、私を惹《ひ》きつけてやまない」（同一二頁）ものだった。このような文学観をすでに、留学前の二〇代のときに加藤はもっていたのである。こういう文学観の延長上に、文学を広義に解釈する考えかたは、当然に引きだされる。「わが意を得たり」とばかりに、加藤はフランスで自らの文学観に自信を深めたに違いない。

フランスでは、デカルトも文学であれば、ラシーヌも文学である。こういう文学観に従えば、文学を小説・詩歌という狭い範疇から解き放ち、広く思想・哲学までを文学の範疇に収めることになる。この方法をもって日本文学研究に向えば、『平家物語』だけではなく道元の『正法眼蔵《しょうぼうげんぞう》』も文学の範疇に入る。新井白石『折たく柴の記』だけではなく『藩翰譜《はんかんふ》』もまた文学の視野に収めることになる。のちに『日本文学史序説』のなかで、加藤は、『正法眼蔵』を一三世紀日本の散文文学の傑作と捉え、『藩翰譜』を江戸時代の散文文学の傑作と評する。こうした作品を取りあげれば、日本文学研究ははるかに豊かなものになる、という確信を抱いたのである。

加えてそれは、文学作品をたんに「作品内在的に」理解するのではなく、思想史的あるいは精神史的脈絡のなかで、あるいは社会史的脈絡のなかで、その作品を「全体的に」理解しようとすることを意味する。いずれもその後の加藤の基本的な分析方法として貫かれる。加藤の文学史や美術史が、同時に思想史であり、精神史であり、社会史である所以であろう。

第四は、フランス留学から「帰国」したことである。「近代化」という事業を「西洋化」として進めた日本では、多くの知識人たちが西洋に留学した。その傾向は明治から今日まで変らない。留学生たちのなかには、西洋社会で学びながら、そのまま彼の地に留まりたいと考えた人（たとえば森鷗外から海老坂武まで）が多くいて、そのなかには彼の地に留まった人（たとえば森有正や高田博厚など）が少なからずいる。

加藤はフランスに留まることを考えなかったのだろうか。「もちろん考えました。しかし、フランスにいてフランス文学研究を書いたとしても、フランス人はだれも読んでくれないだろうと思った。それよりはフランスで学んだ文学研究の方法を使って日本文学研究をやれば、フランス人だけではなく、他の外国人も読んでくれる」と考えたというのである。「これ以上フランスに留まる必要はない」（以上、加藤談、二〇〇八年八月）と加藤は判断した。

しかし、「留まる必要はない」ばかりでなく、「帰る必要があった」に違いない。「日本に昔あった文化、現在日本のいたるところに転っている問題は、西洋の文化や問題よりもつまらないものではなく、却ておもしろい点がある、その点に注意しその点を発展させてゆかなかったのは、（中略）少くとも私自身の場合には怠慢であったと考えた。私はこれからその怠慢をとりもどす仕事をはじめるつもりだ」（前掲「日本文化の雑種性」。「自選集」二、二一―三頁）と〝宣言〟している。その仕事を進めるには、フランスにいるよりは日本に帰ったほうがはるかに有利である。

つまるところ加藤は、文化や社会を全体的視野に収める視座をもち、他の文化や社会と比較するという方法を獲得して、日本文化や日本社会研究に向うために帰国する決断を下した。

かくして加藤は帰国の道を選んだ。フランス留学以前にはフランス文学が加藤の中心的主題であり、フランス文学にかんする論考を数多く著していたにもかかわらず、帰国後にフランス文学は中心的主題から外れ、加藤はそれほど多くの論考を著すことがなくなった。それと対照的に、日本文学史研究や日本美術史研究を主題とする著作が増えてくる。すなわち、フランス文学研究を通して獲得した文学研究の方法を携えて、フランス文学研究には向わずに、日本文学史研究や日本美術史研究に向ったのである。

今日、加藤の著作は、海外でも数多く翻訳されてのべで五〇冊を超える。たとえば代表作のひとつである『日本文学史序説』は、二〇二三（令和五）年八月現在、八カ国語（英語、フランス語、ドイツ語、イタリア語、ルーマニア語、韓国語、中国語、トルコ語）に翻訳されている。加藤の目論見は功を奏したといえる。

加藤の「帰る必要」には個人的事情もあったようであるが、それは『続羊の歌』に述べられる。ただし、あらゆる自伝や半生記には虚構が含まれているように、『羊の歌』や『続羊の歌』に書かれる個人的事情にもかなりの虚構が含まれており、事実そのままが書かれているわけではないことを肝に銘じなければなるまい。

6 「日本文化の雑種性」

フランス留学から帰国してすぐに発表した論考が、さきに触れた「日本文化の雑種性」である。近代日本文化は、近代フランス文化や近代イギリス文化のような純粋型の文化ではなく、文化の基本的な部分で、外来文化と日本の伝統的な文化とが混じりあった雑種型の文化であると性格づける。伝統的で純粋な日本文化を想定してこれを目指すことも、全面的に欧米に範を採った日本文化を目指すことも、ともに現実的ではないばかりか、およそ不可能である。雑種文化であることを認め、この雑種性にこそ日本文化の希望を見出すべきである、と加藤は主張したのである。

加藤自身がいうように、日本の近代文化の特徴が雑種性にあるという指摘は、「雑種性」ということばを遣うかどうかはともかくとして「事実の独創的な指摘ではないだろう。しかし、そういう条件が、文化的創造力にとって、歎かわしいものではなく、かえって積極的に活用できるものだろうという意見、これは独創的でないとしても、少くとも私の信条を示す」（「「日本文化の雑種性」追記」、『著作集』六、一九七九年。『自選集』二、二四頁）ものに違いない。しかし、この論考にはさまざまな批判があがった。煎じつめれば、雑種性という特徴は日本文化に限らない、あるいは西洋文化だけを問題にしている議論では不十分であるといった批判だった。

批判を受けるなかで、加藤は「雑種文化論」に連なる論考を矢継ぎ早に発表していく。もっとも早くに書かれた論考は「日本文化の根――雑種的文化の問題」（『愛媛新聞』一九五五年四月一日）であるが、次いで「雑種的日本文化の課題」（『中央公論』一九五五年七月号。のちに「雑種的日本文化の希望」と改題。『著作集』七所収）、「私文学の復興」（『群像』一九五五年一〇月号。のちに「私文学論」と改題。『自選集』二所収）、「世界文学から見た日本文学」（『体系文学講座7』、青木書店、一九五六年九月。のちに「果して「断絶」はあるか」と改題。『著作集』三所収）、「近代日本の文明史的位置」（『中央公論』一九五七年三月号。『自選集』二所収）などが書かれた。

これら一連の「雑種文化論」は、近代のフランスの文化や社会、近代のイギリスの文化や社会と、近代の日本の文化や社会とを比較したうえで立てられた論である。比較の対象を「フランス」や「イギリス」に限定し、かつ「近代」に限定した比較である。近世以前のフランスやイギリスは考慮の外である。アジアもアメリカも、ドイツもロシアも、ほとんど視野に収められていなかった。だから、右のような批判が起きるのも故なしとはしない。しかし、「雑種文化論」には、それまでの加藤の「ヨーロッパと日本から成っていた私の世界」には収まりきれないものを内包させている。「アジアやアメリカの場合にはどうだろうか」という考えが加藤になかったとは考えられない。

「雑種文化」という考えが育っていく過程で、加藤のなかには「アジア」あるいは「アジアのなかの日本」という意識が芽生えていっただろうと思われる。日本へ貨物船に乗って帰ってきたことも（主たる理由は経済的なことにあったろうが）、アジアへの意識を芽生えさせるのに与《あずか》った。「六週間の航海は、「アジアの中の日本」をはっきりさせるためには、充分であった」（『続羊の歌』、一六七頁、改版一九〇頁）といい「「アジア」という漠然とした概念は再検討しなければならない。そういう考えは、神戸に上陸して、税関の手続きをしている間も、絶えず私の脳裡に去来してやまなかった」（同）と述懐している。

アジアを見たいという希望はほどなく叶えられることになる。一九五八（昭和三三）年一〇月にソヴィエト連邦ウズベック共和国タシュケントでアジア・アフリカ作家会議が催されることになった。「中央アジアとソヴィエト連邦を自分の眼で見たい」という希望を抱いていた加藤は、幸いにもその準備委員会と本会議とに出席することになる。そして会議が終ると、ユーゴスラヴィア連邦のクロアチアとインドのケララ州を旅した。すなわち、社会主義連邦の周辺（ウズベック）、社会主義圏の周辺（クロアチア）、非社会主義国の共産党政権下の州（ケララ）である。この旅行記が「社会主義の三つの顔」という副題をもつ『ウズベック・クロアチア・ケララ紀行』（岩波新書、一九五九年。「著作集」一〇所収）である。

このウズベックやケララにかんする書は、加藤がアジアを対象にして本格的に論じた最初の著作である。と同時に社会主義について論じた最初の著作でもある。ここでも加藤は、「社会主義圏内のいわば辺境を探って、その地域的特殊性を強調した。特殊性をはっきりさせる以外に、普遍的問題を具体的に意識する方法はないと思ったからである」といって、三つの社会主義社会をその特殊性と普遍性の関係という視点で捉えようとした。

しかし、加藤が「中央アジアとソヴィエト連邦を自分の眼で見たい」といったときの当初の目論見は、成功したとはいいがたかったのではなかろうか。その目論見には、雑種文化論を補強するための「比較」の材料を集めることが必要だろう。にもかかわらず、一、二カ月の滞在では豊富な材料を集め、深くまで分析することができなかったに違いない。加藤はさきに書いたものをのちに発展させることが少なくない。ところが、ウズベックやケララにかんする発展的な著作はそのあとには現れない。アジアを考えるに必要な材料は、一九七〇年代に中国を訪れるまで揃わなかった。

7　ゴットフリート・ベンと小林秀雄

フランス留学から帰ってきてしばらく時をおいてから発表されたいくつかの論考は、『現代ヨーロッパの精神』（岩波書店、一九五九年）にまとめられる。戦後のヨーロッパ思想や知識人にかんする論考は、帰国後少し時間を経て、一九五六（昭和三一）年から五九（昭和三四）年にかけて発表された。思想・哲学にかんしては、思考を熟成させる時間が要る。帰国してしばらく経ってから発表されていくのは、そうした理由に基づくに違いない。

第二次世界大戦は歴史を変えた。戦後に浮上してきた「問題」を加藤はいち早く考察の対象にする。しかも、戦後になって、政治でも経済でも文化でも思想でも、世界はひとつになりつつあった。ヨーロッパで問題とされている思想上の問題も、加藤は「ひとごと」だとは考えなかったに違いない。だからこそ、ヨーロッパ思想界で話題となっている問題や知識人を日本に紹介しようとしたのだろう。

『現代ヨーロッパの精神』が主題とした問題は、国家社会主義であり、共産主義であり、労働の非人間化である。同じく主題とした知識人は、ジャン゠ポール・サルトル、ゴットフリート・ベン、グレアム・グリーン、カール・バルト、シモーヌ・ヴェイユ、E・M・フォースターといった人たちである。サルトルを除いて、加藤は留学前には書いたことがない。そればかりではなく、ベンやヴェイユのように、当時の日本にはほとんどまったく知られていない知識人を含んでいた。加藤の紹介後に、シモーヌ・ヴェイユは日本でもよく知られる知識人となり、ベンの代表作『二重生活』(紀伊國屋書店、一九五八年)は友人原田義人によって翻訳された。しかし、加藤の目的は、日本に知られていなかったヨーロッパの思想的問題あるいは知識人を「紹介」することだけにあったわけではない。ヨーロッパの思想を考えることで、日本の思想を考えようとしたのである。

ヨーロッパ思想を問題にするとき、加藤の主たる関心はふたつあった。ひとつは自らが考えつづけていた問題「戦争と知識人」にかんすることである。それゆえに「ナチズムにたいする知識人の言動」が、この書全体に通奏低音のように響きわたっている。

「ヨーロッパにおける反動の論理」（「講座現代」第五巻『反動の思想』、岩波書店、一九五七年。「著作集」二所収）と「ゴットフリート・ベンと現代ドイツの「精神」」（『世界』一九五七年七月号。「自選集」二所収）では、ナチズムにたいして、声高に支持したわけではないが、静かに支持した人たちが取りあげられる。前者では、その表題に「ヨーロッパにおける」とあるが、議論のほとんどはドイツのゴットフリート・ベン、フリートリッヒ・マイネッケ、マルティン・ハイデッガーを論ずることに費やされる。後者では、集中してゴットフリート・ベンを論ずる。すなわち、ナチズム支配下の知識人の言動を主題としたのだが、それは日本ファシズムの時代における知識人の言動を問題にしたかったからである。

とりわけ「ゴットフリート・ベンと現代ドイツの「精神」」は、加藤の愛着と自負が強い著作である。『現代ヨーロッパの精神』が話題にのぼれば、加藤は必ずといっていいほどにこの著作に言及した。ベンは日本には知られていなかった知識人であるが、医者にして詩人である。合理主義的・機能主義的近代文明にたいする鋭い批判をもち、それを克服するために、芸術の形式の力を力説する。そしてナチズムに声高に加担したわけではないが、静かな支持を与えた。そのようなベンの言動にたいする検証が戦後のドイツで起こった。おおいに関心をそそられた加藤は、ベンにたいして考察を加えた。それがこの論文である。

ベンは、悲劇的なもの、非合理的なものの価値を強調し、市民社会とその民主主義を批判する限りにおいて、三一年とその後の時代に孤立していなかったばかりでなく、五〇年現在においても孤立していないように思われる。彼の場合には、近代的自我を虚無へ還元する操作が、同時に進歩思想に対し非歴史的な立場を、実証主義に対し非合理主義を、市民社会とその文化に対し運命的なものと芸術を強調する道に通じていた。なぜならば、虚無の自覚は、自覚にとどまらず、同時に「虚無からの創造」を要請し、表現を求めると共に、それ自身の拡大を求めたからである。彼自身の虚無は、客観化されて芸術となり――芸術家の表現とは、芸術家の自我の客観化に他ならないだろう――、また民族と国家に拡大されて、個人を呑みこむ運命の「流れ」となることを求めたのである。

（前掲「ゴットフリート・ベンと現代ドイツの「精神」」。「自選集」二、二二六頁）

だが、この著作の主たる目的は、ベンという知識人の批判にあったわけではない。ベンのナチス・ドイツにたいする静かなる肯定的態度を論述しながら、実は、小林秀雄の日本ファシズムにたいする静かなる肯定的態度を批判したかったのである。「小林秀雄」という語は一度も表れないが、小林秀雄にたいする批判こそが、この論考の主題である。そのことを岩波書店刊の同時代ライブラリー版の「追記」（同二三八―二三九頁）で加藤は明らかにする。「ベンに小林を、ドイツに日本を、重ねて読んでいただければ、幸である」（同二三八頁）とまで記している。

ひとりの知識人ではなく、多数の日本の知識人が、結局は戦争協力をしたことの理由を問うたのが「戦争と知識人」（「近代日本思想史講座」4『知識人の生成と役割』、筑摩書房、一九五九年。「自選集」二所収）である。加藤は「日本の知識人において思想と実生活とは、はなれていた」ことを指摘する。そして「実生活をはなれた思想は、実生活に対し超越的な価値概念も、真理概念も、つくりだすにいたらなかった」と分析する。日本では、文化のみならず、思想も知識人のなかに生きていなかったということである。

「ゴットフリート・ベンと現代ドイツの「精神」」は、敗戦直後の「新しき星菫派に就いて」（一九四六年。「セレクション」五所収）を引きつぎ、「戦争と知識人」につなげた論考である。つまり、この三つの論考はひとつながりに捉えられるべきものである。そしてこれら三つの論考をつなげた発想の原点には、文化のみならず思想も、人びとの暮しのなかに生きたものでなければほんとうの力にはならない、というフランス留学で得た認識があっただろう。暮しのなかに生きた思想でなければ、順境にあるときにはともかくも、逆境に陥ればたちまちにして、暮しが思想を裏切ることになる、ということを加藤は指摘したのである。いうまでもなく、それは日本の多くの知識人が抱えていた弱点だった。

8　カトリシズムとプロテスタンティズム

もうひとつの問題は暮しのなかに生きている思想の問題である。さきに中世美術にかんして、フランスでは「中世の文化は連続して、今でも街とその街の人々のなかに生きている」と加藤が述べたことに触れたが「人々のなかに生きている」のは文化だけではなかった。思想あるいは宗教も同じだった。プロテスタンティズムであれ、カトリシズムであれ、時勢を超えた行動を採る場合に、人びとの拠り所として機能していることが少なくない。それは文学の世界にも表れている。ヨーロッパ思想を考えるとき、そもそも宗教の問題を無視することはできない。加藤は高校時代から宗教にたいする関心が高かったが、宗教の問題を避けて通ることはしなかった。こうして、カトリシズムについて、グレアム・グリーンを通して考え、プロテスタンティズムについて、カール・バルトを通して考えた。

「グレアム・グリーンとカトリシズムの一面」（『世界』一九五七年九月号。「自選集」二所収）は、グリーンの作品（主として『事件の核心』『情事の終り』『居間』の三部作）を通して、西ヨーロッパの現代文学のなかに生きているカトリシズムの問題を明らかにすることを目的として書かれた。グリーンの三部作は、いずれも男女の三角関係を主題とする。その限りでは世のなかに多く書かれる文学作品と変りはない。ところが、「悪人の決して犯さない罪、または善人だけが担う地獄堕ちの可能性というカトリシズムの古い逆説が、すでに無数繰り返された三角関係の描写に、かつてない生々しさを与えているという事実」（「自選集」二、二四六頁）に加藤は驚かされる。そして「「精神」の終るところ、個人の意志を超えるところに「魂」が現れる。その魂に形式を——不幸にして逆説的な形式を、与えているのが、少くともヨーロッパ文学では、主としてカトリシズムである」（同）という。

カトリシズム思想の特徴を「自我中心主義に徹底的に対立し、自我中心主義の限界において価値の転換を迫るその逆説的な論理」に加藤は見出すが、そのうえで、ことに「聖者とは、自己放棄によって、人間的価値の限界を超え」るという点に注目している。これは、最晩年、カトリックへの入信を考えていたときに、加藤の脳裡にあったことではなかろうか（第10章参照）。

同時に、カトリシズム思想の一面は、つまるところ「自力作善」を悪とする宗教的逆説にあるといっても間違いではない。このように考えれば、カトリシズム思想と親鸞の思想が近接することを理解できる。その親鸞について加藤は、一九六〇（昭和三五）年に著すことになる（第3章参照）。

プロテスタンティズムについての論考には「カール・バルトとプロテスタンティズムの倫理」（『世界』一九五八年二月号。「自選集」二所収）がある。これは、直接的には、カール・バルトとエミール・ブルンナーとの論争について論じた。バルトもブルンナーも、ともに高名な神学者である。

バルトはスイス出身で、『教会教義学』という大著を著したプロテスタントである。ドイツの大学に職を得ていたときにナチスが政権を奪取する。教会に干渉するナチスにたいして「ドイツ教会闘争」が繰りひろげられるが、その闘争の中心的役割を果した「告白教会」を組織したひとりである。「告白教会」は、ナチス・ドイツにあって、ほとんど唯一の抵抗運動の拠点であった。

戦後になって、一九四八（昭和二三）年に、バルトはハンガリーを訪れる。そしてブダペストで講演を行うが、このときに、ハンガリーの教会がハンガリー政府にただちに抵抗すべきであるとは唱えなかった。このバルトの姿勢にたいして、ブルンナーが批判を加える。第二次世界大戦下のナチス・ドイツも、第二次世界大戦後のハンガリー政府も全体主義政府であることに変りはない。にもかかわらず、ナチス・ドイツに積極的に抵抗し、ハンガリー政府に積極的に抵抗しないのは理解できない（これは、ほとんどサルトルとカミュの論争を思いださせる）。それにたいするバルトは、状況の違いを理由に挙げる。ナチスの場合には、そこに人間の精神の危機があった。共産主義の場合には、それはない、というのである。

バルトについて語って、最後に加藤は次のようにいう。「自己の課題に深い信念をもつ者は、容易に戦わず、しかし、戦うときには断乎として、たとえ一人でも戦うのである」（同二八六頁）と。

人間を可能な限り信頼しようとするバルトの態度を高く評価すると同時に、バルトの柔軟な思考に共感を抱いている。同時に、この論考を書いたときに、加藤の脳裡にあったのは、矢内原忠雄のことである。バルトも矢内原も、プロテスタントであり、ファシズムに抵抗した学者である。

> これほど一貫した二人のファシズム政権批判者の背景に、一種のキリスト教信仰があったという事実は見落すことができない。二人の批判者はすでに早くナチまたは日本軍国主義の到来と擡頭《たいとう》の時期に、やがて戦争と狂気に導くべきその性質を見抜く明察と、いよいよ戦争がやってきたときに、（そして国中が「戦果」に浮かれだしたときに）少しもその見解を枉《ま》げない勇気を備えていた。この明察を伴った勇気が、単に学識から来ていると思われないのである。（同二八七頁、註6）

「明察を伴った勇気」、すなわち「理」に裏打ちされた「情」である。同じような表現を何回か加藤は用いている。醒めた知性で分析するだけではこと足りず、勇気をもってことに当る必要を自覚していたのである。これは、あまり指摘されることがない加藤の一面である。

　加藤はヨーロッパ思想をたんにヨーロッパの問題として考えていなかった。そうではなくて、たえず日本の問題としても考えた。それゆえに、ゴットフリート・ベンを論じて小林秀雄を批判し、カトリシズムを考えて親鸞を想起し、カール・バルトを評価して矢内原忠雄を表敬する。このように、ヨーロッパ思想をくぐり抜けて、日本の問題、とりわけ「戦争と知識人」の問題を考えつづけたのである。こういう姿勢は戦後五〇年余、一貫して変ることがなかった。

第3章

ヴァンクーヴァーの一〇年
——または第三の出発

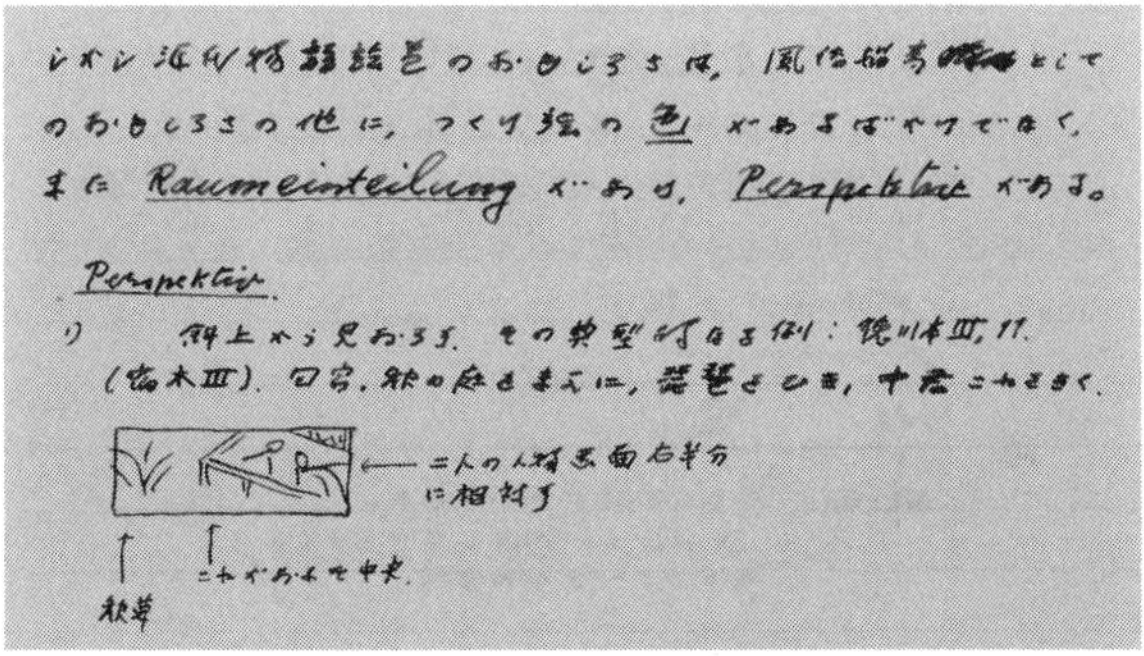
しかし源氏物語絵巻のおもしろさは、風俗絵巻としての
のおもしろさの他に、つくり絵の色があるばかりでなく、
また Raumeinteilung があり、Perspektive がある。

Perspektive

ヴァンクーヴァー時代のノートより。『源氏物語絵巻』にかんする考察が記されるなかに、視座の取り方についての図解（「斜上から見おろす　その典型的なる例」）が描かれている

1　中立と安保条約破棄と中国承認

加藤がフランスから帰国した一九五五（昭和三〇）年は、戦後政治のひとつの転換点だった。いわゆる「五五年体制」が出来あがった年である。

第二次世界大戦中から見えていた米ソ冷戦の兆候は、戦後になってポーランド問題（一九四五―一九四八年）やベルリン封鎖（一九四八年）を通して、はっきりとその姿を現した。こうした背景のもとに、朝鮮戦争（一九五〇年六月）の勃発を契機にして、アメリカは対日政策を転換させる。それまでは日本の軍事的無力化と民主化を進めてきた政策を転じて、日本の独立を認め経済発展を図り、日本を共産主義にたいする防波堤にしようとしたのである。一九五一（昭和二六）年九月に日本に連合国諸国とのあいだに講和条約を結ばせ（いわゆる片面講和）、日本の占領に終止符を打った。その同日に日米安全保障条約を結び、アメリカ軍が引きつづき日本に駐留することを認めさせた。この日米安保条約は、日本の戦後政治を規定する基本的条件のひとつとなった。

一九五二（昭和二七）年サンフランシスコ講和条約発効後、保守政党間では離合集散が続き、政局は不安定であった。そのため、保守勢力のなかからも政局を安定させるべく保守合同の必要が主張された。その動きが明らかになると、主たる革新勢力であった左派社会党と右派社会党は統一して、一九五五年一〇月に日本社会党が誕生する。これを受けて保守勢力も日本民主党と自由党が急ぎ合併し（「保守合同」）、同年一一月には自由民主党を発足させた。それまでの戦後政治は、諸派を除いてほぼ五党による議会政治が進められてきたが、これによって三党による議会政治に変った。しかし、そのうちの一党は日本共産党であり、一九五八（昭和三三）年の総選挙でも当選者は一名に過ぎず、その影響力は微々たるものだった。ゆえに「二大政党」といえなくもなかったが、現実的には社会党の勢力は自民党の勢力の半分に過ぎず「一と二分の一」体制とも呼ばれた。米ソの冷戦体制下にあり、五五年体制は、米ソ対立の「代理戦争」的性格も帯びていた。この体制が戦後政治のもうひとつの基本的条件となる。

戦後政治の基本的条件のひとつであった安保条約の有効期限は一九六〇（昭和三五）年までである。条約改定が近づくにつれて、日米安保条約を新たに結ぶか、これを廃するか、輿論を二分する議論となった。改定反対の大衆運動が昂《たかま》り、一九六〇年前半に、安保改定反対運動はその頂点に達した。

日米安保条約を廃したほうが日本の将来にとって望ましいだろうと加藤は考え、言論を通じて改定反対の立場を表明しつづけた。そのひとつに「中立と安保条約と中国承認」（『世界』一九五九年四月号。「セレクション」五所収）がある。加藤の主張は、安保条約の問題に限定されてはいない。日本の「中立」と「安保条約破棄」と「中国承認」は密接不可分に結びついており、どれを除いても成りたたない「三点セット」として提起された。

いくさからの安全は、米ソ両国のいずれにも保障されていない。日本だけの安全の保障されるはずがあろうか。生きのこるただ一つの可能性は、中立だけである。しかし国内に米ソいずれかの軍事基地があれば、中立の可能性すなわち生きのこる可能性は、全くゼロに等しい。軍事基地がなければ――なくても中立のむずかしいことはいうまでもないが、とにかくその僅かな可能性がのこるだろう。要するに日本自身の軍備と軍事同盟は、いくさの場合に、日本の――もっと具体的にいえば、その主権者であるわれわれ日本国民の生命の――、安全を保障するために、何の役にもたつまい。常識で考えても、役にたつはずがないのである。すなわち日本の安全保障は、世界の、殊に極東の、平和以外には、ありえないということになる。

（「セレクション」五、二一五頁）

こういう論から隣国の「中国を承認すべきである」という主張は、当然の帰結として生れる。「中国を承認するかしないかは、単に経済問題ではなく、また単に倫理的な意識の問題でさえもなく、おそらく国民としてのわれわれの存在そのものに係る問題なのである。われわれはそこからはじめなければならないし、またはじめることができるはずだ」（同二一五頁）と述べる。

このような問題を提起していたにもかかわらず、安保改定反対のための直接的な示威行動には参加しなかった。「安保反対」の看板をかつぎ隊伍を組んで進んで行く学生の姿を見て、戦争末期に銃をかつぎながら行進する「学徒出陣」を思い出してしまうのだった。そして、学生の隊伍に加わることもできない「傍観者」としての自分自身を暗澹《あんたん》たる思いで見つめていた（『続羊の歌』、二〇四―二〇五頁、改版二三二頁）。

2　竹内好《よしみ》にたいする敬意と批判

安保反対運動にもかかわらず、岸信介首相は、警官を国会に導入して強行採決を図り、安保条約批准案を成立させた。強行採決した岸内閣のもとでは教職を奉ずることはできない、といって竹内好は、東京都立大学教授の職を辞した。その竹内にたいする論評が「安保条約と知識人」(『朝日ジャーナル』一九六〇年六月一二日号。「著作集」一五所収)である。

われわれの自由が完全に奪われたあとでは、どういう抗議もできない(ということは経験によってあきらかである)。とすれば、自由の奪われてゆく過程のどこかに、抗議が必要であり、また可能であり、それによってやがて自由が全く失われるだろう過程の進行をくいとめることのできる決定的な時期があるはずだろう。もしそういう時期がないとすれば、国民は自分の国の運命をきめることができない。すなわち民主主義はその原理において成りたたない。逆に民主主義が何らかの意味で成りたつとすれば、みずから事を決することのできる時期の存在も、またみとめられなければならない。その決定的な時期は、一体いつだろうか。警官の入った深夜の国会で安保条約の採決が行われた時に、そういう時期の一つが到来した、とわれわれの多くが感じたことは確かである。

(前掲「安保条約と知識人」。「著作集」一五、二二六—二二七頁)

竹内の原則的な行動を加藤は支持した。竹内の辞職について、この時期に大学教授を辞めて、いったいどれほどの影響を与えることができるのか、という疑問の声もなくはなかった。

影響は直接に政治的な面にではなく、精神的な面におよぶだけである。大学の教授が職を去るべき時が、今この時期であるかどうか、その情勢判断は、竹内教授の判断が唯一の判断ではあるまい。しかし、一般に知識人は、みずからの原則に忠実であるべきこと、それは単に内心の問題ではなく、ある時期には、はっきりとした進退として外にあらわれるべきこと、ただその二つのことは、竹内教授の行為によって、あきらかに示されたのである。それは示されるに値することであった。（同二七—二八頁）

倫理的な「正しさ」の感覚、すなわち「道義」というものは個人の経験に深く根ざしている。それゆえにきわめて特殊な経験から行動を起こして、普遍性をもった行動へ向けて自らの原則を徹底させた竹内の態度に敬意を表したのである。「特殊性を超えて、普遍性へ向う」という表現は、加藤がしばしば遣う表現である。それから四〇年余り経った二〇〇四年のこと、加藤は安保条約反対運動のときの「傍観者」的態度を変えて、「九条の会」に参加して自らの原則と道義に従った（第10章に再述）。

自らの「原則」、それは「生きかた」といってもいいが、自らの生きかたを徹底させた人間を加藤は尊敬する。そういう点で、加藤は竹内に敬意を払っていた。竹内論を数度書いており（「安保条約と知識人」、「竹内好の批評装置」、「竹内好再考」、『日本文学史序説』の一節）、竹内にたいする関心の高さを示している。

だからといって、加藤と竹内は、立ち位置を同じくしていたわけでもなければ、方法を同じくしていたわけでもない。「私は、対立者である加藤を憎み、そして、敵として尊敬する」（竹内好「ある挑戦――魯迅研究の方法について」『思潮』一九四九年五月号）。これは、竹内が書いた加藤にたいする論評のなかの一文である。おそらくふたりの関係をこれほど明確に表現したものはないだろう。

竹内はいう。「加藤周一を、私は、フランス文学研究者のなかで、というより、一般外国文学の研究者のなかで、いちばん、尊敬している」（同）。その理由は「外国文学を研究するには、自分がそのものになるところまで行かねばならぬと考えており、しかも、それを、日本文学の伝統だといいきっているところである。こういう自覚的態度は、私の考えでは、日本の歴史にかつてなかった」（同。傍点引用者）と断ずる。一方、加藤の文学方法論を「日本文化の最高水準を示すものであるが、このような高い知性は、まったく、秀才的思考方法の産物、私のコトバにいいかえるならば、ドレイ根性の産物（私の「中国の近代と日本の近代」を参照）であることを疑うことはできない」（同。傍点引用者）と加藤を批判する。しかし「外国文学を研究するには、自分がそのものになるところまで行かねばならぬ」というのは、ほかならぬ竹内自身の基本的な中国文学にたいする接しかたである。

加藤はいう。「竹内は魯迅を通して中国を見、中国を通して日本の近代史を見た」（前掲『日本文学史序説　下』。ちくま学芸文庫、五二〇頁）。しかし、「真に他人を理解するためには、多かれ少かれ他人との同定を含まざるをえない――ほとんど不可能に近いほど困難である。竹内こそはその理解の限界まで進んだ稀な日本人であった」（同五二一頁。傍点引用者）。ふたりはお互いに、研究対象とするところは異なるが、相手に自分と同じ研究態度を見出している。

「彼は被支配者がその特殊な条件から出発せざるをえないことを力説すると共に、西洋文化の合理的普遍性そのものが、支配者であることの特殊な条件から切り離せないことを、繰り返し指摘して、西洋を志向する日本の「アカデミズム」や、官僚主義や、日本共産党の指導者意識を批判した」（同五二一―五二二頁）。ここでいわれる「西洋文化のもつ合理的普遍性」とは、加藤のよって立とうとした原則でもある。

ふたりは思想的体質もおおいに異なる。加藤は合理的思惟を大事にし、分析的であり、論理をあやつることに長けている。それにたいして竹内は、本人もいうように「論理をあやつることが不得手」であり、しばしば「直観」に拠る。加藤は竹内を「自分の考えを理論化していない」と批判する。

にもかかわらず、ふたりは相互に敬意を抱いていた。ふたりはともに外国文化・社会をくぐり抜けたうえで、日本文化・社会を論じ、近代化を徹底させようとしたことにおいて共通する。このように、お互いに敬意を表しあうだけではなく、批判を交しあう関係にもあり、お互いに相手を「好敵手」と意識していたに違いない。

3　ブリティッシュ・コロンビア大学からの招聘

安保反対運動の盛り上りにもかかわらず、新しい安保条約は批准された。反対運動にかかわった人びとのあいだに「挫折感」が拡がった。しかし、加藤は「挫折感」を抱かなかった。何事にも絶対はない、という価値相対主義を信条としていたからである。それでも「戦後の一時期が、そこで、終った」(『続羊の歌』、二一七頁、改版二四六頁）ということを「痛切に感じ、それがまた、戦後の社会のなかで生きてきた私にとっては、生涯の一時期を画するだろうということも強く感じた」(同）のだった。

そういう心境にあった加藤に、北米カナダのブリティッシュ・コロンビア大学（University of British Columbia, 略称ＵＢＣ）から、同大学教員に招聘したいむねの依頼が届いた。山中に隠遁の暮しを営むことはできなくとも、海外に閑居の暮しを営むことができる、と加藤はＵＢＣからの招聘を受けた。かくして一九六〇（昭和三五）年一〇月、加藤は、太平洋の彼方ヴァンクーヴァーに渡り、ＵＢＣに准教授として赴任した。加藤がいうように「東京の生活の結論」(前掲『続羊の歌』、二一七頁、改版二四七頁）を出して「その後の生活への出発」(同）を図ったのである。いわば加藤「第三の出発」といえるだろう。

しかし、「生涯の一時期を画するだろう」と考えた理由は、社会的な外的な理由だけではなかった。加藤自身の精神的、内的な理由もあった。

思えば幼時から私は周囲を知ろうとするよりも、自分自身の中に閉じこもって暮してきた。その傾向は、戦時中にいよいよ強くなった。しかし戦後一五年ばかりの間、私は、むしろ逆に、周囲に眼を向け、いくらかの経験をし、多くの観察をした。しかし、そういう経験と、観察とは、私のなかで、それぞれ独立していて、その間の関係の必ずしもあきらかなものではなかった。その関係の少しずつ見えはじめてきたところで、はっきりとそれを見きわめ、経験と経験との間につながりをもとめ、個別的な観察を私の世界の全体のなかに組みこむ必要があるだろう。そういう欲求は、私のなかで次第に強くなろうとしていた。観察するよりも、考え、書くよりも、読み、少くともある程度まで自分自身とつき合うこと。私は過去をふり返ると共に、将来を考えた。　（同）

そういう心境にあった加藤のところにUBCから准教授への招聘の話が舞いこんだ。加藤には、ある意味「渡りに船」だったろう。

UBCが加藤を招いた理由はなんだったろうか。一九五六（昭和三一）年から五九（昭和三四）年まで同大学に在籍して、日本歴史などを講じていたロナルド・P・ドーアが、ロンドン・スクール・オブ・エコノミクス（LSE）に転出することになった。ドーアは自分の後任として加藤をマッケンジー学長に推薦した。この経緯についてドーア自身が加藤のパートナー、矢島翠に宛てた書簡で明らかにしている。おそらくドーアの推薦を受けて、アジア研究部門の拡充を図っていたブリティッシュ・コロンビア大学は、加藤の招聘に動いたのだろう。

　加藤がドーアと知己を得たのは、フランス留学中にイギリスに渡ったときのことである。そして、加藤がフランス留学から帰国するときには、日本に留学するドーアと、マルセイユから神戸までの船旅をともにした。日本留学を終えたのち、一九五六年にドーアはUBCに職を得て、歴史学科で日本歴史を講じていた。同大学にまだアジア学科はなく、同学科は加藤が渡った翌年の一九六一（昭和三六）年に設けられた。

　UBCは、一九一五（大正四）年に開校されたカナダ・ヴァンクーヴァーにある州立大学で、今日ではカナダ有数の総合大学である。ことにアジア研究における優れた研究機関として知られる。日本との関係も深く、一九三二（昭和七）年に新渡戸稲造は、同大学で平和と東西理解にかんする講演を行っている。新渡戸は翌年にカナダ・ヴィクトリアで客死するが、同大学には新渡戸を記念した日本庭園「新渡戸記念庭園」がつくられた。公園内には「願はくはわれ太平洋の橋とならん」という新渡戸の願いが刻まれた石碑も建っている。マッケンジー学長は、戦前、スイスの国際連盟事務局で新渡戸の同僚だったことがあり、来日したこともある知日家なのである。加藤の招聘にもマッケンジー学長の判断が反映していただろう、と推測する。

　UBCは第二次世界大戦後に大きく発展する。ことにアジア研究部門が拡充期にあったことは、加藤にとって幸運だった。同僚や友人に恵まれ、蔵書や資料に恵まれた学究生活を送ることが出来たのである。

　加藤がもっとも親しくしていた同僚は、アジア学科の初代主任教授だったウィリアム・ホランド（「『羊の歌』その後」、「セレクション」五、一九九七年。『『羊の歌』余聞』ちくま文庫、二〇一一年）で、加藤は「ビル・ホランド」と愛称で記している。一九〇七（明治四〇）年ニュージーランドに生れたホランドは、一九二八（昭和三）年以来、太平洋問題調査会（Institute of Pacific Relations，略称ＩＰＲ）に勤務した。ＩＰＲは、一九二五（大正一四）年に発足した国際的な非政府学術団体であり、環太平洋諸国の利害関係を調査研究することを目的としていた。《*Pacific Affairs*》という雑誌を編集発行しており、自由主義的な研究者が多く属していた。関係した時期こそ異なるが、新渡戸稲造、ハーバート・ノーマン、オーウェン・ラティモアも加わった。新渡戸はこの調査会日本支部の理事長を務めていたこともある。またノーマンの『日本における近代国家の成立』（*Japan's Emergence as a Modern State*, 1940. 大窪愿二《おおくぼげんじ》訳、時事通信社、一九四七年）はＩＰＲから刊行され、戦後日本の学界に大きな影響を与えた書である。

ホランドは一九五〇年代にはニューヨークにあったＩＰＲ本部の事務局長を務め、《*Pacific Affairs*》の編集長を兼ねていた。ところが、アメリカではマッカーシー上院議員の主導する「非米活動委員会」の嵐が吹き荒れ、ＩＰＲは「赤狩り」の標的にされる。一九六一（昭和三六）年にはついに解散に追いこまれることになるが、その前年にＵＢＣは、ホランドをアジア学科主任教授として招聘した。ホランドを「赤狩り」の嵐から救いだしたのだが、当時「アメリカのアジア学者のなかには、アメリカに嫌気がさしてカナダの大学に行きたがった人が少なくなかった」（トロント大学名誉教授、ソーニャ・アンツェン談。アンツェンはＵＢＣ時代の加藤の愛弟子、日本文学研究者）。カナダはアメリカに隣接してはいても、アメリカ一辺倒にはならない国である。その点では、太平洋を隔てているにもかかわらず、アメリカ一辺倒になる国とはおおいに異なる。かくして、ホランドはヴァンクーヴァーに、ＩＰＲの蔵書とともにやってきた。そして《*Pacific Affairs*》の編集発行も、ＵＢＣで続けられることになった。

ホランド主任教授のもとで、加藤は、日本思想史、日本文学史、日本美術史を講じた。そればかりではない。ホランド宅の一部屋に寄宿していた時期があり、ホランドを訪ねる人びととも交流を拡げる機会を得るなど、公私にわたる親交を保った。そのホランドは、奇しくも加藤が亡くなったのと同じ年、すなわち二〇〇八（平成二〇）年に、一〇〇歳で亡くなった。

友人や同僚ばかりではなく、蔵書にも恵まれた。アジア研究部門の拡充は、蔵書の拡充としても表れる。そのひとつとして、一九六〇（昭和三五）年には、日本研究者として知られるハーバート・ノーマンやジョージ・サンソムの蔵書が、ＵＢＣ図書館の「日本文庫」に寄贈された。ＵＢＣで図書館司書を務め（一九六九―二〇〇二年）、ノーマン・コレクションを管理していた権並《ごんなみ》恒治《つねはる》は「１９６０年には英国とカナダの著名なる日本研究学者たるジョージ・サンソム卿（３００冊）とハーバート・ノーマン博士（４００冊）の個人蔵書が日本文庫へ寄贈された。１９６１年には、かつて非政府国際平和団体として著名な『太平洋問題調査会』が米国よりＵＢＣへ移転した際に、その日本蔵書（４００冊）がＵＢＣへ寄贈され、日本文庫へ加蔵された。創設期の日本文庫は上記の数種類の日本語蔵書（約１４００冊）をもって構成され、大学図書館本館内に間借りする形で発足した」と報告する（Japanese Collections at UBC Libraries, *The Journal of East Asian Libraries*, Oct. 2003. 訳文は権並自身による）。

さらにUBC図書館は東洋美術関連の文献を収集する方針を企て、今日この部門では北米第一級の蔵書を誇るまでになった。一九六〇年代には文献収集に加藤が関与していた可能性が高い（権並の前掲報告からの推論）。加藤は自分の研究に必要な日本語文献を積極的に購入することが許されたに違いない。それを裏付けるように、加藤はよく「日本文学史研究を進めるになんら支障はなかった」といった。

4　ノーマンに見た高い「理」と激しい「情」

ハーバート・ノーマンは、カナダ人宣教師の子として一九〇九（明治四二）年に軽井沢で生れ、少年時代を日本で過ごした。のちにカナダ外務省に入り、外交官として何度か日本を訪れ、また日本歴史の研究に従った。さきに挙げた『日本における近代国家の成立』のほか『日本における兵士と農民』（*Soldier and Peasant in Japan: The Origins of Conscription*, 1943. 陸井三郎訳、白日書院、一九四七年）や『忘れられた思想家――安藤昌益のこと』（*Ando Shoeki and the Anatomy of Japanese Feudalism*, 1949. 大窪愿二訳、岩波新書、一九五〇年）などを著した。ノーマンは、戦前戦後の日本外交に関与し、戦後の社会科学や歴史学にも大きな影響を残した日本研究者でもあり、丸山眞男や都留重人や渡辺一夫らと交流があった。第2章に述べたように、加藤をノーマンに紹介したのは渡辺である。渡辺はノーマンを「心の優しい人」と評し、ホランドは「一貫して立場をまもった人」と定めた。

加藤はノーマンの日本研究に「異質の文化を内側から理解しようとする態度と、それを普遍的な言語で叙述しようとする意図との結合」（「E・H・ノーマン・その一面」『思想』一九七七年四月号。「自選集」六、三二頁）を見出していた。「異質の文化を内側から理解しようとする態度」は、さきに述べたように、加藤にも竹内好にも共通するものである。しかし、加藤がノーマンに見出したものは、このような「理知的な態度」だけではなかった。「無学な無名の青年に対しても決して差別しない態度と細かい心遣いに感動していたのだ。「優しい心」、それ故に傷《きず》つき易い心が、狂信主義に対する怒りにひき裂かれていたことは、たといみまいとしても、見誤りようがなかった」（同三二頁）という。ノーマンのなかに「怒り」の心情を認めている。ノーマンには高い「理」と激しい「情」とが、背中合わせに結びついていることを見のがさなかった。それは加藤自身がもっているものであり、見のがすことはあり得なかったに違いない。

加藤とノーマンは、加藤のフランス留学中にもパリで会っている。

私が最後にノーマン氏に会ったのは、パリの街頭で、全く偶然の機会にであった。私たちは深夜の街頭で、長い立話をした。話はその頃米国で猖獗《しょうけつ》を極めていたマッカーシー上院議員の《非米活動委員会》に及び、ノーマン氏は、そのとき、何故か、今でも私にはその理由がよくわからないけれども、彼自身をとりまく外務省内の微妙な関係を、人の名まえまで挙げて、語りはじめた。それればかりでなく、適当な機会に外務省を退き、カナダ太平洋岸の大学に去って、そこで日本史の研究に専心できたらよいだろうという意味のことさえも、半ば冗談のようにつけ加えた。その話は、しばらく会わなかった私たちの間のこととして、また深夜の街の立話としても、かなり唐突の印象を免れなかった。その謎めいた印象は、その後ながく私のなかに残った。しかしノーマン氏は大学へは退かず、外交官の仕事をつづけながら、カイロで死んだ。私はそのとき、後日、私自身が、その太平洋岸の大学へ退いて閑暇を愉しむことになろうとは、夢想もしていなかったのである。

（『続羊の歌』、一三六頁、改版一五五頁）

UBCは、初代アジア学科主任教授としてノーマンを招くことを予定していたようである（権並、前掲報告）。加藤がいうように、ノーマンもカナダ太平洋岸で学究生活を送りたいと希望していたが、一九五七（昭和三二）年の自死によってその希望は潰《つい》えた。ノーマンの自死は「赤狩り」の重圧に耐えかね、「怒り」を込めた抗議としての自死だったに違いない。ノーマン自死の三年後に、加藤は、ノーマンの望んだ大学に職を得て、ノーマンの遺した日本文献などを使って、ノーマンの望んだ日本文学史研究や日本文化史研究を進めた。ノーマンといい、ホランドといい、「マッカーシズム」の犠牲となった人たちの恩恵を受けながら、加藤は、ヴァンクーヴァーでの教育研究生活を送ったのである。

5　一〇年にわたる「蓄積の時代」

第2章で「加藤周一が加藤周一になるうえで「ふたつの海外暮し」が大きな意味をもった」と述べた。そのひとつ「フランス留学」についてはすでに触れた。もうひとつの「ヴァンクーヴァーでの暮し」はいかなる意味があったのか。

研究者や文学者や思想家が自らの「核」をつくりあげるとき、研究対象に向って没頭できる時間と空間が必要である。敗戦直後の日本は、たとえば、民法学・法社会学の川島武宜、日本政治思想史の丸山眞男、ヨーロッパ経済史の大塚久雄をはじめとして、綺羅星《きらぼし》のごとくすぐれた研究者を輩出した。そういう現象が生れたひとつの理由は、はなはだ逆説的ではあるが、戦時下には、軍国日本に批判を抱きながらも、ひたすら沈黙を余儀なくされた時代だったことにある。沈黙しながらも、敗戦を予測し、敗戦後にいかなる学問を提示できるかに賭け、黙々と研究に没頭していた。その蓄積が戦後にいっせいに学問の花を開かせることになったのではなかろうか。

加藤も敗戦を予測し、敗戦後の日本を思い描いていたものの、上記の人たちと世代を少し異にする。戦時中の加藤は、年齢いまだ若く、また、医者であることが医療行為に多忙をきわめさせ、医学者の卵であることが研究に専心することを困難にさせた。何らかの研究に没頭できる条件は十分に整ってはいなかった。

ところが、ヴァンクーヴァーは日本からは遠く、しかも、まだファックスも電子メールもなかった時代である。国際電話もそう頻繁にはかけなかった。メディアにも友人関係にも社会的義理にも煩わされることなく、一種の「隠遁生活」を送り、ひたすら研究に没頭できる条件が整っていた。もし日本に居つづけたら、一九六〇年代は高度成長のまっただなかにあり、高度成長の波は出版業界や新聞業界にも押し寄せていたから、夥多《かた》の執筆を望まれ、数多《あまた》の対談を求められ、幾多の講演を請われたに違いない。その反面で、研究に没頭できる時間ははるかに少なくなってしまっていただろう。

しかも、ＵＢＣでは日本文学史を進めるための文献にも恵まれ、足りない文献はおそらく望むままに購《あがな》うことができただろう。ヴァンクーヴァーでの暮しは一九六〇（昭和三五）年から六九（昭和四四）年まで一〇年にわたる。加藤が四一歳から五〇歳のときのことである。矢野昌邦編の「著作目録」（『自選集』一〇所収）に明らかだが、この一〇年間に加藤が著した主要な著作は、他の時期に執筆した主要な著作と比べて、その数は少ない。さきに引用したように、書くことよりも読むことを優先しようとしたのである。執筆し発表することよりも、むしろ研究し蓄積することに比重がかかっていた。この一〇年間を加藤自身も「蓄積の時代」（前掲『過客問答』、九八頁）と呼んでいる。

加藤の「蓄積」の証拠は、遺されたおびただしい「ノート」に見ることができる（本章扉写真参照）。「ノート」といっても冊子型ノートよりもルーズリーフを多く使う。その総枚数は一万枚を超えるだろう。ルーズリーフにメモが取られ、主題ごとにファイルされる。「白石」「富永仲基」「芸術思想の展開」などなど多数。日本語、英語、フランス語、ドイツ語、ときにラテン語を織り交ぜたメモは、実に丁寧な、達筆ではないが「美しい」書きこみ。驚くことにほとんど「訂正」がない。頭のなかで整理した後にメモとして認めるようで、訂正を必要としない。美しいまでに書きこんでいれば、書き損じたときには「書きなおす」ことを自分に強いるだろう。後年になっても「書き間違えたときにはそれを破棄して、あらたに書きなおしていた」（矢島翠談）らしい。写真に見られるノートの採りかたの丁寧さと美しさは、例外的な頁を取りだしたのではなく、ほとんどのページに見られるものなのである。

かくして加藤は、フランス留学で獲得した文学研究の方法をもって、日本文学史、あるいは日本美術史を渉猟《しょうりょう》し、それらの「核」になる部分をつくりあげた。ヴァンクーヴァーの一〇年は加藤の「第三の出発」だった、という所以である。

6　「親鸞——一三世紀思想の一面」

日本文学史、日本美術史を渉猟していたといえども、いきなり全体の見通しをもつことは不可能である。まずは個別の文学者や思想家や美術家との出会いがあり、個別の作品の読みこみがある。加藤が出会い、関心をもったのは、親鸞であり、石川丈山であり、一休宗純であり、富永仲基である。

親鸞については、敗戦直後から鎌倉時代への関心が深く、早くから加藤にとっての研究主題となっていた。その動機は何だろうか。ひとつは、戦時下に多くの知識人が、意識的にせよ無意識的にせよ、大勢順応的にファシズムに協力した事実に疑問と興味を覚えていたからにほかならない。いいかえれば、なぜ日本では「超越的思想」が個人を律することが少ないのかという疑問である。そして、親鸞に「超越的思想」が育った条件を見ようとした。もうひとつは、親鸞が支配者のための宗教ではなく、被支配者のための宗教を唱えたからである。困難を越えて「在家仏教」を唱えたことにたいする共感があった。こうして書かれた論考が「親鸞――一三世紀思想の一面」（『日本文化研究』第八巻、新潮社、一九六〇年。「自選集」三所収）である。ただし、この論考はヴァンクーヴァーに渡る前に書かれたものであり、そこにはフランス留学で学んだことが活かされているように思われる。

一二世紀後半から一三世紀前半にかけて、日本の古代貴族社会は崩壊し、人間の力では如何ともしがたい歴史の力によって、貴族であろうと、僧侶であろうと、大衆であろうと、だれもが翻弄された。そういうなかで、末法思想が生まれ、「無常観」が育ち、慈円の『愚管抄』が書かれ、『平家物語』が語られ、定家の『新古今集』が編まれ、藤原隆信の肖像画が描かれ、運慶・快慶の金剛力士像が彫られるのである。

古代社会にあって、あるときは国家鎮護を、またあるときは極楽往生を保障するものだった仏教も大きく変る。法然は、仏教経典にたいする学問的方法であった「最勝《さいしょう》」（諸経典を比較し、もっとも権威がある原典を求めること）を否定し、「撰択《せんちゃく》」（取捨を意味し、法然は「専修念仏」を選択した。念仏を唱えさえすれば往生できる）を主張した。すなわち仏典にたいする客観的接近方法から主観的接近方法へ転換したことを意味する。要するに「信仰の内面化」である。法然を継いだ親鸞は、仏道修行の根幹をなしていた「自力作善《じりきさぜん》」を否定して、「他力本願《たりきほんがん》」を対置した。すなわち「彼岸の超越性の自覚」である。これは日本仏教史における画期的な思想的事件である。

「親鸞」という論考は、その思想的事件の中心人物である親鸞に焦点を当て、なぜこの時期に、仏教の内面化が進められ、他力本願の思想が生れたかについて論じたものである。しかも、加藤は、その思想的事件にふたつの側面を見ていた。

確実なことは、一三世紀仏教が超越的な思想をはじめて決定的に日本の思想史に導入したということ、しかしそれは非超越的な自然宗教的背景のもとに形成された日本人の精神構造をその時以来根本的につくりかえるというところまではゆかなかったということである。（前掲「親鸞」。「自選集」三、一二五頁）

近世においては、鎌倉仏教が与えた衝撃はほとんど消え去り、伝統的な現世主義が世のなかを覆った。さらに明治維新以降は、西洋文明の移入を図ったにもかかわらず、西洋の超越的宗教は導入せず、技術文明のみを輸入する道の背景に、やはり超越的思想の欠如を認めるのである。そして戦時下になると、

天皇制は神《かん》ながらの道そのものではないが、神ながらの道と容易にむすびつき、奇怪な軍国主義の成長を支えることができた。もし戦争中の知識人の国家または天皇または総じて「日本」というものに対する態度を検討すれば、「捨家《しゃけ》捐国《えんごく》」が行のはじめであるといった道元から、われわれがどれほど遠く来てしまったかを知ることができるのである。（同一二六頁）

というように、「戦争と知識人」の問題を考えるところまで、視線を伸ばしていく。要するに、加藤は、ゴットフリート・ベンを論じても、親鸞を説いても、日本における「戦争と知識人」の問題をたえず意識していたのである。

7　あり得たかもしれない自画像『三題噺』

ヴァンクーヴァー時代の初期の段階で加藤が関心を寄せた人物に、石川丈山、一休宗純、富永仲基がいる。しかし、彼らについては十分な資料はない。考察の対象に選んだ人物にかんする十分な資料がない場合、あるいは丹念な読みこみが出来ない場合には、その全体を論ずることは難しい。だが、その人物のある一面を取りあげて「小説」にまとめることはできる。加藤はいわゆる「学者」ではなく「作家」であり、小説という手法を選択することが許される。こうして「詩仙堂志」（『展望』一九六四年一一月号。「自選集」三所収）で石川丈山を考え、「狂雲森春雨《くるいぐももりのはるさめ》」（『世界』一九六五年二月号。「自選集」三所収）で一休宗純を思い、「仲基後語」（『群像』一九六五年四月号。「著作集」一三所収）で富永仲基を察した。これらは『三題噺』（筑摩書房、一九六五年。ちくま文庫、二〇一〇年、所収）としてまとめられる三つの小説であり、同時に「第三の出発」の最初の成果だったともいえる。なお、「詩仙堂志」は森鷗外の文体を想起させ、「狂雲森春雨」は谷崎潤一郎の文体を連想させる（拙稿「『三題噺』解説」〔ちくま文庫〕に詳述）。

この『三題噺』がもつ意味は三つある。第一の意味は、三人に託して加藤自身の「あり得たかもしれない自画像」を描いたことである。「詩仙堂志」は、「日常生活の些事に徹底した」石川丈山の話である。「狂雲森春雨」は「「官能的人生」に徹底した」一休宗純の話である。「仲基後語」は「「知的人生」に徹底した」富永仲基の話である。加藤はこの三人を取りあげた理由について、「『三題噺』あとがき」に次のように述べる。

私にははじめから青雲の志というものがなかった。それよりも、山中または市井にかくれて、身辺の安穏と無為の時をたのしみたいというひそかな望みが、強かったようである。（中略）私がようやく閑居に近い境遇に身をおいたのは、職を異国の大学に奉じるに及んでからである。私は太平洋彼岸の加奈陀《カナダ》の港町に、また南独の高原の古都〔ミュンヘン——引用者註〕に、はからずもかねての念願のとおり、書籍に親しむ機会を得た。そして徳川時代の儒家の詩文を読み漁《あさ》るうちに、石川丈山が一度は動乱の世界に身を投じながら、私よりも早く、私よりも決然として、一度退居の志を抱くや生涯二度とその志をひるがえすことのなかったのを知った。（前掲「『三題噺』あとがき」。「著作集」一三、四〇〇—四〇一頁）

私は生来感覚的なよろこびをもとめ、殊に男女の交情が感覚の愉しみに転ずる境を貴ぶ。そのためには万事を捨ててかえりみないというところまではゆかぬが、——またそこまではゆかぬについてはそれなりの理由もないわけではないが、そこまで行く男の心情には同感を禁じえない。晩年の一休もまた私にとって、決して無縁の人ではないはずである。

（同四〇三—四〇四頁）

そしてたまたま富永仲基に出会った。先にもいったように、私は儒仏の書をみることを仕事の一部としていたから、それは全くの偶然ではなかった。私はまず『出定後語《しゅつじょうごご》』をよみ、『翁の文』をよんで、この夭折した天才が、どれほど多く独創的な思想の萌芽をもっていたか、ということにおどろいた。それは主として萌芽であって、そのあり得たかもしれない展開は、——いや、それを知る由もないからこそ、まさに私の空想は刺戟《しげき》されたのである。

（同四〇六頁）

人生のある面を徹底させた三人を描いたのだが、これは、とりもなおさず、加藤自身の「あり得たかもしれない自画像」の三つの側面だ、と意識していたに違いない。そして『三題噺』を書いたことは、「実際の自分」を見つめる作業につながっただろう。加藤の自伝的小説『羊の歌』の連載は『三題噺』が刊行されて一年有余の一九六六（昭和四一）年一一月に『朝日ジャーナル』で始まる。間違いなく『羊の歌』は『三題噺』を書いたからこそ生れた作品である。

おそらくこのころに加藤は「自分が完成した」という自覚をもったに違いない。自伝的小説ではあっても自分が未完成であると考えているかぎりは書けるものではない。自分が完成したと認識してはじめて書けるものである。なぜなら自分自身を表現するということは、自分自身を世界のなかに位置づける作業だからである。

『羊の歌』は、母方の祖父の話から始まり、一九六〇（昭和三五）年の「安保条約改定」問題までが描かれる。すなわち、加藤の四〇歳までの半生を、四〇代末に書いたものである。「著作集」第一四巻「あとがき」（一九七九年）にいう。「三ツ児の魂百まで、は常に必ずしも当らない。しかし一九六〇年の私は四〇歳であった。四〇歳の男（または女）の性癖、嗜好、態度、立場の大部分は、おそらく死ぬまで変らない。故に『羊の歌』は、今日の私の起源をも説明する」。

『三題噺』がもつ第二の意味は、文学史研究の「定点」を築きあげるうえでの「橋頭堡《きょうとうほ》」となったことである。石川丈山については、資料が少ないこともあり「詩仙堂志」のみしか書かなかったが、一休宗純や富永仲基については、のちにも何度か著している。これに世阿弥や新井白石が加わって、加藤文学史の「定点」を築く。親鸞を除けば、ヴァンクーヴァー時代に研究を進めたことは、遺されたノートが物語っている（これらの論考については第5章に述べる）。

「著作集」第三巻『日本文学史の定点』の「あとがき」にいう。「『日本文学史序説』を総論とすれば、これは各論である。（中略）各論のそれぞれはいわば歴史上の『定点』であり、そこから歴史をみると、そこに変化の相がみえ、発展のすじ道がみえて来る。その発展のすじ道が、また個別的な作家の世界の、歴史上の位置を決めるだろう」（「著作集」三、三八九頁）。つまり『三題噺』を通って『日本文学史序説』に到ったのである。

そして、第三の意味は、「文体の完成」である。当り前のことだが、加藤の文体は最初から完成していたわけではない。文体の完成は、いつ、どこに認められるか。「いつ」にかんしていいえば、一九六〇年代半ば、『三題噺』の前後であろう。その前後の文を読み比べれば、加藤の文体が完成したことが認められる。

加藤の文章は、大江健三郎が評したように精確でかつ美しい（「加藤周一著作集　内容見本」平凡社、一九七八年）。簡にして要を得ている。ひとつひとつの文が美しいだけでなく、文章の構造が美しい。それは加藤が漢文の素養を培っていたからに違いない。漢文の素養がある作家は戦前まではかなり多くいた。森鷗外、夏目漱石、芥川龍之介、永井荷風、石川淳と連なり、加藤は漢文を基礎に据えた文章を書く最後の文章家だろう。加藤の文体が完成したのは一九六〇年代中ごろであり、決して早いとはいえない。すなわち『三題噺』や『羊の歌』が連載されたころである。文体の完成を自覚したからこそ、半生記『羊の歌』を執筆したに違いないことはさきに触れた。

文体とは思考の形式であり、美意識の表現でもある。『羊の歌』の文章を例に採りながら、弁証法的論法や対句や対偶や〈not……but〉の構文や、皮肉や逆説が使われる（拙著『書く力――加藤周一の名文に学ぶ』集英社新書、二〇二二年）。加藤の文体を分析すれば、加藤のものの考えかたや感じかたの特徴が明らかになるに違いない。

8　『羊の歌』詠唱〔＊〕

『羊の歌』は加藤周一の自伝的小説である。初出は一九六六年一一月から一九六七年四月まで、四〇回にわたって『朝日ジャーナル』（朝日新聞社）に連載された。連載直前に「作者のことば」

が同誌に載る。

今ここに「羊の歌」を書こうと思いたち、敢て私自身の過去に触れようとするのは、そこに血湧き肉躍る要素をあらためて発見したからではなく、一人のありふれた男が、いかなる条件から、いかなる具合に、成りたったか、ということに、あらためて興味を覚えるからである。

（『朝日ジャーナル』一九六六年一〇月三〇日号、四四頁）

加藤が日本人の「ありふれた男」であるかどうかは別としても、自分自身が「いかなる条件から、いかなる具合に、成りたったか」という問題意識をもっていた。こういう問題意識は、自分自身が出来あがったという認識がなければ生じない。それは前節でも述べた通りである。

この連載は初回から最終回まで「連載小説」と銘うたれていた。「自伝的小説」として連載されたのである。なぜ「半生記」あるいは「回想記」としなかったか。それについて加藤は何も書いていない。また岩波新書に収めたときに「わが回想」という副題をつけた。「自伝」や「回想記」に虚構が含まれることはいうまでもないが、それでも「小説」と「自伝」や「回想記」とは異なるだろう。「小説」として書かれたものを、なぜ「わが回想」としたのか。その理由についても、加藤は何も書き残していない。『朝日ジャーナル』担当記者矢野純一も、「岩波新書」担当編集者海老原光義も物故しているので、その理由については推測するしか手立てがない。

『朝日ジャーナル』記者の矢野は、おそらく小説を依頼したのだろう。『羊の歌』は、同誌の連載小説枠の企画であった。一方、加藤は「作者のことば」に明らかなように事実上「回想記」として考えていたに違いなかろう。ところが、連載当時、加藤はカナダのブリティッシュ・コロンビア大学に赴任していた。しかも週刊誌の連載だということは、執筆や校正の時間は限られており、細かい事実を確認することは不可能ではないにせよ、かなり困難だったに違いない。その点では「小説」としたほうが書きやすいという事情もあったのではなかろうか。実際『羊の歌』には、虚構と思われる個所や、事実誤認と思われる個所がいくつも確認出来る。

「岩波新書」編集者海老原は、加藤の意思に沿いつつ、かつ「小説」としてよりも「回想記」としたほうが読者に長く読まれると判断したに違いない。その結果、刊行後半世紀以上も読まれつづけている。もし小説として刊行していたら、これほどの長い寿命を保てなかったろう。その点で海老原は編集者として炯眼《けいがん》であった。

二〇一三年の岩波書店創業一〇〇年記念の読者アンケート「読者が選ぶこの一冊」の新書部門で、加藤周一著『羊の歌』は第三位に選ばれた。版を重ねること六〇回以上に達する。岩波新書のなかでも代表的なロングセラー、ベストセラー作品なのである。

多くの読者を得たひとつの理由は『羊の歌』が読むにやさしく、高校生にも読めるからだろう。しかし『羊の歌』を精確に読もうとすると、それほどやさしくはない。必ずしも明晰でもない。むしろかなり読むのに手ごわい書物である。その理由はいくつかある。まず、前提となる知識が必要だからである。『羊の歌』は一五〇年前まで遡って母方の祖父増田熊六の話から始まり、一九六〇年加藤がカナダのブリティッシュ・コロンビア大学に赴任するまでの、ほぼ一〇〇年近くが加藤の半生を中心にして描かれる。その『羊の歌』が書かれてから半世紀以上が経った。書かれている年月を隔てた内容は今日の読者には必ずしも自明のことではない。

また『羊の歌』には巧みな修辞が凝らされているからである。筋の展開は論理的なところもあれば、はなはだ感覚的に連想による数珠《じゅず》つなぎの展開を見せるところもある。そういう意味では伝統的日本文学に則っているともいえる。これも読むのになかなか厄介にさせる要因である。

行間がきわめて饒舌なこともある。そこには含意が込められている。この行間を読みとることが『羊の歌』を読むときの面白さであり、同時にむつかしさでもある。かくして『羊の歌』は、一言一句を丁寧に読まないとよく理解できない書物なのである。

それだけではなく、加藤が意識的に書かなかったこと、意識的に事実とは異なることを書いたところも散見される。これらも補ったり、正したりしながら読まないとならない。

たとえば加藤が医学部に進学したことについて、学生時代から晩年までの友人、山崎剛太郎は、加藤は文学部に行くと思っていたので驚いた、と述べている（『知の巨匠　加藤周一』）。たしかに加藤は文学部に進学する希望をもっていた。ところが、母ヲリ子から文学部を出ても経済的に暮していけないと心配されたことで、文学部への進学を諦めた。一方、父信一は当時の花形である工学部への進学を望んだが、父親の意向には従わず、加藤は医学部進学の道を選んだ。医学部受験の準備が足りなかった加藤は、入学試験に不合格となり、一年の浪人生活を余儀なくされる。ところが、この経緯についても加藤は『羊の歌』に何も書いていない。しかし、この事実を補ったほうが加藤理解には役立つに違いない（精しくは拙著『加藤周一はいかにして「加藤周一」となったか』参照）。

また「八月一五日」の章に「農家の主人は、妹の子供を見て、「わしの眼の黒いうちは、この子たちを見殺しにはしない」といった。（中略）「いいかげんにいくさをやめてもらわねば……」」とある。この農家の主人とは、加藤家と付き合いのある追分の農民、荒井作之助である。「荒井作之助」という名前は、加藤が戦後すぐに発表した「天皇制を論ず」、「天皇制について」という論考の筆名に使われている。天皇制廃止論を実在する農民の名前で発表した。その事実がもつ意味は小さくないだろう。

加藤のものの考えかたには、科学者の方法と詩人の感性を兼ね備えているという特徴がある。加藤の思考の根幹である科学的ものの考えかたを根づかせたのは父信一である。あまりに大きな影響を受けたからこそ、かえって加藤は父親を嫌った。『羊の歌』を読めば、父親との関係が必ずしも親密ではなかったことが分かる。

加藤の学生時代のノートには数多くの詩が詠まれており、詩歌への並々ならぬ意欲が読みとれる。詩人の感性を育んだのは両親である。「青春ノート」には加藤が詠んだたくさんの詩歌が記されている。この頃には加藤は詩人になることを望んでいたのかも知れない。結局、加藤は詩人としては大成しなかったが、その詩的な感性は加藤の文体に影響を与えた。

加藤に西洋にたいする関心を開かせたのは祖父増田熊六である。祖父はヴィクトリア朝様式の大邸宅に住み、西洋料理店を営み、アフタヌーンティーの習慣をもち、香水を使い、女性との付き合いも豊かだった。そういう祖父と接することによって「西洋」を身近に感じて育った。それゆえフランスに留学したとき、「西欧の第一印象は、私にとって遂に行きついたところではなく、長い休暇の後に戻ってきたところであった」(『羊の歌』、一一頁、改版一二頁)と記すのであった。

母と妹は深い愛情の対象であり、加藤が生涯でもっとも愛した女性は、三人の結婚相手ではなく、母ヲリ子と妹久子である。妹は母親に考えかたや行動が似ている、と甥の本村雄一郎はいう。『羊の歌』には医学部に進学した理由は語られないが、加藤が文学部志望を諦めて医学部に進学したことも、最晩年にカトリックに入信したことも、母親と妹への愛情を抜きにしては考えられない(精しくは前掲『加藤周一はいかにして「加藤周一」となったか』三六頁参照)。

加藤は見事なまでに少数者として生き抜いた。なぜ少数者であり続けたのか、あるいはあり続けられたのか。少数者としての加藤を支えたのは、一方に選良(秀才)としての矜持《きょうじ》があり、他方に選良意識と密接不可分に結びついた傍観者＝観察者としての意識があった。

程度の差こそあれ人は「正しさ」の感覚をもつ、と私は信じている。「正しさ」の感覚は何によってもたらされるのか。ひとつは知識に基づいた世界にたいする認識である。選良としての加藤は、旺盛な知識欲と優れた理解力によって、世界を出来るだけ精確に理解しようと心がけた。そのための方法が傍観者＝観察者として対象を見る方法である。傍観者＝観察者は、直接の当事者にはなれない。当事者になれないからこそ、時代の趨勢や流行や自らの願望に左右されずに、ものごとを客観的に精確に観察することが出来る。

しかし、精確な知識だけが少数者としての加藤を支えていたわけではない。そこには「道義観」というべき問題があった。「正しさ」には論理的正しさと倫理的正しさがあり、その両方を尊重すべきことを父母によって培われた。加藤には何が正しいことかを理解する「才」があり、正しいことを尊重し、それに従おうとする「心」が強く働いていた。

自らが正しいと考えることを尊重することは、他の人や他の組織が正しいと考えることも尊重することに通じる。そこから「価値相対主義」が生れる。加藤が抱いていた道義観――個人であっても国家であっても、「強き者」に加担しない、「弱き者」を援《たす》ける――という考えかたは、価値相対主義に裏打ちされている。そして加藤の道義観は、身近な小さき者への共感に根ざしている。決してイデオロギーによって成りたっていたわけではない。身近な者にたいする愛が支えた道義観である。それゆえ時代によっても、流行によっても揺るがない。戦中から戦後にかけて、自らの道義観を大きく変えた知識人は少なくない。しかし、加藤に小さな変化はあるものの、基本的なものの考えかたを変えたことはない。たとえば若いときから晩年に到るまで、基本的には天皇制に反対の立場を貫いた。戦争に反対する立場は一瞬たりとも揺るがなかった。

しかし、いついかなるときも傍観者＝観察者でいられるわけではないことを加藤は知っていた。加藤が傍観者＝観察者であり続けられなくなるのは、日本が戦争への道を歩みはじめたと加藤が認識したときである。一九八〇年代半ばに『朝日新聞』の連載名を「山中人閒話《さんちゅうじんかんわ》」から「夕陽妄語《せきようもうご》」へ変えた頃のことである。歴史の暮れ方を感じ、山中から巷間へと立ち位置を変えたということである。当然、それは選良意識も乗り越えることを意味する。それが「九条の会」への参加と白沙会や凡人会への積極的な関りとしてあらわれる。

加藤のほとんどすべての言動は戦争体験に根ざしている。戦時下、多くの知識人が世の中の趨勢に従い「戦争に賛成した」、あるいは賛成しないまでも「戦争に反対しなかった」。専門領域では合理的思惟ができる知識人が、戦争についての判断では合理的思惟の方法を放棄し、軍国日本の狂信主義になす術《すべ》もなかった。狂気が日本を支配していた。一方、戦時中の加藤は、戦争にたいする疑問を抱いていた渡辺一夫や川島武宜に私淑することで自らの正気を支えた。

日本人の多くが「鬼畜米英」と唱和していたが、敗戦後、一夜にして「ようこそアメリカさん、いらっしゃい」というような態度で占領軍を迎えた。日本を占領したアメリカ軍は、日本人の抵抗を予想していたが、その予想は見事に裏切られた。「一億玉砕」「聖戦貫徹」から「平和と民主主義」「アメリカ、大好き！」へ、何の痛痒を感じることもなく、たちまちにして思考と行動を変えてしまった。その変り身の早いことに加藤は驚いた。このような思考様式は今日にも引きつがれていて、少しも変っていない。

戦中から戦後にかけて、加藤が目の当りにした日本人の思考と行動は、日本人のものの考えかたはいかなるものか、という問題意識を抱かせた。その点では丸山眞男と共通する。その問題意識を深化させながら、あるいは『日本文学史序説』を書き、あるいは『日本　その心とかたち』を考え、あるいは『日本文化における時間と空間』を論じ、あるいは「九条の会」（発足は二〇〇四年）に加わった。そして『羊の歌』には、戦争体験が加藤のすべての言動の原点であることが暗黙のうちに語られる。

加藤は一九五一（昭和二六）年から五五（昭和三〇）年にかけての三年余りをフランスに学ぶ。このフランス留学に関る問題はふたつある。

ひとつは加藤が進めていたアメリカ留学を断念したこととの関係であり、その理由である。加藤の日記《*Journal Intime 1948・1949*》には、妻綾子の筆跡によって、アメリカ留学を目指していたことが記される。ところがこの話は沙汰止みとなり、一九五一年にフランス留学のための試験を受けた。この間に母ヲリ子の逝去という事実がある。「私自身の生涯を、母の死を境として、その前後に別けて考えるようにもなったのである。その前と後とで、私の生きて来た世界のいわば重心が変った」（『羊の歌』、四一頁、改版四六頁）と述べている。

かくして加藤はフランスに留学するのである。フランス留学を志した理由は何だろうか。アメリカ留学だったら完璧に医学のための留学であり、フランス留学でさえ、表向きは医学を学ぶための留学だったはずである。ところが『羊の歌』を読んでも、その後に書かれた著作を読んでも、加藤が医学を本格的に学ぼうとしたとはとうてい思えない。実際はフランス文化を学ぶための留学だった。一九五〇年代初めに、いずれは医学を廃して文筆を生業とする希望があったからこそ、アメリカ留学からフランス留学へと舵を切ったに違いない。

もうひとつの問題は、フランスで学んだ成果は何かという問題である。フランスでは何を学んだのか。フランス人がフランス文化に親しむように、フランス文化に親しむこと。そして日本文化と比較対照するために、フランス文化を座標軸のひとつに据えることだったろう。「京都の庭」には次のように述べられる。「私は西洋を見物したために、日本の芸術の有り難さを知ったのではない。ある秋の日の午後、東山の斜面に映える西陽を見、枯山水の白砂に落ちる雨をみたから、やがて西洋見物の望みを抱くようになったのである」（『続羊の歌』、三七頁、改版四二頁）。こうして加藤は日本文化を日本のなかから見るだけではなく、日本の外からも見るようになった。当然、加藤のものを見る眼に変化が生じる。

私の京都のすべてを要約することのできる生きた人間は、もうどこにもいなかったし、私の京都そのものが、もはやかつての私の京都ではなかった。何度通ったかわからぬ小径を辿り、何度踏んだかわからぬ飛石を伝いながら、私はいまだかつて見たこともない町を見た。懐しい故郷……そんなものは、頭のなかにしかない。眼のまえにあるのは、一つの文化とその形式だけだ。そうしてある日、フィレンツェが私の眼のまえにあらわれたように、今また、京都が私の眼のまえにあらわれた。

（『続羊の歌』、一七〇頁、改版一九三頁）

加藤の眼に変化が生じたのである。この眼の変化こそがフランス留学の成果である。書くものの変化は一連の「雑種文化論」（「日本文化の雑種性」「雑種的日本文化の希望」など、一九五五年）として表れた。近代の英仏文化と近代の日本文化とを比較して、近代日本文化の特徴を「雑種性」

に見いだし、かつ「雑種文化としての近代日本文化」を積極的に評価した。

さらに日本文化の雑種性を、近代のみならず、古代以来の伝統であることを証明しようとしたのが『日本文学史序説』や『日本　その心とかたち』や『日本文化における時間と空間』なのである。すなわち、フランス留学は『日本文学史序説』への助走であったといって間違いない。

加藤を理解するうえで「美意識」の問題は避けて通ることができない。国際法学者最上敏樹は加藤の思考に「対称性の美学」（「終わりなき対称性の美学」『世界』岩波書店、二〇〇九年三月号）を認めた。加藤には数学を美しいと感じるような「秩序」にたいする美意識が幼いときから芽生えていた。大叔父岩村清一に招かれて巡洋艦を見学したことがある。「巡洋艦の水兵たちは少しも卑屈ではなかった。彼らはお世辞をいわず、必要最小限以外には口をひらかず、しかし敏捷で、正確で、能率的で、艦長の客に対しては申し分なくゆきとどいていた。そこでは人間の組織が機械のように動き、ほとんど美的な感動を与えた」（『羊の歌』、九〇頁、改版一〇二頁。傍点引用者）。そういう美意識は、美術にたいする見方に表れ、同時に文章の表現にも表れている。

もうひとつは「小さきもの」への限りない愛着である。『羊の歌』にも、繰りかえし「小さきもの」にたいする愛着が語られる。「小さきもの」への愛が世の中の「弱者」への共感と理解へ進んだことは容易に理解できる。「小さきもの」への愛着をもつ者は、決して大言壮語しないし、空威張りはしない。加藤もまたしかり、それは加藤の特質のひとつである。

『羊の歌』は「小説」として書かれた。そのことの意味は小さくない。小説ではなくとも、自伝や半生記には何らかの虚構化が行われる。小説だった『羊の歌』には虚構や人生における重大事でも「書かなかった」事実がいくつも見つかる。たとえば高等学校卒業から大学入学への「空白の一年」(浪人生活)には何も触れず、最初の結婚については一行も書かれない。

一九四一(昭和一六)年一二月八日、すなわち太平洋戦争開戦の日に、文楽を観たと『羊の歌』に書いた。それはやがて戦争によって押しつぶされるに違いない日本文化にたいする哀惜の念だと受け取られ、よく引用された有名な件である。ところが、何を観たかについてははっきりと書かれていない。わずかに引用される「今頃は半七さん……」(『艶容女舞衣《はですがたおんなまいぎぬ》 酒屋の段』、正確には「半七さん、今頃はどこでどうしてござろうぞ」である)という科白の一部が手がかりになるだろうか。しかも古靭《こうつぼ》太夫が語ったというが、上演記録によれば『酒屋の段』はこの日に上演されず(九日から一三日の公演だった)、しかも古靭太夫は戦時中に『酒屋の段』を一度も語っていない。つまり「一二月八日」と「古靭太夫」と「半七さん、今頃は……」がひとつに結びつかないのである。

加藤は八日に古靭太夫の語る文楽を観たと書いた(九日から一三日のあいだに観たと私は確信する。古靭太夫は別の演目で観たのだろう)。問題は虚構を書いたことではない。なぜこういう書きかたをしたのか、ということである。こういう書きかたから見えてくるのは、加藤の「虚構化」の方法とその意識である。おそらくは普遍化を意識した方法であり、劇的効果を意識した方法である。この劇的効果を意識する方法は、たとえば世阿弥の戦術にたいする理解を助けたに違いない(「世阿弥の戦術または能楽論」、「セレクション」二所収)。

加藤は第一高等学校から東京帝国大学医学部に入学するまでに一年の浪人生活を送っている。しかし、その事実についても『羊の歌』のみならず、何処にも触れられていない。それは取るに足らぬ事実と考えていたのではなく、いまだ残っていた屈辱感が書かせなかったに違いなかろう。「書かなかった」のではなく「書けなかった」のである。そこからはまだ選良意識を払拭しきれていない加藤自身が透けて見えてくる。

また綾子との最初の結婚についても、一行も筆が及ばないのは、綾子にたいする配慮というよりは、結婚生活の失敗にたいする加藤のいまだ乗り越えられない悔恨の情のためだったと思われる。

9　加藤の文体の特徴

『三題噺』で加藤の文体は完成したと述べたが、加藤の文体の特徴とは、いかなるものだろうか。文体の特徴の第一は、日本語文脈と漢語文脈と西洋語文脈を融合させたうえでの「和漢洋混淆文」であることである。

両大戦間の東京は、思えば不思議な街であった。そこには沢山の翻訳文学と、印象派以後の絵画の複製と、ドイツ浪漫派の器楽があり、それは日本の伝統的な文化を忘れさせるには充分で、西洋の文化を理解させるには不充分であった。私は多くの翻訳文学を読み、印象派とそれ以後のフランスの画家の名まえを覚え、不完全な再生装置と不充分な演奏技術とを通じて浪漫派の音楽を聞き、しかも印象派以後の絵画が西洋美術の小さな部分にすぎず、浪漫派の音楽が到底西洋音楽の全体を代表するものではないということさえも知らずに暮していた。

（『羊の歌』、一三五頁、改版一五三頁）

フランス文学を中心に研究・執筆を進めていたころの加藤の文は、西洋語の翻訳調を残している。それが漢文脈を活かした日本語、いわば「和漢洋混淆文」に変る。同時にもともと少なかった外国語のカタカナ表記が、固有名詞を除いて極端に少なくなる。また、初期の加藤の文は、あふれ出る想念を叩きつけたような「饒舌体」が特徴であった。たとえば永井荷風を論じた「物と人間と社会」（『世界』一九六〇年六月号―六一年一月号。「自選集」三所収）では、改行がないまま四頁にも及ぶ段落がある。加藤のほとばしる想念を一気呵成に書きつづった結果だろう。これをたとえば「竹内好の批評装置」（『展望』一九六六年一一月号。「自選集」三所収）と比べれば、その違いは明らかだろう。

この時期に加藤は、彫心鏤骨《ちょうしんるこつ》を重ねたに違いない、簡にして要を得た文体を完成させた。ひとつの文も、ひとつの段落も相対的に長かったものが、短い文、短い段落に変化する。それにともなって句読点の数が増える。その結果「饒舌な行間」を生みだすことになった。加藤の文を読むことの面白さも難しさも、この「饒舌な行間」をいかに読むかにかかっている、といって過言ではない。

漢文の素養に基づく文体は、森鷗外に始まり、芥川龍之介を経て、永井荷風、石川淳、中野重治に引きつがれ、加藤周一に到る。おそらく加藤で終る文体ではなかろうか。

第二は、具体性と抽象性のあいだの往復運動が見られることである。

金王町《こんのうちょう》の家では、私のすぐあとにつづいて、妹が生れた〔一九二〇年生れの年子の本村久子〕。仕事に忙しくなく、つき合いも少かった夫婦は、二人の子供の教育に熱心であった。一方の子供がいじけることのないように、男女の子供を平等に扱い、けんかは両方の言分を充分に聞いた後で裁いた。（『羊の歌』、三一頁、改版三五頁）

「男女の子供を平等に扱い」「両方の言分を充分に聞いた後で」というように、ある程度の抽象度をもった文で始まる。それに続いて、

罰は罪状に応じて厳しく、叩くということはなかったが、夜家の外に閉めだしたり、食事をあたえなかったり、押入れに閉じこめたりした。（同）

と「罰」の内容をきわめて具体的に説明する。それに続けて、

しかし罰を理由なくして加えず、必ず子供に納得のゆくまで、その理由を説明していたが、子供のわがままに親の側から折れて出るということ、甘い約束で子供をなだめるということは決してなく、子供は無条件に親の言いつけに従わねばならず、決して嘘をついてはならなかった。

（同三一―三二頁、改版三五―三六頁）

といって、ふたたび抽象度が少し上がる。すると今度は、

私は今でも、金王町の家の押入れの暗やみや、雨戸の外に閉めだされて夕闇の濃くなるのに感じた心細さを、想い出すことができる。しかし親の不機げんのために不当に罰せられたという記憶はない。また「そんなことをするとお巡りさんが来ます」とか、「地獄でえんま大王にいじめられるよ」とか、両親以外の権威を引合いに出して、脅かされた記憶もない。

（同三二頁、改版三六頁）

と、きわめて具体的に説明する。そして、最後に一挙に抽象度を上げて、一般化を行いつつ結論を述べる。

家庭は子供の私にとっては、全く自己完結的な閉鎖的な世界であり、そこには充分に納得

することのできる善悪の法則があり、悪を冒さなければどんな不幸の襲いかかる心配もなく、しかし悪を冒せば、その罰を免れることのできないところであった。私は、合理的な、したがって理解することのできる小さな世界のなかに生きていた。理解することのできないものは、その世界の外にあったのである。（同）

このように具体性と抽象性のあいだの往復運動によって、文章がいたずらに冗長になることを避け、同時に、文章が観念的になりすぎることを防ぐ。簡にして要を得た文章になる要因のひとつは、具体性と抽象性のあいだの往復運動にあるだろう。

第三は、ものの見かたは一面的ではなく、たえず硬貨の両面を見る見かたが徹底している。多面的な視点をもつといってもよい。映像作家の桜井均が映画の題名に採用した「しかしそれだけではない」という言い廻しが加藤の文にしばしば現れるのは、多面的な視点の強調にほかならない。さきに引用した「両親がともに教育に熱心だった」という件で、両親の共通点を述べたのに続いて、

教育の方針については必ずしも一致していたわけではない。家にばかりいて他の子供との接触のあまりに少いことを心配したのは、母親の方である。そこで自分も通ったことがあり、知り合いも少くなかったカトリックの女学校の幼稚園へ、子供を連れてゆくことを思いつき、

父親を説得しようとした。父親は頑固な無神論者であったから、子供の教育と基督教とがかかわり合いをもつことを歓迎せず、また幼稚園そのものの効能についても甚だ懐疑的であった。

（『羊の歌』、三三頁、改版三七頁）

とある。このように、「A」を提示すれば、「しかしそればかりではない」といって「B」や「C」を提示するか、あるいは「非A」を提示するというのが、加藤の文章の常なのである。

第四に、可能性の程度にたいする意識が鋭く文章に表れることである。

しかし私が医を廃するに到ったのは、多忙に堪えなかったからだけではない。医学の研究は、また専門化の極端に進んだものである。仕事に没頭して一年を過した後、私はしばしば、あたかも一年がなかったかのように感じた。一年の間に、来り去った季節と、周囲の世界におこった出来事のすべてを、もはや覚えていなかったからである。その間研究室の外では、私は生きていなかった。そこには生涯の記憶の空白があり、その代りに一篇の論文が残っている。その交換は、等価交換であろうか。しかし一年の時間は、私の人生に属し、一篇の論文は、普遍的な知識の体系の全体に属する。全く別の秩序に属する二つの価値を比較することはできないだろう。私はそういう交換に満足することはできなかった。必ずしも私の仕事が自然科学の研究だったからではないかもしれない。しかし極端に専門化した領域では、私ひとりの人生と研究の内容との間に、どういう橋わたしをすることもできない。おそらく詩作に没頭するのは、学問の研究に没頭するのとはちがうだろうし、李杜の詩の内容は、李杜の人生のほかにはなかったはずであろう。私は詩を必要としていたといえるのかもしれない。
（『続羊の歌』、一八一―一八二頁、改版二〇六―二〇七頁）

各文末は「である」「ではない」「感じた」「あろう」「あろうか」「だろう」「かもしれない」「はずである」というように可能性の程度を意味する語句で結ばれている。ここには出てこないが「ちがいない」という語も同類である。加藤の文では、このような可能性の程度を表現する語句が遣われた場合は、そこに注意を払う必要がある。なぜならば、加藤は、このような語句を、無意識に、あるいはきまぐれに遣うことはなく、可能性の程度にたいする鋭い意識を表しているからである。それも科学的思考に基づいたものであろう。科学的方法では可能性や確率が重視されるからである。

第五に、一般化へ向う強い傾向である。たえず個別の特殊性の分析を通して、普遍性をもった一般化を行おうとする。それが「特殊性を超えて普遍性に向う」という表現を採らせるに違いない。両親の教育にたいする態度を述べた件に続いて、両親の違いを分析するが、

その意見の違いをつきつめれば、都会で育ち、派手ではなかったが、交際を娯《たのし》もうとして

いた女と、大きな地主ではあっても質素な田舎の家の風習を身につけ、酒も煙草も飲まず、家に居て本を読むことを好んだ男との、相互の不満のあらわれであったといえるかもしれない。

(『羊の歌』、三三頁、改版三七—三八頁)

わずか数行で、両親の出自の違い、性格の違い、行動様式の違い、そして両親の関係のありかたの一端を示す。それは読む人をおおいに納得させるものであるに違いない。

このように、抽象化し一般化する。これはフランス的思考でもあり、あるいは科学的思考でもあるだろう。

第六は、対句的構造の多用である。これは漢語文脈や西洋語文脈を基本としていることの「系」corollary として現れるものであろうが、加藤の文章の特徴として際立っている。

「中世」は私をおどろかせた。これだけは東京で予想しなかったものである。どうせ雲にそびえているだろうと思っていたエッフェル塔は、果して雲にそびえていた。しかしノートル・ダムの寺院と中世の様式が、パリの景観の全体にとって、まさかそれほど決定的な要素であろうとは、その街を自分の眼でみるまで、想像もしていなかった。しかもそれは建築だけのことではなかった。やがて私は、フランス文化の中世以来連続して今日に到っている事情は、日本の文化が鎌倉時代以来連続して今日に及んでいる事情に似ていると考えるようになった。それは封建制が似ているという意味ではない。平安時代の貴族が何を美しいと感じ、何を醜いと感じたか。彼らの気心を忖度《そんたく》するには、単に想像力だけでは足りず、学問的な知識の援けをかりなければならない。源氏物語の主人公たちが横笛でどんな旋律を吹いていたか、われわれは知らない。平安時代の貴族文化とわれわれとの間には断絶がある。しかし同じ種類の断絶は、鎌倉以後にはなかった。能舞台の笛は、今日鳴っているように室町時代にも鳴っていたはずである。その笛の音に今日われわれが感じるものを、おそらく室町時代の人々も感じていたのであろう。われわれは彼らの感情を想像することができる。それは文化が連続して今日に及んでいるからである。現代のヨーロッパにとって、ギリシャ・ローマの古代文明は、ひとたび亡びて後に、掘りおこされたものである。中世の文化は連続して、今でも街とその街の人々のなかに生きているものである。われわれはサフォーがその詩をどんな節で唱ったか知ることができない。しかし中世の教会のなかで、中世の音楽を聞くことはできる、グレゴリアン讃歌からパレストリーナまで。ギリシャ人の神々を信じている人間は、われわれの周囲にはいない。彼らの神殿はわれわれにも美しいが、われわれの見ているままの姿が、あの大理石に極彩色を施したギリシャ人にとっても美しく見えるかどうかは大いに疑わしい。しかし中世の教会を建てた人々の信仰は、今でも生きている。もしその建築と彫像、焼絵硝子の燦然《さんぜん》たる輝きが、われわれにとって美しいとすれば、それを作った人々にとっても同じ意味で美しかったにちがいない。その後人々の考えは変ったし、おそらく感受性も変ったであろう。しかしそれは連続しながら変ったので、断絶したのではなかった。今日の西洋の文化をさかのぼると、どうしても中世にゆき着く——ということを、私は感じ、その圧倒的で動かすべからざる印象について、東京では何も聞いていなかったということを想い出したのである。

（『続羊の歌』、八〇—八一頁、改版九一—九三頁）

「雲にそびえているだろう」「雲にそびえていた」、「フランス文化の中世以来連続して今日に到っている事情」「日本の文化が鎌倉時代以来連続して今日に及んでいる事情」、「何を美しいと感じ」「何を醜いと感じたか」、「想像力」「学問的な知識」、「断絶がある」「断絶は……なかった」、「今日鳴っているように」「室町時代にも鳴っていた」、「今日われわれが感じる」「室町時代の人々も感じていた」、「知ることができない」「聞くことはできる」、「美しいとすれば」「美しかったにちがいない」、「考えは変った」「感受性も変った」。

このように対句的表現が幾重にも積み重ねられている。そのことによって、加藤の文章にきわめて構造的な性格が与えられ、論点の明瞭な文体が出来あがる。

第七に、対句的構造の多用という特徴の延長線上に「not……but」の講文の多用という特徴が認められる。『続羊の歌』のなかの医業を廃した理由について述べる件に例を取れば、

そればかりではない。私はまた周囲の社会に何がおこりつつあるかを知りたいと思っていた。太平洋戦争の間日本国に暮しながら、私が政府の宣伝に迷わされることがなかったのは、実際におこりつつあることを知っていたからではなく、知らなくても容易に見破れるほど、宣伝が自己矛盾にみちていたからである。いくさの成り行きについて、私の判断の大すじがまちがっていなかったのは、私が実際の情勢について通じていたからではなく、近代の歴史の流れから見て、その流れの方向に逆らおうとする者はほろびるだろうと信じていたからである。天網恢々《てんもうかいかい》疎にして漏らさず。つきつめたところ、それは価値判断で、事実判断ではなかった。

（同一八二頁、改版二〇七頁。傍点引用者）

わずか八行の文であるが、そこに三回も「……ではなくて、……である」という言い廻しが繰りかえされる。こうした言い廻しは、加藤が高校生のときから遣っていたものである。第一高等学校時代に『校友会雑誌』の「編輯後記」（一九三八年六月）に次のような文を寄せている。

勿論文化的情熱は必ずしも太鼓を叩くことではない。況《いわん》やアジビラを撒いて騒ぐことではない。そうではなくて何であるかは敢えて言うまでもないことである。

（「自選集」一、一七頁）

「……である」というよりは、「……ではなくて、……である」といういいかたのほうが、主張するところは明瞭になり強くなる。

第八に、諧謔、ユーモアの味があることである。

しかし靴下の穴を繕うのには苦労をした。私は街を歩くことを好んだので、靴下はすぐに破れた。しかるに私の繕い方によれば、一つ穴を繕う度に、靴下はいくらか短くなる。また別の穴があくと、それをふさぐのに、もっと短くなる。あまり短くなりすぎたときに、私は新しい靴下を買うことにしていた。それだけの金は辛うじてあった。

（『続羊の歌』、五九頁、改版六六—六七頁）

というような諧謔に溢れた文がある。諧謔はさらに一歩を進めれば「皮肉」となるものである。ロンドンのコヴェント・ガーデンで、リヒャルト・シュトラウスの『薔薇の騎士』を観た、その幕間《まくあい》に「人品卑しからぬ中年の男」が話しかけてくる。

「こんなわいせつなものはない、言語道断です」。その後東京で《薔薇の騎士》が上演され、文部省が後援だか推薦だかをしていると聞いたときに、私は仰天した。「わいせつ」とまでいわないにしても、帝国の青年子女の道徳教育に、まさか有益というわけのものでもあるまい。文部省がそこまで「ひらけ」て来たとすれば、やがて《チャタレイ夫人の恋人》の英語教科書に採用される日もちかいだろう、と私は考えた。しかし劇場へ行ってみると、その舞台は、運動会のように健康で、快活で、無邪気で、若々しくて、若い恋人をもった中年の女のかげの多い情愛や、若い女を手に入れようとしてわいせつな空想を逞《たくま》しくする年とった男の惨めさの、片りんさえも感じさせないものであった。それはもちろんリヒャルト・シュトラウスではなかったろうし、おそらく音楽といえるものでさえなかったかもしれない。しかし今は亡びた中部ヨーロッパの帝国の最後の光栄、皮肉と犬儒主義の混った倒錯的世界、かの《薔薇の騎士》でさえも、遂に潑剌《はつらつ》として健康な芝居に変じずにはいない東京という町の若さと元気は、たしかに壮観というほかはないものであった。

（同一二六―一二七頁、改版一四四―一四五頁）

『薔薇の騎士』は当世風にいえば「不倫」を描いた楽劇であり、「ベッドシーン」から始まる。前奏曲は性の交りそのものを表現し、幕が上がるとそこは朝の寝室である。一〇代の青年騎士オクタヴィアンは三十路の伯爵夫人に向って「あなたはなんと素晴らしかった」と歌いはじめる。そういう楽劇を文部省が推薦や後援するならば、「わいせつ」と判定された「『チャタレイ夫人の恋人』が英語教科書に採用される日も近いだろう」と皮肉を利かせる。「現代日本の青年子女」

というべきところを「帝国の青年子女」といい、「東京という町の無邪気さとノー天気」というところを「東京という町の若さと元気」といい、「悲惨」というべきところを「壮観」と表現する。「陰翳礼讃」を誇った日本文化は、ついに「影のない女」をよしとする文化に変じたことを揶揄《やゆ》するのである。

そして第九には、以上八つの特徴を総合して、詩的な文であると同時に論理的な文が完成した。初期の加藤の文は、詩的な表現と論理的な表現とが分かれていた。あるときには詩的な文で表し、あるときには論理的な文を綴ったといってもよい。ところが、このころ以降に、木下順二が「科学的な文体であると同時に文学的なそれであり得ている」(「加藤周一氏の文体について」、「『著作集』一五、月報」一九七九年)と表現した文体となる。詩的で美しく、かつ明晰で精確な文体がつくりあげられた。加藤は詩人としての感性と科学者としての方法を兼備した類稀《たぐいまれ》なる作家＝知識人だったのである。

私は住み慣れたフランスを去るまえに、曾遊の南仏へ二人連れで出かけようと思いついた。スコットランドへ出かけたときには、それが最後の旅になるだろうと考えていた。今度はそれがある意味で私たちの最初の旅になるだろうと考えた。いつか彼女は日本までやって来るだろうし、私たちは日本のなかでも旅をするだろう。それから香港やインドを通ってまた欧州へもどって来ることもあるだろう……そういう多くの考えが、頭のなかにみちあふれて、私はとめどもなくそれを口に出していた。マルセイユまでの急行はひどく混んでいたが、そういうことは、少しも私の陽気さを変えなかった。年に三日しか雨が降らないと誰かのいった碧空海岸には、晩秋の雨が降りそそぎ、灰色の海が荒れていた。それでも私たちは少しも陰気にはならなかった。若い恋人たちと老人にとっては、すべての日が貴重なので、天気や環境はどうであってもよいのかもしれない。一方にとっては、未来があまりにも長いから、他方にとっては、未来があまりにも短いから。サン・ラファエルの海岸に出てみると、そこには老人の他に私たちしかいなかった。雨の合間に、私たちは、泳いだり、小舟を漕いだりした。古風な家具を置いた海辺の部屋の硝子窓は、一方が海に面し、他方が小さなイタリア風の庭に向って開いていた。その部屋で、私たちは夜晩《おそ》くまで波の音を聞いた。「子供のときから日本へ行ってみたいと思っていた、理由もないけれど……」と彼女はいった。日本についてはほとんど何も知らなかったらしい。私はその勇気に――いや、むしろその決心のし方というか、自分の人生に対する責任のとり方に、感動した。親がすすめたのでも、友人に相談したのでもない、かえって親の反対を押しきり、友人の危惧に拘らず、日本へ行くとすれば、ひとりで行くということにちがいなかったのだ。

（『続羊の歌』、一六二―一六三頁、改版一八五―一八六頁）

詩を想わせる文と分析的な文体とが混然一体となっていることが分かる。ヴァンクーヴァー暮しは、一方で『羊の歌』を用意し、他方で『日本文学史序説』や『日本　その心とかたち』を準備し、加藤の文体を完成させた。それはとりもなおさず、ヴァンクーヴァーで「加藤周一は「加藤周一」となった」ことを意味する。フランス留学に優るとも劣らぬほど、加藤にとっては重要な日々だったに違いない。

加藤は「早熟」の誉れが高い。たしかに「早熟」だったに違いない。しかし、「大成」は決して早くはない。こういういいかたに異論を唱える人もおられるだろう。しかし、ヴァンクーヴァーに渡ったときがすでに四〇歳を超えていた。四〇代になって「蓄積の時代」が始まる。その年齢のとき、芥川龍之介や太宰治はすでに鬼籍に入っていた。彼らと比べれば、大成が早いとはいえない。なぜ早くはなかったのか。加藤は「廻り道」をして、ゆっくりと時間をかけて、自分自身を大成させていった。医学を学び、フランス文学・文化を修め、日本文学・文化を究めた。それらの成果を無駄にすることなく、それらの成果を活かし、それらの成果を積み重ね、統合して、自分の「知の世界」を築きあげた。いわば富永仲基のいう「加上」(第5章参照)である。加藤が加藤になるためには、「廻り道」は不可欠だったはずであり、「長い時間」が必要だったはずである。ゆっくりと時間をかけたからこそ、加藤の「知の世界」は、余人の追随を許さないほどに、広くかつ緻密で、深くかつ明瞭なのである。

第2部　日本文学史と日本美術史

第4章

一九六八年
——または「言葉と戦車」

ワルシャワ条約機構軍の戦士に抗議するプラハ市民。1968年（©Bettmann / Getty Images 提供）

1 「『源氏物語絵巻』について」

ブリティッシュ・コロンビア大学（UBC）における一〇年の教育研究生活は、前章で述べたように「第三の出発」が図られた時期であり、加藤自身もいうように「蓄積の時代」であった。その蓄積の過程がいかなるものであったかは、加藤が、いつ、何を書いたか、あるいは何を書かなかったかを知ることによって、その一端を窺うことができる。また、遺された厖大《ぼうだい》なノートがそれを物語っている。

一〇年にわたるヴァンクーヴァー時代は大きく前半と後半とに分かれる。その前半は日本文化史（主として文学史と美術史）に関る「蓄積」に専念し、「書く」ことよりも「読む」ことを優先させた。それゆえに、一九六〇年代前半は、日本文化史に関る著作を発表していない（一九六〇年に発表された「親鸞」は、ヴァンクーヴァーに赴任する前に書かれた）。一九六〇年代半ば以降になって、日本文化史関連の著作が現れはじめる。

ヴァンクーヴァー時代でもっとも早く書かれた日本文化史関連の著作は、さきの「詩仙堂志」「狂雲森春雨」「仲基後語」である。この三部作が小説として書かれた理由、および三部作がもつ意味については、すでに第3章で触れた。この三部作と並行して書かれた著作に「『源氏物語絵巻』について」（『東京新聞』一九六五年一月四・五日夕刊。「自選集」三所収）がある。

『源氏物語絵巻』の特徴として、「吹抜屋台《ふきぬきやたい》」「つくり絵」「引目《ひきめ》鉤鼻《かぎばな》」はつとに指摘されていたことである。加藤は、そこから一歩を進めて『源氏物語絵巻』の「空間分割」に着目する。『源氏物語絵巻』は、屋根を取りはらって室内を斜め上から眺め（「吹抜屋台」）、柱や梁や敷居や縁によって区切られた斜形の空間のなかに人物が配されるという特徴をもつ。

典型的な画面は、左下から右上に向って走る多くの平行線によって分割され、さらに細長い空間を、何本かの垂直線によって細分されている。その分割の仕方に、微妙で実にいうべからざる味がある。

しかもそうして出来上った空間に、これまたおどろくべき巧妙さで、しかるべき何人かの人物、――つまり複雑な形と色のかたまりが、配置されている。要するに純粋に抽象的な空間の処理として、たとえば柏木三（徳川美術館蔵）や鈴虫二（五島美術館蔵）の画面は、古今に比類を絶しているということになるのである。（「自選集」三、三三五―三三六頁）

このような「空間分割」に到った理由について、描かれる世界が「合理主義的な均斉を含まない感覚的で微妙な日常的世界の空間」（同三三八頁）であり、「左右相称や黄金分割を無視したから、空間の構造に敏感になることができた」（同）のだと説く。しかし、新聞原稿のための枚数制限によるのかもしれないが、やや抽象的で十分に具体的には説明されていない嫌いがある。

一方、『源氏物語』については「時間」に注目する。

『源氏物語』の眼目は「時間」である。『源氏物語』は、心理小説でもないし、発展小説でもないし、宗教的または倫理的または社会的な問題を眼目とする小説でもない、――いや、そういうものとしても読めるけれども、そういうものとして古今無双の傑作なのではない。たしかに美的な感受性の極度の洗煉ということはある。しかしおそらく小説というものは、美的な感受性だけでは傑作にならないので、傑作は、常に抵抗すべからざる力をもって、人生の現実の一面を啓示するものである。

その現実が、『源氏物語』の場合には、そのなかで季節が移り、治世が変り、世代が交代し、人が生れ、育ち、恋し、苦しみ、老いて、死んでゆき、過去が現在に重なり、現在が未来を含む「時間」の流れそのものにほかならなかった。そして「時間」というものの濃密な現実感というまさにその点において、『源氏物語』より激しくわれわれに迫る小説または物語の類は、一一世紀以来今日まで、おそらく世界のどこにもまれなようである。

（同三三七―三三八頁）

「終末論を含まない具体的で現実的なこの世の時間」（同三三八頁）が表現されているといい、その理由を「物語は永遠を考えなかったから、時の流れに敏感であることができた」（同）ことに求める。

この「『源氏物語絵巻』について」にかんして注意すべき点は四つある。

第一は、加藤ののちの日本文化論は、ほとんどの場合に外国文化との比較で論じられるが、この論考にはいまだ外国文化との比較は見られない。その点では、一九五〇（昭和二五）年に書かれた「日本の庭」（「セレクション」四所収）と同じである。「日本の庭」では、京都の西芳寺、龍安寺、修学院離宮、桂離宮という四つの庭を論じたが、考察の対象は日本という枠を出なかった。

第二は、『源氏物語』と『源氏物語絵巻』という個別の作品に限定して論じられ、両者に見られる特徴を「一般化」して日本文化の特徴としては論じていない。この論考の初出表題は、「日本文化の基本的構造」と付けられていたが、これはおそらく編集部が付けたものだろう。それを単行本収録時に加藤が変えた理由は、『源氏物語絵巻』と『源氏物語』を対象としただけでは、日本文化の基本的特徴として一般化することは出来ない、と考えたからに違いない。日本文化の一般的特徴を提示するには、まだ二年半余りの歳月を必要とし、「日本の美学」まで待たなければならなかった。

第三は、『源氏物語』に「時間」の描かれかたの特徴を見出し、『源氏物語絵巻』に「空間」の描かれかたの特徴を認めるというように、まだ「時間」と「空間」が統合されてはいないことである。

第四に、文学や美術の世界の問題に、「思想」の問題を重ねて考えていることである。「このような時間と空間の性質は、おそらく藤原時代の宮廷文化の徹底した此岸性と日常性において、またそれゆえにこそかぎりなく洗煉された感覚的世界において、共通の背景を見出すのである」（同）。「此岸性と日常性」といって「此岸と彼岸」という問題としてこそ捉えてはいないが、ここには、加藤が生涯にわたってもち続けた「此岸と彼岸」や「超越的思想」という問題を意識していることが窺える。加藤は、文学と美術と思想を三位一体のものとして捉えていたのである。

そういう点で、この論考は「日本文化における時間と空間」論の出発点に位置する著作であるといってよい。

「仏像の様式」（『芸術論集』岩波書店、一九六七年、書き下ろし。「セレクション」四所収）は、UBCの学部学生にたいする講義であったことが「追記」（『著作集』一二、一九七八年。「セレクション」四所収）に述べられるが、学部学生にたいする講義としてはかなり高度な内容をもつ。「講義ノート」は、発表の機会を得ないままに『芸術論集』に書き下ろすための草案となったに違いない。『芸術論集』の刊行は一九六七（昭和四二）年であるから、この「講義ノート」がつくられたのは、一九六五（昭和四〇）年前後のことだろうか。

この論考の主題とするところは、飛鳥時代から鎌倉時代まで、すなわち六世紀から一三世紀までの仏像の様式の変化である。戦後初期にすでに鎌倉時代にたいする関心を抱いていたことは第１章で述べた。その鎌倉時代の仏像から出発し、飛鳥時代まで遡って、仏像の様式の変化を論じる。その主題に交差させて、様式の変化を叙述する方法論が、もうひとつの主題として重ねられる。

２「日本の美学」の意味

「日本の美学」（『世界』一九六七年一一月号。「セレクション」四所収）は、さきの「『源氏物語絵巻』について」をもとにし、これを深化させ拡大させた著作である。日本の美術の特徴を海外の美術の特徴と比較して、日本美術に見られる一般的特徴を挙げる。日本美術史の個別の研究を重ね、ついに「一般化」へ辿りついたのである。

〝橋姫〟の例によくあらわれているように、いくつかの要素のあいだにある関係が――要素それ自身の性質、たとえば一人一人の人物の姿勢とか、顔つきとかいうことよりも、二人の人物のあいだにある空間的な関係が――、大事である。そこにおいて美的な洗煉が極点に達するのです。二つの要素のあいだの関係というのは、つまり、構造ということですから、美学の性質が、純粋に構造的だといってもよいでしょう。その構造は、合理的な幾何学的な構造ではなく、たとえばイスラムの建築の壁を飾る模様とは、全く違うものです。一種の感覚的な幾何学であるといってもよいかもしれません。空間に対する感受性の繊細さ、あるいは洗煉といってもいいでしょう。とにかく極度に抽象的な、空間に対する洗煉ということ、これが『源氏物語絵巻』のなかに、はっきりとあらわれていると思うのです。

（「セレクション」四、一一一頁）

こうして「抽象絵画としての比類のない成功」（同一一二頁）を指摘し「『源氏物語絵巻』とモンドリアンMondriaanほど近いものはない」（同）というのである。

一方、徹底した細密画の手法も『源氏物語絵巻』に認める。

笛を吹く人物の手つきとか、あるいは傘をもっている人の、その傘の内側の張りのこまか

い竹細工とか、そういうものを描いている。（同）

抽象絵画志向と細密画志向のふたつが同時に成立していることが『源氏物語絵巻』の大きな特徴である、と加藤は指摘する。これは前作である「『源氏物語絵巻』について」の論点を大きくさきに進めている。しかも、対象を『源氏物語絵巻』に止めず、歴史をくだって江戸時代の宗達・光琳にまで視線を伸ばす。宗達の『関屋屏風』（静嘉堂文庫所蔵）と光琳の『紅梅白梅図屏風』（ＭＯＡ美術館所蔵）を例に取りあげて、「宗達・光琳は『源氏物語絵巻』の美学を継承するものです」（同一一七頁）という。

さらに対象は絵画に限らず、桂離宮の輿《こし》寄せの踏石にまで及ぶ。「石の配置の微妙な幾何学」（同一一七頁）が見られるが、それだけではなく、その石の「材料の質、その表面。苔と白い石との対照。材料の表面の色や手ざわり」（同一二三頁）など、「実に手の込んだ細部」（同一一八頁）を発見する。

そして「こういう日本の庭の踏石は、構造的であると同時に、材料の細部の洗煉である」（同一二三頁）といって、「『源氏物語絵巻』以来日本の美学を特徴づけるもの」（同）だと「一般化」する。

3　一般化志向と示導動機

「日本の庭」や「『源氏物語絵巻』について」と、「仏像の様式」や「日本の美学」とを比べると、明らかな違いが見える。さきに触れたように「日本の庭」や「『源氏物語絵巻』について」では、日本文化を国際的視野に収めるという視点はなかった。ところが「仏像の様式」や「日本の美学」では、日本美術を国際的な視野のもとに収め、これらを「比較」しながら論じる。「仏像の様式」では、ギリシア古典時代の神像や中国古代の俑《よう》やイタリア・ルネサンスの彫刻やコンゴの面などが比較され、「日本の美学」では、モンドリアンや一五世紀フランスの「ベリー公の時禱書《じとうしょ》」やインドの細密画が対照される。

一方「仏像の様式」と「日本の美学」とのあいだの違いも見られる。その違いとは、前者においては日本の仏像に限定して論じられ、後者においては日本美術の一般に及んでいることである。「一般化」を志向する加藤の方法は、そもそも科学的な方法であり、フランス留学で培った成果でもあり、ヴァンクーヴァー滞在時に育んだ結実である。フランスで中世文化を実際に見聞し、フランス的思考方法の特徴である「一般化」を体得し、UBCの図書館でヨーロッパの美術史や美術論、それに中国の美術史を研究したことが論考に反映している。

もうひとつの違いが透けて見える。加藤の美術論の基本は「図像学」Iconographyであるが、「仏像の様式」では、ハインリッヒ・ヴェルフリンやアンリ・フォションやルイ・ブレイエから学んだことが明らかである。しかし、「日本の美学」に到ると、これらの考えかたは完全に自家薬籠中のものとなり、もはや引証する必要もないほどに加藤の理論として昇華された。加藤は着実に進化している。

『源氏物語絵巻』について」から「仏像の様式」を経て「日本の美学」に到る道筋を歩んでいくと、そこから加藤の執筆の展開方法が見えてくる。それはヴァーグナーの楽劇作曲法を連想させる。ヴァーグナーの楽劇は、「示導動機」と呼ばれ人物や感情や事物や事柄や状態を表す音型を基本として（ヴァーグナーは「基本主題」と呼ぶ）、これを組織的に操って作曲される。ある示導動機は象徴的に、ある示導動機は写実的に、表現される。示導動機はひとつの作品に数多くつくられ、たとえば『ニーベルングの指環』に例を求めれば、数えかたにもよるが二〇〇以上もあるとされる。数多の示導動機は、最初には小さくて単純な音型として示される。その後に、その動機は複雑に変奏され、他の動機と組み合わせて用いられる。

加藤の著作の展開もまた同じである。「『源氏物語絵巻』について」で、日本文化を見るために「時間」と「空間」という視点が、比較的単純に提示される。そして「時間」と「空間」という視点からの分析は「日本の美学」で深化拡大され、論点が複雑になる。さらに「日本における芸術思想の展開」（「講座哲学」第一四巻『芸術』、岩波書店、一九六九年。「自選集」四所収）と組みあわされ、『日本文学史序説』で、文学史上の「時間」や「空間」の問題が探究される。次に「日本文化・社会の基本的特徴」（『日本文化のかくれた形』岩波書店、一九八四年。「著作集」七所収）において、日本社会における「時間」と「空間」の問題を議論する。そして『日本　その心とかたち』（平凡社、一九八七、一九八八年。「日本美術　その心とかたち」と改題して「著作集」二〇、「セレクション」三所収）で、日本美術史上の「時間」と「空間」の問題が考察される。さらに『日本文化における時間と空間』において、文学、美術、社会、思想に密接に関連する問題として、総合的に論究される。かくのごとく「時間と空間」の問題は、四〇年余にわたって、考えつづけた主題なのである。

ほかにも容易に例を見つけることができる。抵抗の詩人たちを主題とする「途絶えざる歌」（『展望』一九四九年二月号）も同じく、複雑になり拡大されて『抵抗の文學』（岩波新書、一九五一年）の一章（「途絶えざる歌」）「セレクション」一所収）に拡大する。戦後初期から書きつづけたいくつかのサルトル論も「サルトル私見」（「人類の知的遺産」第七七巻『サルトル』講談社、一九八四年。「自選集」七所収）に発展する。

では、加藤の著作における「示導動機」とは何であろうか。いくつかを挙げれば、それは「雑種文化」であり、「戦争と知識人」であり、「超越的思想」であり、「此岸と彼岸」であり、「時間と空間」であり、「特殊性と普遍性」であり、「変化と持続」である。二項対立の動機が多く見られるが、二項対立の視点をもつことは加藤の分析方法のひとつの特徴である。このような分析方法は、骨格のはっきりした構造的な分析をもたらし、構造的な分析は構造的な文章を生みだす。

4　ヴェトナム戦争とは何か

一九六八（昭和四三）年は戦後社会の大きな転換点だった。日本だけではなく、世界的に見ても、ことに先進工業国において、転換点だった。国際的にはヴェトナム反戦運動や大学闘争が燎原の火のように燃え拡がり、先進工業国では、体制にたいする反乱、伝統的価値体系にたいする反乱が拡がっていた。

ヴェトナム戦争は第二次世界大戦直後にまで遡る。ヴェトナムの抗仏運動は、ディエンビエンフーの戦いでフランスを敗北させたことはすでに第2章で述べた。その後一九五四（昭和二九）年のジュネーヴ平和協定によって、フランスの撤退、北緯一七度線を境にする南ヴェトナムと北ヴェトナムの分離独立、一九五六（昭和三一）年の統一選挙が合意された。ところが、南ヴェトナム政府は、合意されていた統一選挙を反故《ほご》にして、アメリカに軍事的経済的支援を求めた。アメリカは南ヴェトナムを支援（一九六〇年）、以降、次第にその度合いを強めていく。これに対抗して、南ヴェトナムでは解放戦線が結成され（同年）、南ヴェトナム政府軍とアメリカ軍にたいする戦いを進める。背景には米ソによる冷戦があり、ヴェトナム戦争は米ソの「代理戦争」の性格ももっていて、アメリカは南ヴェトナムを強力に、ソ連は北ヴェトナムを控えめに支援した。ついに解放戦線にたいする北ヴェトナムの援助を断ち切ろうと、アメリカ軍は「北爆」を開始する（一九六五年二月）。そして容易に戦況を好転させることが出来ないアメリカ軍および南ヴェトナム政府軍の戦闘行為は、次第に残虐化していき「ジェノサイド（大量虐殺）」の性格を色濃くする。同時に、このころから世界的にヴェトナム反戦運動が高まってくるのである。

一九六八年一月、本格的介入を始めた北ヴェトナム軍と南ヴェトナム解放戦線は「テト（旧正月）攻勢」をヴェトナムの主要都市で一斉に仕掛けた。テト攻勢によって、アメリカ軍は、戦術的にいえば辛うじて勝利したものの、戦略的にはヴェトナム戦争での勝利を断念せざるを得なくなった。アメリカ軍は「北緯二〇度以北の北爆停止」を発表し（三月）、パリで和平会談が始まる（五月）。大国アメリカが小国ヴェトナムに敗れるという世界史上の画期的な事件であった。パリ協定が結ばれるまでにはまだ五年、サイゴンが解放されるまでには七年の歳月を要するが、一九六八年はヴェトナム戦争の転換点であった。

加藤はヴァンクーヴァーで日本文学史・日本美術史研究に勤《いそ》しんでいるとき、「ヴェトナム戦争は遠かった」と自ら認めている。加藤が初めてアメリカに足跡を印したのは一九六一（昭和三六）年であり、すでにアメリカは南ヴェトナムにたいする軍事援助を開始していた。このときに書いた「あめりか印象記」（『エコノミスト』一九六二年一月二三・三〇日号。のちに「あめりか・一九六二」と改題。「著作集」九所収）が、加藤の最初の本格的なアメリカ論である。以後しばしばアメリカ論を著すことになる。「あめりか・一九六三」（初出時の題名は「カナダをゆさぶるケネディ外交」『エコノミスト』一九六三年三月二六日号。『海辺の町にて』〔文藝春秋新社、一九六四年〕所収）や「あめりか・一九六四」（初出時の題名は「ゴールドウォーター　5つの野望」『サンデー毎日』一九六四年八月九日号。「著作集」九所収）がそれらに当るが、これらのなかにヴェトナム戦争はわずかに言及される程度にすぎず、視野の中心に位置してはいない。

ヴェトナム戦争を中心的な主題とする論を書いたのは、「ベトナム戦争と日本」（『毎日新聞』一九六五年二月一六日夕刊）が最初であろう。以後は、毎年のようにヴェトナム戦争にかんする論考を世に訴えている。ヴェトナム戦争はいかなる戦争であったか、を述べたのが「ヴェトナム・戦争と平和」（『讀賣新聞』一九七二年一一月二一・二二日。「セレクション」五所収）である。この論評で、加藤は、ヴェトナム戦争の特徴として次の六つを挙げる。

第一に、アヘン戦争の変種であること。その意味は「白人帝国主義の圧倒的軍事力によるアジア侵略」であり、アヘン戦争と同じ性格をもっている、という。しかも、日本政府はアメリカにたいして一言の反対も述べずに、たえず支持しつづけたことに言及する。

たしかに「北爆開始」のときも、そして「北爆停止」のときも、日本政府は「アメリカの判断は理解できる」と支持した。のちのイラク戦争のときもまったく同じである。

第二に、宣戦布告なき戦争であること。もともとアメリカが自ら望んだ戦争ではなくて、「左手の戦争」、つまり明確な戦略をもたず、あいまいに始めた戦争だったがゆえに、泥沼に足を取られる結果となった。これはまさしく一九三〇年代の中国大陸における日本軍と酷似することをつけ加える。

第三に、「イデオロギー戦争」であること。経済的利益のための戦争ならば、戦争は損得勘定によって始まり、戦争を終らせるにも損得勘定が働く。ところが、イデオロギーのための戦争には、損得勘定が働かない。いったん「イデオロギー戦争」を始めると、限りなく泥沼化する可能性が高く、戦争はなかなか止められないという性質がある。

第四に、人民戦争であること。人民戦争では、人民（非戦闘員）と敵方の戦闘員とを区別することは不可能になる。それゆえに戦闘は必然的に無差別殺人になる。

ここでも、日本軍の中国大陸における中国人の虐殺もまた同じであることをいい忘れない。

第五に、「エレクトロニクス」戦争であること。高度なエレクトロニクスを駆使した戦争は究極のところ「無人」戦争になる。したがって、アメリカにとっては「無人戦争」、一方、ヴェトナムにとっては「無差別殺人」になると指摘する。

第六に、「核の傘」戦争であること。中国・ソ連がヴェトナム戦争に表立った介入をしなかった背景には、「核の力」におけるアメリカと中国・ソ連との違いがあったからである。圧倒的な「核の力」のもとに、アメリカは、「したいことをしたいようにした」という。

ヴェトナム戦争を考える場合に、加藤の脳裡から、当時の日本政府の対応だけではなく、一九三〇年代の大日本帝国の行動が消えることはなかった。その意識が日本との関連について書かせるのである。ヴェトナム戦争ばかりではない、何を論じていても、戦後初期から晩年まで「日本が犯した戦争」のことを加藤は忘れはしなかった。

「イデオロギー戦争」としてのヴェトナム戦争は、結局、アメリカの敗北に終った。加藤は、戦争の終結は歓迎したものの、薔薇色の戦後を思い描いていたわけではなかった。

> 二〇年にちかいヴェトナム戦争は、一時代の終りを意味する劃期的な出来事であった。そして一時代の終りは、また次の時代を予測させる。史上未曾有の軍事力は、ヴェトナムの自然・社会・人命を破壊したばかりでなく、アメリカ自身を含めて世界中の人間的価値の実現へ向っての希望をも破壊し去ったのである。
>
> （前掲「ヴェトナム・戦争と平和」。「セレクション」五、二七六頁。傍点引用者）

ヴェトナム戦争の終結は、加藤にとって、もう一方では苦いものでもあり、暗澹たる思いで受けとめていたに違いない。しかも、多くの人間の「希望」を破壊したのはヴェトナム戦争におけるアメリカだけではなかった。チェコスロヴァキアの「プラハの春」を踏みにじったソ連もまた、人間の「希望」を押しつぶしたのだった。

5　世界に拡がる「世なおし事はじめ」

チェコスロヴァキアは第一次世界大戦後の一九一八（大正七）年に独立した。第二次世界大戦中にはナチス・ドイツによって占領される。戦後に独立を回復するが、社会主義体制を採るのは一九四八（昭和二三）年になってからであった。そして東欧社会主義圏に属する国家として歩む。一九五六（昭和三一）年にソヴィエト連邦ではフルシチョフによるスターリン批判が起き、「非スターリン化」の動きは東欧に及び、ポーランドのポズナン暴動やハンガリー動乱（ともに同年）となって現れた。チェコスロヴァキアには「非スターリン化」の動きは顕著ではなかった。だが、チェコスロヴァキアでも一九六〇年代に入ると「非スターリン化」が進む。一九六七（昭和四二）年に自由化の波が起こり（たとえば、六月の第四回作家同盟会議による「言論の自由」にかんする激しい政府批判）、保守派と改革派の対立を経て、一九六八年一月に改革派が主導権を握った。スヴォボダ大統領、チェルニク首相、シュムルコフスキー国会議長、そして改革派の象徴的存在であるドゥプチェク党第一書記によって「自由化政策」が進められる。それは「プラハの春」と形容された。

しかし、ソ連は「自由化政策」を厳しく批判した。六月には「ワルシャワ条約軍の演習」の名のもとに軍隊をチェコスロヴァキアに進め、そのまま留まっていた（その後に一時撤退）。一方、プラハでは知識人たちが「二千語宣言」を発表し（六月二七日）、さらなる自由化政策の推進を政府に促し、外国軍の撤退を求めた。

八月二〇日、ソ連軍を中心とするワルシャワ機構軍はふたたび国境を越えて、チェコスロヴァキアに侵攻し、またたくまにプラハを占領。ドゥプチェクはソ連に連行された。「プラハの春」に咲いた花は無残にも踏みにじられたのである。

ソ連の軍事介入に反対したのは、西側諸国だけではなかった。侵攻の翌日にはルーマニアが軍事介入を非難し、ユーゴスラヴィアも軍事介入を批判し、中国はソ連を「社会帝国主義」として激しく攻撃した。同年九月にはアルバニアがワルシャワ機構からの脱退を発表する。一連の社会主義諸国の反応は、一九五六年のハンガリー動乱のときには見られなかったことである。社会主義諸国も一枚岩ではなく、社会主義圏体制が崩れはじめていた。

体制が崩れはじめていたのは東欧の社会主義諸国だけではなかった。同年、アメリカでは、「市民権運動」を指導していたマーティン・ルーサー・キング牧師が暗殺されたが（四月）、人種差別反対運動はますます激しくなる。運動とともに「ブラック・イズ・ビューティフル」という価値観も生まれた。ヴェトナムからの即時撤退を主張したロバート・ケネディも暗殺されたが（六月）、ヴェトナム反戦運動はひるまない。ヒッピーズは、既存の価値体系全体にたいする異議を唱えた。「「外見尊重」（汚い服装）、「男女差強調」（長い髪）、「キリスト教的性道徳」（性交の自由)、「軍国主義」(平和)、「文化的自己中心主義」(ヨーガ)、「生産能率主義」(乞食のまね)、「出世主義」(学校中退)、「科学崇拝」(LSD)、「高度の組織化」(組織の不在)、……これは伝統的価値の体系の全体と、そのすべての否定の体系にほかならない。「ヒッピーズ」の定義は、Xを中産階級の伝統的価値とするとき、〔Y〕=〔−X〕であたえられる」(「世なおし事はじめ」『世界』一九六八年八月号。「自選集」四、九九頁)。ヒッピーズだけではなく「ステューデントパワー」「ブラックパワー」もアメリカ社会の伝統的価値にたいする全否定を訴えていた。

ヨーロッパに目を転じれば、ポーランドでは、ミツキェヴィチの『父祖の祭』上演禁止にたいして、ワルシャワ大学の学生は抗議デモ(一月)や抗議集会を敢行した(三月)。フランスでは、パリ大学ナンテール校の学制改革反対などに端を発した学生運動(三月)が労働者にも拡がり、パリでは学生と労働者によるゼネストが敢行され、フランス全土に拡がる勢いだった(五月革命)。西ドイツでは一九六七年から非常事態法に反対する運動が激しさを増し「ゼネスト」を打つまでに到った(五月)。

日本では、大学の管理主義的政策に反発し、さまざまな大学で闘争が始まり(発端にある問題もさまざま)、大学闘争はヴェトナム反戦運動につながった。大学闘争は高校生にも影響を及ぼし、「学園闘争」と呼ばれるようになる。こうして学生・生徒のみならず、労働者・市民を巻きこんだ運動として展開していく。大学闘争は理論的にも戦術的にも尖鋭化《せんえいか》し、一方で、大学とは何か、学問とは何か、を根源から問い(ラディカリズム)、他方で、根源からの問いは過激な戦術(ラディカリズム)を選ばせ、過激に走る戦術はとどまるところを知らなかった。

それぞれの国の運動はそれぞれ個別の問題から発している。しかし、どの運動の中心にも若者たちがいた。先進工業国に育った若者たちは、これまでの政治や経済のありかた、価値体系、生活様式にたいして、要するにすべての権力や権威にたいして、身を挺して「異議申し立て」を表明した。

なぜ先進資本主義国に「異議申し立て」＝反乱が起こったのか。アメリカはもとより、フランス、ドイツ、日本などは高度成長を成し遂げ、あるいは高度成長の最中にあり、人びとに経済的繁栄をもたらした。一方では、体制側は、高度成長を成し遂げた行動様式をより徹底させるために管理社会化を進める。そして大衆のみならず知識人もメディアも、体制側に組みこまれ、批判能力を失い、非政治化が進んでいく。そういう状況を予測して「イデオロギーは死んだ」と主張する学者も現れた。たとえばダニエル・ベルの『イデオロギーの終焉』は一九六〇（昭和三五）年に刊行され、日本では一九六九（昭和四四）年に翻訳書が出版された。しかし、こういう過程は、人間的価値の否定であると考える人びとも生みだす。人間らしく生きるにはどうしたらよいのか。開高健は早くも一九六一（昭和三六）年に「「人間」らしくやりたいナ。トリスを飲んで「人間」らしくやりたいナ。「人間」なんだからナ」と広告コピーを通して訴えた。かくしてすべての伝統的な価値にたいする否定の思想と運動が生れることになる。「イデオロギーは死んだ」といわれた時代に、「イデオロギー」を別の形でよみがえらせようとしたのである。

一方、社会主義圏では、一九五六年のスターリン批判以来の「自由化」への歩みが、政府がこれを封じこめなければ体制が続かないと考えるほどにまで進んだ。封じこめようとすれば、封じこまれまいとする反発が強まる。そのせめぎ合いが社会主義圏のなかで起きていた。洋の東西、体制の如何にかかわらず、いずれの場合にも、社会に組みこまれる度合いの低い若者、感性の鋭さを失わない若者が、伝統的価値体系や体制にたいする批判を強く抱くことになり、運動の中心に位置することになる。

そういう「異議申し立て」が世界的に拡がることは予測し得なかった、と加藤は認めているが、世界の趨勢を目の当りにして、その運動が「革命の序の口」になることには懐疑的であったが、「長い眼でみた「世なおし」の「序の口」」（前掲「世なおし事はじめ」。「自選集」四、一一八頁）だと認めた。

6 「言葉と戦車」

歴史の転換点である一九六八（昭和四三）年を、世界的規模で概観したのが「世なおし事はじめ」ならば、同年に起きた事件である「プラハの自由化とソ連の介入」を詳論したのが「言葉と戦車」（『世界』一九六八年一一月号。「セレクション」五所収）である。

加藤は一九六八年初夏、夏休みを利用して、UBCの同僚ビニング夫妻とともにチェコスロヴァキアの旅行を愉しんでいた。旅行の途上、「地方の町で、機会があれば、町の人たちに「自由化」をどう思うか、と訊いてみた」（「『羊の歌』その後」。「著作集」二三。「セレクション」五所収）。

老幼男女、どこでも、友好的であり、親切であった。彼ら自身が自分たちの政府に満足し、将来に希望をもっていたので、異国人にも寛大であったのだろう。警戒や猜疑心、強ばった表情や氷のような冷さに出会うことは、ほとんどなかった。町や村の雰囲気が、陽気であったとはいえないが、ほとんど《gemütlich》というのにちかい落着きが支配していた（中略）。
（前掲「言葉と戦車」。「セレクション」五、二四四—二四五頁）

その後、加藤はオーストリアに入り、ザルツブルクで音楽祭を愉しもうとした。ところが、同年八月二〇日、ソ連がチェコスロヴァキアに侵攻した。そのことをザルツブルクで知った加藤は、音楽祭を聴く予定を急遽《きゅうきょ》取りやめて、ただちにヴィーンに戻った。各新聞を片端からむさぼるように読み、テレビをつけっぱなしにし、プラハから流れる「合法秘密放送」に耳を傾けて、事態の推移を懸命に見極めようとした。このようにして書かれた論考が「言葉と戦車」である。すなわち、プラハ市民（言葉）とソ連軍（戦車）の対決（本章中扉写真参照）。当時のヴィーンで入手できたかなりの資料を使って書かれたこの論考は、加藤を代表する論考のひとつである。

加藤に敏速な行動を取らせ、報道や資料を精査させた理由は何だろうか。もちろん、その直前にチェコスロヴァキアを訪れていたこともあるだろう。だが、それは小さな理由に過ぎない。もっと大きな理由は、目前で繰り拡げられている事件は「歴史の転換点」に違いないという確信、そして人類の「希望」や「理想」が無残に打ち砕かれるかもしれないという危惧だったに違いない。歴史には「決定的瞬間」というものがあるが、その「決定的瞬間」が目前で繰り拡げられている、それを見のがすわけにはいかないという強い思いがあった。

言葉は、どれほど鋭くても、またどれほど多くの人々の声となっても、一台の戦車さえ破壊することができない。戦車は、すべての声を沈黙させることができるし、プラハの全体を破壊することさえもできる。しかし、プラハ街頭における戦車の存在そのものをみずから正当化することだけはできないだろう。自分自身を正当化するためには、どうしても言葉を必要とする。すなわち相手を沈黙させるのではなく、反駁しなければならない。言葉に対するに言葉をもってしなければならない。一九六八年の夏、小雨に濡れたプラハの街頭に相対していたのは、圧倒的で無力な戦車と、無力で圧倒的な言葉であった。

（前掲「言葉と戦車」。「セレクション」五、二三一頁）

しかし加藤は、ソ連の戦車が、言葉を、「プラハの春」に咲く花を、踏みにじったことだけを見ていたのではない。国際政治の教材として恰好な本論考では、いくつかの国の反応とその理由にも筆が及び、ソ連による軍事介入に「反対」した国だけではなく、「賛成」した国にたいしても関心を向ける。たとえば、東ドイツやポーランドの放送局の放送内容に着目する。さらにソ連の戦車が社会主義にもたらすだろう影響をも見極めようとした。

毎晩東ドイツの放送局が、休みなしに、ありとあらゆる激しい言葉を用いて、チェコスロヴァキアの「反革命分子」と「帝国主義者の陰謀」をこきおろし、一刻も早くその粉砕さるべきことを、たて板に水のように喋りつづけるのを聞いた。しかし、ワルシャワ放送の内容は、それとは逆に、調子のおだやかなものであり、占領軍に対する非暴力的抵抗において、チェコ人民の全体が一致しているということまで、示唆していたという。(中略)それぞれの放送局の言葉遣いを比較すれば、少くとも軍事介入に関して、東ドイツは極めて積極的な支持、ポーランドはほとんど懐疑的な支持、ハンガリーはその中間で、消極的な支持といえそうである。(同二五七頁)

一方、北ヴェトナムやキューバの反応を、加藤は固唾《かたず》をのんで見つめていたに違いない。

「ハバナとハノイがソ連の行動を支持した」という新聞報道は、われわれに一種の衝撃をあたえたといっても誇張ではないと思う。巨大なアメリカの力と相対した小国にとっては、他のどんな国の場合よりも、ソ連の援助が必要であるだろう。しかし同時に、大国に対する小国の力の源泉は、何よりも精神であり正義の言葉である。それがなくては、外部から加えられる長い間の圧力に、到底耐えぬくことができないだろう。キューバや北ヴェトナムにとっては、チェコスロヴァキアでのソ連をどうしても支持する必要があり、どうしても支持してはならない必要があった――という状況と、「ソ連支持」という簡単な報道とは、容易に折り合わない。しかし次のような報道とならば、折り合うはずである。「ハノイのソ連支持」

ということの内容は、政府及び党が沈黙を守り、ハノイ放送がただ一度、ソ連の行動を支持するといった、ということであるらしい。「ハバナのソ連支持」ということの内容は、ハバナ、八月二四日発のロイター通信が伝えたカストロ Castro 首相のラジオ演説である。そこでカストロは、「占領がチェコスロヴァキアの主権の侵害であることに疑いの余地はない、法的観点からは何人もその事実を否定することができない」といい、しかし政治的にみれば、「この悲劇的な事件も、チェコスロヴァキアが資本主義の方向へ辿りはじめていたということによって、正当化されると思う」といったのである。（同二五八―二五九頁。傍点引用者）

複雑で微妙な国際政治を見る現実感覚の鋭さと目配りのよさが窺える。加藤の政治を見る眼は、「現実を深く多面的に理解」しようとする。当時の日本の論壇ではヴェトナム戦争にかんする論評は数多くあったが、このような視点をもった論評はほとんどなかった。加藤は、右に「プラハの春」を凝視するばかりではなく、左にヴェトナム戦争やキューバ革命を注視していた。しかし、それだけではなく、社会主義思想の命運にまで視線を伸ばしている。

戦車を導入することで直接にソ連が失うところは、世界の共産党の半分に対する指導力であった（中国、日本、アルバニア、ユーゴスラヴィア、ルーマニア、フランス、イタリア、オランダ、オーストリア、ベルギーの共産党の反対）。間接に失うところは、おそらく国際共産主義の理想そのものであろう。「法的にみて疑う余地のない侵略」（カストロ）の結果は、イギリス鉱夫組合書記長の言葉をかりていえば、「理想への信頼の全面的な崩壊」ということにならざるをえない。しかもそういうことから、ソ連の知識人・大衆だけが免れうるだろうとは到底考えられない。（中略）やがてソ連の指導層にも大きな変化が生じるかもしれない。

（同二五九—二六〇頁）

サルトルも「「チェコスロヴァキア侵略反対」といい、また「いたるところで反動がよろこぶだろう」と述べた」（同二六〇頁）。キューバのカストロ首相も、北ヴェトナム労働党も、そして加藤も、サルトルとほぼ同じ考えだった。ソ連の戦車はいわば社会主義という「理想」をも裏ったのである。

社会主義の大半が崩壊し、初期資本主義に戻ったような状況が現れ、未来への希望や理想を失い、飢えた欲望がむき出しに現れる時代となった。それらの様相を見るにつけ加藤は炯眼だったと思う。冷徹に国際情勢を分析しながら、そのときの国際情勢よりはるかに遠くを見つめていたのである。

ボードレールを引いて「さようなら、あまりに短かりしわれらが夏のきらめきよ」（同二六三頁）と「言葉と戦車」は結ばれる。加藤が「夏のきらめき」に喩《たと》えたのは、直接的には「プラハの春」だろう。だが、それに止まらず、間接的には「社会主義の理想」をも喩えていた。いや、「社会主義の理想」という小さなことではなく、人間の尊厳とともにある「希望」や「理想」というものが潰《つい》えるかもしれない。そのことにたいする加藤の深い無念の思いが、「言葉と戦車」

の行間から滲みでている。その無念の思いは、にもかかわらず、加藤に「幻滅」をもたらしはしなかった。いつかどこかで、形を変えて「プラハの春」はふたたび現れるに違いない、という希望と確信を捨てなかった。加藤は、いつだって、したたかな二枚腰の思想の持ち主なのである。

それだからこそ、その四〇年後にNHKのテレビ番組「加藤周一　一九六八年を語る――「言葉と戦車」ふたたび」（二〇〇八年一二月一四日放送）で、加藤はプラハ事件に触れずにはいられなかったのだろう（加藤の無念の思いと、それでもなお希望を捨てない態度を引きだしたのは、もちろん、番組企画制作者たちであり、その点で企画制作者たちに私は敬意を表する）。この番組で加藤は「遺言」を語ったに違いないと思うが、「プラハの春」は加藤の「見果てぬ希《のぞ》み」だったのである。

「プラハの春」から半世紀余りが過ぎた。人類の理想を踏みにじったソヴィエト連邦は解体し、東欧社会主義圏の大半の国は社会主義圏から離脱する。その機運に乗じてNATO（北大西洋条約機構）は、東方へ向けて拡大する。そういう動きにたいするロシアのなりふり構わぬ反発が二〇二二（令和四）年に起きた「ウクライナ戦争」だろう。歴史の因果が続いていることを実感する。

7　初めての中国訪問

中国は国際政治上も国際経済上も大きな影響力をもつ国家である。今日では、当り前に属する事柄で、ほとんどだれにも異論はないだろう。しかし、半世紀前はそうではなかった。政治的にも経済的にも「大国」とはいいがたかった。しかも、主としてアメリカ政府によって「中国封じ込め政策」が取られつづけ、日本政府はそれに追随していた。

加藤は、中国の政治や日本の外交を問題にするときには、日中関係が友好的に保たれることが必要不可欠であることを指摘しつづけた。中国の政治や経済を主題にした加藤の最初の本格的な論考は「風向きの変化と日本の現実主義」(『中央公論』一九五八年三月号)だろう。ここでは早くも、中国経済の発展の可能性を指摘し、中国を承認し日中の友好関係を築くことが、経済的にも道義的にも望ましいと主張する。その後「中国承認問題」(『日本』一九五八年一一月号。「セレクション」は「著作集」八所収)や「中立と安保条約と中国承認」(『世界』一九五九年四月号。上記二点五所収)を発表するが、いずれもほぼ同じ立場からの中国論である。加藤の中国論の通奏低音は「日中友好」だった。この時期に中国問題をいくつか著しているのは、一九六〇(昭和三五)年の日米安保条約の改定問題を控えて、「極東の安全と平和」が議論されていたからである。

当時の日本では、中国は侵略主義的であり、膨張主義的である、という議論が盛んだったし、また二一世紀になった今日でも盛んである。そういう主張にたいして、はたしてそうだろうかという疑問を提起したのが「現代中国をめぐる素朴な疑問」(『展望』一九六六年二月号。「著作集」九所収)である。この論考が書かれたのは、文化大革命の発端となる姚文元《ヤオウエンユアン》の論文が発表された直後のことである。おそらく加藤は、のちに文化大革命となっていく中国の変化の兆しを予感していたのだろう。そして文化大革命が終焉するころに、今度は、文化大革命とは何であったかを考えた。それが「文化大革命聞書」(『中国』一九六九年二・三月号。「著作集」九所収)である。

一九七一(昭和四六)年、アメリカのニクソン大統領はキッシンジャー国務長官を中国に派遣して「米中接近」を図った。これは日本政府にとっては青天の霹靂《へきれき》の出来事であり、周章狼狽《しゅうしょうろうばい》した。その周章狼狽ぶりは「ニクソン・ショック」というメディアが多用した語に現れる。「ショック」とは予想外の事態に遭遇したときの反応である。「ニクソン・ショック」はふたつあり、ひとつは対中国政策転換の宣言であり、もうひとつはドルと金との交換禁止、ブレトンウッズ体制の終焉、為替変動相場制への移行の宣言である。ふたつとも一九七一年の夏に起きた。しかし、加藤は「世の中は全く予想通りの方向に動くものだ」という感を深くし、このときに著したのが「米中接近――感想三つ」（『世界』一九七一年九月号。「自選集」四所収）である。その後、日本政府はこれまたアメリカに追随して、それまでの「中国封じ込め政策」を捨てて、中国承認に舵を切らざるを得なかった。

日本のメディアは日本政府に追随する。日本政府の中国承認までは、メディアも中国を「中共」と呼んでいた。中国承認の機運を受けて、メディアは一斉に「中国」と呼ぶようになる。その「鮮やかな変身ぶり」は、敗戦直後の変身もかくのごときものであったのだろうか、と思えるものだった。

加藤は、中国承認以前から「中国」という呼称を用いて「中共」という呼称を一度も用いていない。ところが、メディアは、中国承認後に加藤に中国論の原稿を依頼して「反中国的にならないように」と注文をつけたという。加藤は「世の中は変れば変るものだ」（「「著作集」九、あとがき」、一九七九年）と、皮肉を込めて綴る。

以上の論考は実際に中国社会を見て書いたわけではなく、入手できる資料や新聞報道をもとに分析し立論された。実際に見聞しないで書かれる外国論は、しばしば「群盲象撫での図」に陥る。当時の中国論の多くもそうだった。きっと今日の朝鮮民主主義人民共和国論もそうだろう。だが、加藤の中国論は、中国に行かずに書いたときと、実際に見聞してから書いたときとで、主張に違いがない。

加藤が初めて中国の地に足を踏み入れたのは一九七一年のことである。中島健蔵を団長とする日中文化交流協会訪中団に加わり約三週間中国を旅した。その見聞をもとに「中国または反世界」（『毎日新聞』一九七一年一〇月三一日）、「中国・二つの顔」（『信濃毎日新聞』一九七一年一一月五・六日）、「中国または人民の兵営」（『朝日新聞』一九七一年一一月一八・一九日。上記三点は「自選集」四所収）、「中国の屋根の反り」（『毎日新聞』一九七二年一月一二・一三日。「セレクション」四所収）を書いた。中国に足を踏み入れたことは、ヨーロッパ、アメリカ、中国という加藤の比較文化の三つの軸足が出来たことを意味する。

「中国または反世界」では、加藤の中国理解の基本を述べる。「中国は外国である、ことに他の外国とはちがう独特の外国である——ということの鋭い意識は、ことに心情的友好関係の気分のなかで、大切なはずである。中国の社会がわれわれからみて容易に理解できないものである、ということを理解することから、われわれの中国理解ははじまる」（「自選集」四、四〇二頁）。これは「同文同種」という考えかたや同じアジア人という中国人観を否定する。加藤が初めて訪中したときには、日本政府はいまだ中国を承認せず、にもかかわらず、中国は国際連合に加盟を認められ、国際政治の舞台に登場したときであった。このような事態を前にして加藤は、日本政府が近い将来中国を承認するであろうことを踏まえ、「外国としての中国」と友好関係を築くための三つの条件を提示した。

第一、中国は国連に登場したから、国際的世界に重きをなしたのではなく、中国の国際的世界における——ことにアジアにおける役割が大きいから、国連もそのことを認めざるをえなくなったのである。日本政府は、何よりもその力関係の現実を認める必要があろう。

（同四〇一頁）

第二に、日本人の国民的経験が、太平洋戦争とその敗北であるとすれば、中国人のそれは、朝鮮戦争・台湾介入におけるアメリカとの対立ではなくて（それもあるが、はるかにそれ以上に）日本帝国主義の侵略と抗日戦争である。（中略）戦争関係を終結することなしに、中国との友好関係を樹立できると考えるのは、現実的ではない（しかし今日までの日本政府が、固執しようとしてきたことは、まさにその非現実的な主張であった）。

（同）

この「第二」の件の、「中国人」を「朝鮮人」に、「中国」を「朝鮮民主主義人民共和国（北朝鮮）」に置き換えれば、ほぼそのまま今日の日本と北朝鮮との問題にも当てはまるだろう。

第三に、安易な中国同調主義は、ながい目でみて、真の日中友好関係の樹立には、必ずし

も有効ではないと思われる。（同）

加藤が提示した中国との友好関係樹立の条件は、そのまま今日にも通用する。日中関係は、日米関係が一方の一方にたいする「追随」においてほとんど変りがなかったように、四〇年間ほとんど変らなかったことを意味するに違いない。

このような中国理解の基本的立場から、加藤は中国を可能な限り理解しようとした。そして「中国・二つの顔」では、中国の政治・経済の基本的特徴について確認し、「中国または人民の兵営」では、中国の軍事体制について分析する。そして「中国の屋根の反り」では、中国の景観から中国寺院の屋根の曲率に及ぶ。日本の景観や日本の寺院の屋根の曲率と比較し、中国のものの考えかたに、激しい自然に抗してつくりあげた秩序があることを発見し、形のうえでも思考のうえでも、合理的秩序を尊重する傾向が強いことを明らかにする。

この三つの中国論は対象とするところはそれぞれ異なるが、実際に見聞し、実際に資料に当れた事柄を論じている。主題は、政治・経済や軍事から、文化や思想にまで及ぶ。中国と日本がいかに違うかということが共通して述べられる。まさしく加藤の中国理解の基本的立場に沿って書かれている。そして中国を理解することを通して、日本を深く理解しようとする姿勢に貫かれる。

しかし、加藤が実際に見聞したにもかかわらず、この時点では書かなかったことがある。その「書かなかった」という態度にこそ、加藤の著作活動の原則が表れている。

それは「針麻酔」の効果にかんすることである。加藤は中国訪問中に「針麻酔」手術を実際に見た。その効果を疑うことは難しいだろうと考えたが、その効果を確信したわけではなかった。実際に見た「針麻酔」手術例はわずか二例に過ぎず、しかも、症例報告や統計を実際に見たわけではなかった。

私は「針麻酔」に関していわば執行猶予の状態にあった。たしかに効果があるとすれば、大事件であるが、効果があると確信するためには充分な条件がない……私が「針麻酔」について書かなかったのは、主としてそのためである。また当時そのことが政治的な話題とむすびつけて語られることが多かった、という事情もある。充分な資料が出そろわぬ間は、何事も信じないのが、学問的な立場である。資料を検討せずに、味方のいうことを信じるのが、政治的な立場である。本来学問的な話題が政治的な領域にもちこまれているとき、その話題を学問的な立場から論じれば、誤解を招く怖れがあったろう。

（「中国の屋根の反り」追記」、「著作集」九、一九七九年。「自選集」五、一七頁）

ここに見られる態度は、何も医学にかんすることだけではなく、美術にも文学にも、政治や社会にも共通することである。第一に、美術作品にせよ、文学作品にせよ、社会にせよ、自分の目で見たり読んだりして確証を得られたものでない限り、決して論評はしない。第二に、学問的推論と政治的主張は峻別し、決して混同させない。第三に、何を主題とし、何を書くかについて、決して浮世の流行に係らせない。このような「禁欲」が加藤の執筆活動の原則なのである。

第5章

変化と持続
——または『日本文学史序説』

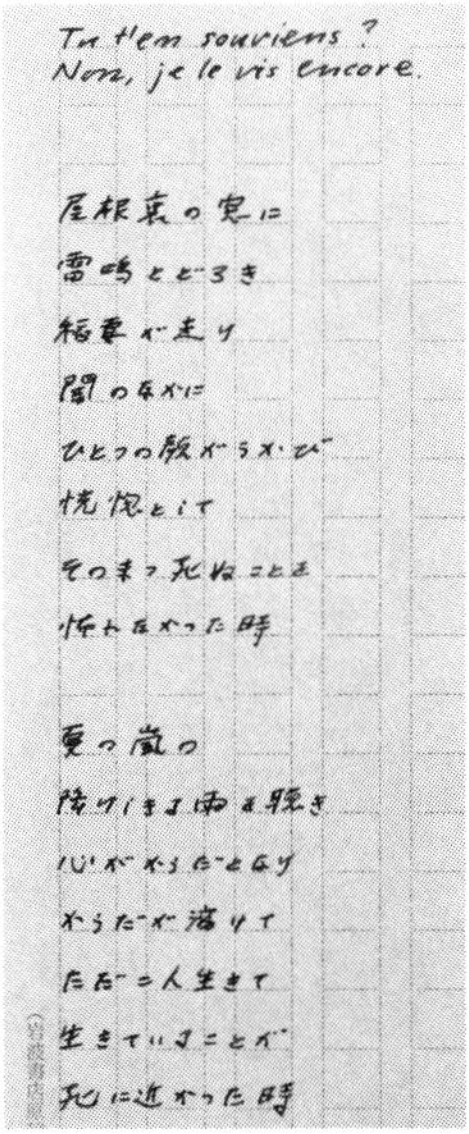

Tu t'en souviens ?
Non, je le vis encore.
屋根裏の窓に
雷鳴とどろき
稲妻が走り
闇のなかに
ひとつの顔がうかび
恍惚として
そのまま死ぬことを
怖れなかった時
夏の嵐の
降りしきる雨を聴き
心がからだとなり
からだが溶けて
ただ二人生きて
生きていることが
死に近かった時

1970年代前半の加藤の
詩作ノートより
(「巴里七月〔1972〕」)

1　ベルリン自由大学への赴任

一九六〇（昭和三五）年以来カナダのブリティッシュ・コロンビア大学（UBC）に職を得ていたが、一九六九（昭和四四）年、加藤は請われてベルリン自由大学教授の職に就き、同大学東アジア研究所長を兼ねた。「私を公式に招いたのは大学であったが、その職に私を択んだのは学生である」（前掲『羊の歌』その後」、「セレクション」五、四三五頁）。世界的に学生運動が拡がるなかで、西ドイツでは「新大学法」が施行され、「大学の意思決定は、人事をも含めて、三分の一が教授たちの代表、三分の一が学生代表、三分の一が助手や事務職の代表から成る委員会による」（同）ことが決められていた。この委員会の決定に従って、とりわけ学生代表の意見が通るかたちで、加藤が「その職」に就いたに違いない。ところが、同大学での学生との接触は必ずしも円滑には進まなかった。学生たちがもっていた力は大きく「彼らが好まない授業をボイコット」（同）した。

私は学生たちと、毎日研究所で、あるいはダーレムの――その高級住宅街のなかに大学はあった――樹立ちにかこまれた旗亭《きてい》で、どういう内容の授業を、どういう形式ですべきかということを議論していた。彼らが批判し、事ある毎に非難したのは、「ブルジョワ的実証主義的学問」であった。たとえば日本語の初歩の授業がそれに該当するだろうか。それはその授業を受ける側に「革命的イデオロギー」が浸透しているか否かによる、と学生のなかの活動家はいった。したがって新入生は、日本語の文章を読みはじめる前に、まず「革命的イデオロギー」を学ばなければならない……私は学生たちと授業のあり方について議論を続けていたが、授業そのものは容易に始らなかった。（同四三五—四三六頁）

学生たちはさらに、卒業にあたって提出する学位論文の学生同士による「合作」を認めるように要求した。合作論文では個々人の能力にたいする十分な根拠が得られないまま、個々人に学位を認めることになる。合作論文を認めることは教員として無責任であるという理由で加藤はこれを拒否した。学生たちは加藤を「権威主義的な教授」と決めつけて、授業をボイコットするに及んだ。これをきっかけにして、加藤は同大学を離れることになる。一九七三（昭和四八）年八月のことである。

イルメラ・日地谷《ひじや》＝キルシュネライト（ベルリン自由大学教授）も、同大学での加藤の教育研究生活は「必ずしも楽しい何年かであったとは思えない。彼のベルリン時代は、学生運動がその多くの否定的な付随現象と共に最高潮に達した時期であったからだ。彼はそれに関して一度として話されなかったが、苦い思い出も多かったのではと私は推測している」（『「著作集」二三、月報』、一九九七年）と述べる。のちになって「学生たちのなかの活動家と交渉することは、私にとって容易ではなかった」（同四三八頁）と加藤も述懐する。

加藤が同大学を去った理由はほかにもあったかもしれない。たとえそうであったにせよ、ベルリン自由大学に行ったのは主として学生の意思に拠り、ベルリン自由大学から去ったのも主として学生との軋轢《あつれき》に抛った。ベルリンを去った加藤は、いったん東京に戻る。その後、一九七四（昭和四九）年九月に加藤はアメリカのイェール大学の客員講師に就く。「どこからか職を見つけてきた」と矢島翠はいった。直接か間接か、加藤自らが同大学の教員を志願し、その志願は受け容れられたということだろうか。イェール大学では日本史や日本文学の講義を受けもった。

「少くとも日本研究に関するかぎり、イェイルには、一九七〇年前後のベルリーン自由大学にはなかったすべてのものがあった」（同四三九頁）といって、同僚、学生、日本語文献の三つを挙げる。同僚には、日本研究者――歴史家ジョン・ホール、近代文学研究のエドウィン・マックレラン、精神分析学のロバート・リフトン、そして当時大学院生だったマイケル・ライシュなど――がいて、おおいに知的刺戟を受けた。学生たちは、知識においても分析能力においても優れていて、かつ学生たちとは「対立するどころか大いに彼らに援けられた」（同四四二頁）。しかも「私が利用したいと思う日本語の文献で、大学の中央図書館にないものはなかった」（同）のだから、居心地が悪いはずはない。イェール大学での研究環境は、加藤にとっては満足すべきものだったに違いない。一九七六（昭和五一）年八月までおよそ二年間滞在することになる（イェール大学赴任中の加藤の仕事については、本章と次章に述べる）。

2 「文学の擁護」

「まえがき」にも述べたように、一九七〇年代から八〇年代にかけての二〇年間は、加藤がもっとも精力的な執筆活動を繰りひろげ、代表的な著作を次々と生みだしていった時期である。フランスで耕し、UBCで種をまいた日本文学史研究や日本美術史研究、とりわけ日本文学史研究が、ようやく実を結ぶ時期を迎えたのである。一九六〇年代後半に加藤が著した著作には、第4章で見たように、日本美術史関連のものが多い。ところが、一九七〇年代に入ると、一転して日本文学史関連の著作が多くなる。たとえば「富永仲基と石田梅岩」（「日本の名著」一八『富永仲基　石田梅岩』中央公論社、一九七二年。原題は「江戸思想の可能性と現実」）、「世阿弥の戦術または能楽論」（「日本思想大系」二四『世阿弥　禅竹』岩波書店、一九七四年）、「新井白石の世界」（「日本思想大系」三五『新井白石』岩波書店、一九七五年）、「文学の擁護」（「講座文学」四『表現の方法　1』岩波書店、一九七六年。以上四点は「セレクション」一と二に所収）などが矢継ぎ早に発表される。これらもUBCで講義した主題である。そして一九七三（昭和四八）年一月からは「日本文学史序説」の連載が『朝日ジャーナル』（朝日新聞社）で始まる（一九七四年八月まで）。富永仲基、石田梅岩、世阿弥、新井白石の執筆の準備は、日本文学史の執筆の準備に重なり、並行して進んでいたに違いない。

これら日本文学史研究の基本となる考えかたが「文学の擁護」に述べられている。「文学」を広義に理解すること、文学を文体、文章の質によって、かつ作者の世界にたいする考えの表明の有無によって、定義することを主張した論考である。文学の概念を広義に理解することで、これまでの日本文学史が見おとしていたものを掬《すく》いあげようとした。この論考は『日本文学史序説上』の刊行後に発表されてはいるが、論文の主旨は早くから加藤が主張していたことである。「文学の概念」という主題も加藤の示導動機のひとつであり、いわば加藤の日本文学史の基本主題が「文学の擁護」によって「再提示」されたといってよい。フランス留学以前に書かれた「文体について」（『文藝』一九四八年九月号。「著作集」一所収）や、ヴァンクーヴァー赴任中に著された「文学の概念についての仮説」（『文学』一九六四年五月号。原題は「『言語と文学についての論』についての論」。「文学の概念」と改題して「著作集」一所収）で論じたことを、ふたたび提示し、さらに発展させたものが「文学の擁護」なのである。

このように加藤は「文学概念」という主題について早くから考えはじめ、長い時間をかけて自分の文学概念の内容を深めると同時に、自分の文学概念に自信も深めたことが読みとれる。その間にフランス留学で学んだことが大きく寄与しているであろうことはすでに第2章に触れた。では「文学の擁護」で述べられる「文学の再定義」とは何か。加藤は次のように考える。

現代の状況は、一方で現実の全体化 totalization としてあらわれ、他方では現実の細分化 compartmentalization としてあらわれている。（中略）現実の全体化は、文学者の仕事ではなく、歴史的状況の作り出したものである。その歴史的状況は、先進工業国による軍事的・政治的・経済的・文化的支配であり、そこで人間のあり方のすべてが定義されざるをえないところの支配者＝被支配者関係である。

（「セレクション」一、一九六頁）

この「支配者＝被支配者関係」という捉えかたは、魯迅の考えかたであり、加藤が竹内好から学んだものである。かくのごとくに現代状況を把握したうえで、加藤は文学について語る。

文学は、芸術一般と同じように、大量生産方式よりも、職人芸に結びつくものである。文学を作るのは、組織ではなくて、個人である。その目標は、conformisme ではなくて、non-conformisme である。すなわち文学を成立させる価値は、ほとんどあらゆる点で、高度工業社会一般に支配的な価値と真向から対立する。（同二〇五頁）

そして、その対立にたいする解決策はふたつある、という。

第一の解決法は、文学の領域を限定して、現実の細分化を容認する立場である。文学は芸術化され、美的価値によって定義される。世界観、すなわち現実の全体に対する態度は、文学者の問題であるかもしれないが、文学の問題ではない。その non-conformisme は、社会の文化の枠組のなかで、限られた局面に向けられ、決してその全体に、枠組そのものに向けられることがない。（同）

第二の解決法は、文学の概念を広義にとり、現実の細分化を拒否して、現実の全体を問題とする事業とみなすことである。それはあきらかに科学者の仕事でなく、技術者の任務でなく、専門家の専門家としての活動の領域でない。（中略）現実の全体を問題として non-conformisme を貫くということは、世界観をみずから検討し、文化の全体を問いなおすことを意味する。(中略) その全体の批判と検討は、権力関係をふくむ社会体制の全体を批判し、検討することにつながらざるをえない。細分化された現実とのつき合いを引き受けることは、権力の現状維持への少くとも間接的な奉仕である。全体としての現実を見ることは、そのこと自身がすでに権力の批判を含意するものである。このように定義された文学は、高度工業社会の支配的な価値の体系に組みこまれるのではなく、一種の「反文化」として、すなわちその支配的な価値の批判者としてあらわれるだろう。

(同二〇七頁)

たんに広義の文学概念を採用するだけでは不十分であって、文化の全体、そして社会体制の全体を批判的に検討することを通して文学を叙述するというわけである。ここにはあきらかにジャン＝ポール・サルトルの言論・行動が踏まえられている。あるいは韓国の金芝河《キムジハ》や日本の野間宏や小田実や、鶴見俊輔や大江健三郎を念頭に置いていることが窺える。

現代の文学を叙述するのに、英米型の《belles lettres》の概念、殊にその架空性の強調(小説中心主義)は、時代錯誤であり、役にたたないと私は考える。また文体によって散文の文学性を定義する中国・大陸型の概念も、そのままではあきらかに通用しないだろう、と思う。しかし後者の概念の背景となった広汎な作品を念頭におきながら、広義の文学を再定義することにより、現代の文学を叙述することはできる。もし真に現代の文学を叙述することができれば、それは、われわれがわれわれの文学を擁護することにほかならないだろう。

（同二〇八―二〇九頁）

広義の文学概念をとれば、おのずと文学を定義するのは作品の種別や様式ではなく、著した人がいわゆる「文学者」であろうとなかろうと、あくまでも文体、文章の質によって、そして文化の全体を批判的に検討する態度の有無によって定義される、という結論になる。かくして、空海も道元も、新井白石の『折たく柴の記』だけではなく『藩翰譜』も、政治思想史の丸山眞男の仕事も、経済学者の内田義彦の仕事も、物理学者の朝永振一郎の『物理学とは何だろうか』（岩波新書、一九七九年。大佛次郎賞受賞作品。加藤は選考委員として強く推した）さえも、文学として捉えられることになる。

3　日本文学史研究の「橋頭堡《きょうとうほ》」

文学概念を広くとれば、その文学概念にしたがって日本文学史を叙述したいと考えるのは、当然の帰結であろう。古代から始まり現代に到る日本文学史を叙述しようと加藤が構想したのは一九五〇年代だろうと思われるが、正確には分からない。しかし、ヴァンクーヴァー時代に日本文学史をUBCで講じ、厖大な量にのぼる「ノート」を採っていた。このときすでに加藤の脳裡には、日本文学史と日本美術史を叙述する構想がふくらんでいたに違いない（本章第4節参照）。しかし、日本文学史を構想したとしても、いきなり通史を叙述することはできない。何人かの文学者、いくつかの作品の分析をしながら、少しずつ日本文学史の全体像をつくりあげなければならない。いわば「橋頭堡」を必要とする。加藤の日本文学史の「橋頭堡」の役割を果したのが、一休宗純であり、世阿弥であり、富永仲基であり、石田梅岩であり、新井白石である。なぜ彼らが加藤文学史研究の「橋頭堡」たり得たのだろうか。

その主たる理由は、彼らおよび彼らの作品の全体あるいはその一部が、従来の日本文学史研究から外れていたということである。文学概念を広くとれば、従来の文学史では取りあげなかった人あるいは作品を、文学者あるいは文学として位置づけることになる。つまり、戦略的拠点になる。

日本文学史上の文学者を対象にした論考の先頭を切ったのが富永仲基と石田梅岩である。一九六五（昭和四〇）年には富永仲基について小説としてしか書けなかったものが、その二年後には仲基を論述するまでに研究が進んだ。ただし、仲基についての論考は、最初は英文で書かれ（《Tominaga Nakamoto, 1715-46: A Tokugawa Iconoclast》, *Monumenta Nipponica*, Jan. 1967）、その英文論考が日本語に翻訳され、発表された（『思想』一九六七年六月号。松居弘道訳）。これが前掲「富永仲基と石田梅岩」の前半部分となる。同論考の「追記」（「著作集」三、一九七八年。「セレクション」二、二八二―二八三頁）には「その後の機会に、石田梅岩についても」（同）書いたとあるが、これは「日本の名著」一八『富永仲基　石田梅岩』の責任編集を担当したときに書いた「江戸思想の可能性と現実」の後半部分を指す。

富永仲基は江戸時代を通じてもっとも独創的な思想家の一人であった。その意味では同時代の安藤昌益（一七〇三—六二年）に匹敵する。またその思想の内的斉合性と概念の厳密さにおいては、徂徠や宣長とも比較することができる。石田梅岩は江戸時代を通じておそらくもっとも代表的な思想家の一人であった。その考え方は、江戸知識人の大多数に多かれ少なかれ認められる傾向を要求していたばかりでなく、当時の町人や農民の広い層にも同感をよぶ何ものかをもっていた。その意味では徂徠や宣長をはるかに抜く。

（前掲「富永仲基と石田梅岩」。「セレクション」二、二一八—二一九頁）

このようにきわめて対照的なふたりを対比して加藤は論じた。仲基については、英文表題にもあるように「偶像破壊者」と位置づけた。江戸時代の儒教、仏教、神道を真向うから批判した仲基に、「やみがたい批判精神をもって敢然と教権に反抗したヴォルテール」（同二二三頁）を見いだし、合理主義の精神を認めるのである。

仲基における儒教、仏教、神道の思想研究の基本概念は「加上」である。「加上」とは、文字通り「その上につけ加える」という意味であり、先人の思想家が述べたところに後代の人が新しい何かを加えることによって、新しい説が生みだされると考える。たとえば、世子（春秋時代の思想家）は人間には善の人もいれば悪の人もいると考え、世子を踏まえて告子（戦国時代の思想家、孟子の論敵）は人間の性に善も悪もないと唱え、告子を踏まえて孟子（戦国時代の儒家）は人間の本性は善であると説き、孟子を踏まえて荀子（戦国末期の儒家）は人間の本性は悪であると述べる。すなわち、仲基は、思想史には一貫して流れる「動機」があると考え、それは「加上」という動機であると考えたのである。

加藤は日本文学史の特徴のひとつとして、「一時代に有力となった文学的表現形式は、次の時代にうけつがれ、新しい形式により置き換えられるということがなかった。新旧が交替するのではなく、新が旧につけ加えられる」（前掲『日本文学史序説　上』。「著作集」四、九頁）と述べる。こういう特徴を抽出したヒントは、仲基の「加上」説にあったのではなかろうか。さらにサルトルを理解するにも加藤はこの「加上」論を使うが、それについては第7章に述べる。

「加上」と並ぶ仲基のもうひとつの基本概念が「くせ」である。「くせ」について、「国民性というか民族的傾向の概念に基づいた一種の文化人類学の可能性までも洞察していた」（前掲「富永仲基と石田梅岩」。「セレクション」二、二四一頁）ことに加藤は驚く。

また、仲基を主題とする講義をUBCで受講したソーニャ・アンツェンは、「鎖国という徳川時代の体制のなかで、富永仲基が日本の思想や国民性について「国際比較」の視点をもっていたことを加藤先生は強調していた」と振りかえる。

合理主義といい、思想史に一貫性を見る視点といい、国際比較の視点といい、これらは加藤の思考の特徴である。加藤は仲基のなかに自分自身を見いだしたに違いなかろう。だからこそ、仲基にたいする共感が強かったのである。

富永仲基と石田梅岩の次には世阿弥を論じた。「世阿弥の戦術または能楽論」という論考で、加藤がもっともいいたかったことのひとつは、世阿弥の「花」の概念についてである。世阿弥は室町時代初期の能役者にして謡曲作者。史上初めて能芸論というものを多数著したが、主要な書に「花」という語が遣われている。たとえば『風姿花伝《ふうしかでん》』『花習内抜書《かしゆのうちぬきがき》』『花鏡《かきよう》』『至花道《しかどう》』『拾玉得花《しゆうぎよくとつか》』『却来華《きやくらいか》』。つまり「花」は、世阿弥の能芸論の中心的概念である。にもかかわらず、「花」をめぐる議論は喧々諤々《けんけんがくがく》、諸説紛々である。そのどれにも加藤は納得しなかった。

世阿弥は、田楽や猿楽の競争相手と、観客の人気、とりわけ将軍の寵愛をかちとるために、結崎座を率いて戦った。世阿弥の双肩に一座の命運と芸術家としての自尊心がかかっていた。したがって、どうしても競争相手に勝たなければならなかった。「世阿弥の問題は、第一義的には、どういう能がよろしいか、ではなく、どういう能が観客の気に入るか、であった」（「セレクション」二、六三頁）。そのために、世阿弥は、あるいは観客の好みに応じて能芸を変化させ発展させ、あるいは能芸論を著し、これを一座の者や後継者に示し、あるいは「夢幻能《むげんのう》」という新しい様式をつくりだした。勝利のためには好敵手（犬王、喜阿弥、増阿弥など）の長所から学ぶことなど少しも厭《いと》わなかった。

世阿弥の能芸論はまさしく「兵法の書」だ、と加藤は読んだ。そして「花」とは、「観客に対する効果、あるいは、見物人の側における特定の反応を意味し、その他の何ものも意味しない」（同六四―六五頁）と断言する。このきわめて大胆な断言にたいして、異論や疑問がないわけではない。戸井田道三は「それはそうかもしれない。だからといって「花」が多義的に使われていないという保証にはならない。もし加藤のように割り切れるなら、なぜ世阿弥はあれほど「花」を多用むしろ乱用したのであろう。もっと単純にいえたはずではないか、と私は疑う（『花鏡』以後

「花」は激減している)。「多くの論者が」混同をおこし複雑な議論がおこなわれたのは、論者の頭のわるさに原因するというより、世阿弥の「花」の用法の不明瞭さによるように私には思える。世阿弥が卓抜な演技者であり、かつ理論家であったことは疑いないが、加藤自身のごとき近代知性の洗練された明晰さをもっていたとするのは思いすごしではなかろうか」(「能と加藤周一」、「著作集」三、月報」一九七八年)と疑義を提出する。

加藤は、能芸による闘いを武器による戦いとの類比で捉えた。武器による戦い、すなわち「いくさ」はしばしば反合理的精神に発する。だが、いくさに勝つには思考と行動における柔軟性と合理性が必要不可欠である。世阿弥にはその両方があった。加藤は、世阿弥のなかに思考と行動における柔軟性と合理性を見いだして、これらに深い共感を覚え、世阿弥のなした独創的な仕事に篤い敬意を抱いたのだった。これもやはり加藤自身がもっているものである。

加藤がもうひとついいたかったことは、世阿弥の考案した「夢幻能」と仏教思想の関係にかんすることである。夢幻能では、その前半にシテは人間の姿で現れるが、その後半には他界の同一人物の霊として現れる。そして、科白《せりふ》や謡には仏教用語がしばしば遣われている。世阿弥の著した能芸論もまた同じ。これをもって、世阿弥は仏教に帰依し、仏教思想が世阿弥の作品に反映している、という説を述べる者が少なくなかった。そういう考えかたにたいして、加藤は真っ向から異を唱える。

『申楽談儀《さるがくだんぎ》』の「鬼は、まことの冥途の鬼を見る人なければ、たゞ面白が肝要也。現在のこと、いと大事也」を引いて、この「現在」は、「現在能」と解することができる。「現在能」の舞台は此岸に終始するので、役者にとっては、人間の世界の事が大切だという風にも読める。鬼の方は、誰も実際にみたことがない。「冥途の鬼を見る人なければ」という言葉は、人間中心主義者の言いそうなことで、彼岸を信じて疑わぬ人の言いそうなことではない。けだしこの一語の方が、多くの経文の引用よりも、はるかに鮮かに著者の仏教的世界観に対する態度を示しているだろう。たしかに能楽論は、経文や仏語を引く。しかしその大部分は喩えに過ぎず、議論の内容は他の喩えを引くことによっても説明し得るものである。別の言葉で言えば、仏語の引用は、著者の仏教に関する知識を示しても、仏教的価値への、あるいは世界観への、著者の「コミットメント」を示すものではないし、仏教思想と芸術論の内容との密接な交渉をさえも示すものではない。

（前掲「世阿弥の戦術または能楽論」。「セレクション」二、七六─七七頁）

と結論する。では仏教思想と世阿弥の作品との関係をどのように考えるのか。

されば世阿弥に仏教が影響したのではなく、舞踊が世阿弥において芸術になったのである。その意味は二重であり、第一に、仏教における此岸と彼岸との関係が、世阿弥の夢幻能における前《まえ》ジテと後《のち》ジテの関係、すなわち演劇の新しい形式となった。しかし仏教的彼岸の内容「まことの冥途」は、世阿弥にとって、誰もみたことのないもの、おそらく信ずべからざるものにすぎず、彼の夢幻能の内容は、すべて此岸の出来事、恋や合戦や風流であった。第二に、仏教殊に禅宗における一種の弁証法、対立概念の止揚を中心とする思考の形式、その意味での思想的言語は、世阿弥が自分自身の芸術を理解し、分析し、説明するための概念的道具となった。しかしその言語で禅僧が語った内容を、世阿弥が語ったのではない、またその内容を彼が信じたのでもないだろう。彼は同じ言語で全く別のことを、すなわち芸術家の体験を、その美的表現と、その観客を「化かす」手練手管を、まさに文字通りの意味での彼の秘術を、一座の後継者のために書きのこしたのである。（同七九頁）

宗教的な芸術家としての表象は雲散霧消し、そこには冷徹な現実感覚をもった合理的精神が屹立するのが見えてくる。

世阿弥に続いて、加藤は新井白石を論じた。「新井白石の世界」は、「白石の世界の内的構造」を分析した論考である。白石は、「鎖国下の日本が生んだ代表的な知識人」（前掲「新井白石の世界」。「セレクション」二、一三九頁）である。上総《かずさ》久留里藩、甲府藩、江戸幕府の行政官を務めたと同時に、朱子学を基本的な世界観とする学者であった。加えて武士としてのエートスをもち、理想的な武士像を行動の規範とした（『藩翰譜《はんかんふ》』によく表れる）。学者としての仕事は多岐にわたり、当世流にいえば、日本語学者（たとえば『東雅』）、歴史学者（たとえば『古史通』『読史余論』）、人文地理学者（たとえば『采覧異言《さいらんいげん》』『西洋紀聞』）、人類学者（たとえば『蝦夷志』『南島志』）としての仕事を残した。その知的世界の拡がりは弘法大師空海の世界に匹敵する、と加藤は位置づける。白石の活動範囲はきわめて多岐にわたっているだけではなく、同時にきわめて体系的である。この論考で加藤が目指したところは、行政官としての白石がもつ思想と行動と、学者としての白石がもつ思想と行動とを統一的に理解することだった。行政官としての白石は、「仁政」を理想とし、実際、農民の反抗や盗人の横行に、必ずしも厳罰主義をもって臨まなかった。調べに当たっては事実認定を慎重に行っている。そのことについて、加藤は次のように解釈する。

権力と人民との関係における「仁政」の思想と、事実認定の慎重さとの間には、おそらく密接な関係があったろう。なぜなら武士が権力を独占していた社会で、事実の誤認または歪曲は、常にではないにしても多くの場合に、武士の側に有利で、百姓町人に不利であったにちがいないからである。したがって事実の追究は、好むと好まざるとに拘らず、権力の濫用に対する批判とその抑制の効果をもたざるをえなかった。白石がその効果を歓迎したとすれば（価値判断）、それだけ彼は事実の追究に徹底することができたはずである（事実判断）。その経験が歴史家白石にも影響し、歴史家白石の方法がひるがえってまた、訴訟事件の処理にも影響したのであろう。学問の実証的な方法は、論理上、政治的な理想とは関係がない。しかしその学問を支える心理的な条件は、その政治的な立場と無関係ではない。（同一六八頁）

この解釈には、行政官としての白石の思想と行動、学者としての白石の思想と方法が、相互に影響し合っていることが示されており、両者の統一的な理解を目指したことが読みとれる。
同時に、対外的には民族主義者であった白石が「同時代におけるもっとも開放的な精神の持ち主であり」（同二二四頁）、内政的には保守主義者であった白石が「学問における極めて大胆な改革者であった」（同）ことを指摘する。

しかし、加藤の論考は、行政官としての白石と学者としての白石の統一的理解という次元にとどまるものではなかった。白石の知的世界の構造を明らかにするところまで進んでいく。

> 武士＝知識人、白石の知的活動は、決して単に多面的であったのではなく、すぐれて体系的であった、ということができる。その対象は、相互に関連し、その方法は、一貫し、その世界は、構造化されて、高度の内的斉合性を備えていた。その学問一般は、殊に古代史は、事実の追究と合理的解釈によって特徴づけられる。（同二一二頁）

おそらく加藤は、白石の世界を「美しい」と感じていたに違いない。なぜなら、加藤は整合性を備えたものに美しさを感じ、強く惹かれる思考と感性をもつからである。たとえばポール・ロワイヤール論理学やシトー派美術に強く惹かれることを繰りかえし述べている。

ポール・ロワイヤール論理学を読んでは「理路整然として、簡潔明快に叙述し、そのために読者に、強い美的感動をよびさます」（「ポール・ロワイヤール論理学」『ミセス』一九七九年四月号。「自選集」六、二一七頁。傍点引用者）と考える。シトー派の僧院を訪れては「その石の壁と柱、「アーチ」と窓、階段と床のつくる空間の、整然として合理的な秩序は、また同時に、いうべからざる甘美なつり合いを作り出していた。そこではすべての線と平面がうたい、幾何学が詩と化し、建築が音楽になった」（「詩的幾何学、または『シトー派美術』の事」『朝日新聞』一九七五年六月一三日夕刊。「著作集」一五、一〇九頁）と思うのである。一方で、整合性をもった論理に「美」を感じ、一方で、整合性をもった建築にも「美」を感じる。これと同質の「美」を白石の世界にも見出したに違いない。

結局、仲基にしても、世阿弥にしても、白石にしてもそうなのだが、加藤は彼らのなかに合理的な思考を認める。その背景には加藤がもつ科学的な思考があるだろう。科学的な推論、実証、結論の過程はきわめて「合理的」であり、その結論は、たとえば数学の解析が典型的なように、「美しさ」を感じさせるものである。要するに、加藤の感性は近代的な合理主義に深く根ざしている、と私は思う。だが、それゆえにこそ、いったい彼らがそれほど「近代知性の洗練された明晰さ」（戸井田道三）をもった合理主義者であっただろうか、という疑問や批判が生れることになる。

4　なぜ『日本文学史序説』は書かれたか〔*〕

『日本文学史序説』（筑摩書房、上巻一九七五年、下巻一九八〇年）が、加藤周一の主著であることには、だれも異存がないだろう。「日本文学史序説」は『朝日ジャーナル』（朝日新聞社）という週刊誌に連載された。『朝日ジャーナル』は、報道と解説と評論とを三本柱にした週刊誌である。連載は二期に分かれ、第一期は、一九七三（昭和四八）年一月五日・一二日の合併号から一九七四（昭和四九）年八月二日号まで一年半余りのあいだ、序章から第八章「町人の時代」までが掲載された。第二期は「続日本文学史序説」と題して、一九七八（昭和五三）年一月二七日号から一九七九（昭和五四）年九月二六日号まで、途中に一年余りの休載を挟んで、書きつづけた。

連載終了後、筑摩書房版『日本文学史序説』が刊行される。上下二冊本で、上巻は一九七五年二月、下巻は一九八〇年四月に刊行された。連載のときには第一〇章「第四の転換期」までしか書かれていない。下巻を刊行したときに、第一一章「工業化の時代」が書き加えられ、日清・日露戦争以降、「十五年戦争」中の小林秀雄までが書かれた。

その後、平凡社版の著作集の第四巻と第五巻が、一九七九年六月と一九八〇（昭和五五）年五月に刊行される。このときに丸山眞男から大江健三郎までを含めた終章「戦後の状況」が書き加えられる。

さらに、ちくま学芸文庫版が一九九九（平成一一）年に出版されるが、これは第一一章までは筑摩書房版をもとにし、それに平凡社版の終章「戦後の状況」を加えて編まれた。下巻には「人名索引」と「事項索引」が付されている。

したがって『日本文学史序説』には、『朝日ジャーナル』版、筑摩書房版、平凡社著作集版、ちくま学芸文庫版と四つの版があるが、上記のように、内容はそれぞれ少しずつ異なっている。

海外で翻訳された版もあり、二〇二三（令和五）年七月現在、八カ国語に翻訳されている。英語版、フランス語版、イタリア語版、ドイツ語版、ルーマニア語版、中国語版、韓国語版、トルコ語版である。

『日本文学史序説』の構想はいつごろにつくられたのだろうか。一九五〇年代の後半にはすでに構想をもっていただろうと思われる。というのは、一九五九（昭和三四）年一一月一日、筑摩書房の『読書展望』というPR誌の「ぷらぷる」欄に、加藤は「日本の歴史の三つの転換期（鎌倉時代のはじめ、明治維新、今度のいくさの無条件降伏）の精神史の一面をつないで、あるひとつの考えにまとめたいとも思っています」と記した。要するに、日本の精神史を書きたいということ、あるいは精神の働きの産物である文学作品を通して精神史を書こうという構想を抱いていることを明らかにした。

ここに「三つの転換期」とあるが、『日本文学史序説』には「〇〇の時代」と「転換期」が繰りかえし現れ、都合四つの転換期が設けられている。すなわち九世紀の転換期、一二世紀末から一三世紀初めの転換期、一六世紀半ばから一七世紀の転換期、一九世紀の転換期である。『読書展望』に書かれた三つの転換期とは少し異なるが、「転換期」と「〇〇の時代」の繰りかえしという『日本文学史序説』の構想は、すでに一九五〇年代後半には出来あがっていたことを示唆する。

若いころの日本文学史への関心が、日本文学通史を書くという意思にまで高められたのには、京都の庭を見たこと、そしてフランスへ留学したことがおおいに与っている。そのことは前掲拙著『加藤周一はいかにして「加藤周一」となったか』に触れたので、ここでは繰りかえさない。

日本文学通史を書こうとした動機は何だったのか。日本文学通史を書くことで、加藤は何を明らかにしたかったのか。その主たる動機は三つある。

第一は、一連の「雑種文化論」（一九五五年）を書いたが、多くの批判を浴びたことである。一連の「雑種文化論」の内容は、英仏の近代文化は純粋型で、日本の近代文化は雑種型だと論じた。ところが、この論考にたいして、どんな文化でも雑種型ではないか、と批判された。加藤の主張は、英仏の近代文化と日本の近代文化との比較に基づいている。そして日本では、純粋西洋化も純粋日本化も不可能だといい、雑種文化にならざるを得ないことを主張する。同時にその雑種文化に積極的な意味を認めた。それが加藤の「雑種文化論」の主旨である。これをさらに敷衍《ふえん》して、雑種文化は近代日本のみならず、日本歴史を貫く伝統だと実証したかったのである。

文化のなかで文学が占める比重は大きい。しかも文学は加藤が関心の高かった分野である。文学に例を求めて、日本文化は雑種文化であることを、日本文学史を通して実証しようとした。

序章に「日本人の世界観の歴史的変遷は、数多くの外来思想の浸透によってよりも、むしろ土着の世界観の執拗な持続と、そのために繰返された外来の体系の日本化によって特徴づけられる」（ちくま学芸文庫版、三四―三五頁）と書く。そういう外来思想と土着世界観のヴェクトル合成が日本文学史を貫いていく示導動機だということを立証したかった。日本の文化の原理は、仏教にしろ、儒教にしろ、キリスト教にしろ、マルクス主義にしろ、要するにすべて外国から入ってきたものである。しかもそれをすべて「日本化」する。それが文学に反映する。二〇一九（令和元）年九月に催された「加藤周一生誕一〇〇年記念」の国際シンポジウムで、中国清華大学の王中忱《ワンツォンチエン》が次のように述べている。

加藤先生は自分が「雑種文化」論を提起したけれども、厳密に論じていないため、ほぼ十年かけて『日本文学史序説』を完成させて、それを以て「日本文化とは何か」ということに答えた、というように話されました。

（三浦信孝・鷲巣力編『加藤周一を21世紀に引き継ぐために』水声社、二〇二〇年、四〇六頁）

要するに、雑種文化論の実証を『日本文学史序説』のなかで行いたいと考えたのである。そういう意味では『日本文学史序説』は「雑種文化論」の拡大とその具体的論証とも位置づけられる。

第二の理由は、一九五九（昭和三四）年に書かれた「戦争と知識人」という論文に述べられた。これはファシズムと闘ったフランスの抵抗の詩人たちと比較対照しつつ、日本の知識人の戦時中の思想と行動を分析し、日本の知識人の考えかたはいかなるものか、という問題について書かれた論考である。

戦時下の日本の知識人は、当初は戦争賛成でなかった人も、戦争が進んでいく過程で、あるいは愛国を唱えて積極的に賛成をする人が現れ、あるいは消極的に賛成を述べる人も少なくなかった。戦争反対を唱える人はほとんどいなかった。戦争が終ると、武者小路実篤のように「われわれは何も知らされていなかった。騙《だま》されていたのだ」といいだす知識人もいた。

ところが、戦後になってフランスの知識人のなかに、愛国を唱えて反ファシズム運動を繰りひろげていた文学者がいたことを加藤は知る（岩波新書『抵抗の文學』参照）。一方、日本の知識人で愛国を唱えて日本のファシズムに異を唱えた人はほとんど皆無だった。その違いはどこから生じるのか。

この論文は高見順の『敗戦日記』を中心に据えて書かれた。ナチス・ドイツが崩れていくときの高見の反応を、永井荷風と比較して書く。高見順は『敗戦日記』に「何となくヒットラーは嫌いだった」と記す。一方、永井荷風は『断腸亭日乗』昭和二〇年五月三日に「新聞紙ヒトラームソリニの二凶敗れて死したる由を報ず」と綴った。「二凶」の死に快哉をあげる。このふたりの反応の違いを紹介しながら、加藤は、日本の知識人の圧倒的多数は高見順のように「何となく嫌いです」「何となく戦争はいやだ」「何となく戦争に賛成する」という、すべてを「何となく」考えていたことを述べる。

日本の知識人がもつ特徴はほかにもあって、そのひとつは、自分の専門領域にかんしては科学的合理的な思考をもっているが、専門領域以外では科学的合理的な思考を簡単に放棄してしまう傾向が強いことも指摘する。科学的精神がないのではなくて、科学的あるいは論理的な思考さえもが、時と場合に応じて放棄し得るものだと分析する。戦時下、大学病院のなかで太平洋戦争の行く末の見通しにかんする論争を経験する。医学にかんしては非常に実証主義的にものごとを考え判断する人が、戦争問題になるとまったく実証主義的な考えかたをしなくなる。実証主義的なものの考えかたを放棄してしまう。

そういう傾向と、日本の知識人で亡命した人はほとんどいないこととは密接につながっている。

「亡命」は自らの信念信条は捨てないが、国を棄てるということである。日本の知識人は、弾圧を受けても亡命せず、ほとんど転向してしまう。明治時代に馬場辰猪《たつい》はアメリカに、昭和時代に岡田嘉子と杉本良吉はロシアに亡命し、徳田球一も野坂参三も亡命した。しかし、彼らはあくまでも例外であって、日本人で亡命する人はほとんどいなく、大量転向が生じる。

さらに生活意識と思想が乖離《かいり》する。思想が外国から入ってくるからだ、と丸山眞男は分析する。つまり、日本を超える普遍的な原理をもたない。戦時下抵抗を貫いた人は、キリスト者と国際法学者と新カント派に連なる学者である。このいずれも日本を超えた普遍的原理をもって生きた人たちである。キリスト教も国際法もカント哲学も普遍的なものであり、それ以外の人たちはほとんどが普遍的原理をもたない。多くの日本人は「神ながらの道」になる。当時「神ながらの道」という言葉が流行った。加藤は「戦争と知識人」の末尾で次のように述べる。

「神ながらの道」は、知識人の戦争協力のみならず、一般に日本の近代思想の担い手をその内側から解く鍵である。宣長はその意味で正しかった。私が今この肝要な点について詳論することができないのは、紙面の問題だけではなく、そのためには日本思想史に対する私なりの展望を必要とするからである。他日を期したいと思う。

「他日を期したい」とはどういうことか。「日本思想史に対する私なりの展望を必要とする」というう、いいかえれば『日本文学史序説』を叙述する意思をもっていたということである。

このような問題意識は加藤の戦争体験に基づいている。「戦争体験」とは、戦時下の体験に止まらず、戦争直後の体験も含まれる（詳しくは前掲『加藤周一はいかにして「加藤周一」となったか』の第Ⅰ部第8章、第Ⅱ部第1章を参照）。つまり、日本の知識人は超越的な思想を自らもたず、ときどきの状況に応じて、大勢に従って、自分の立場や思想を変えていく。限りなく「機会主義」であり、限りなく「現在主義」であり、限りなく「集団主義」である。そのような思想傾向が日本文学史に登場する文学者たちに強く見られることを論証しようとした。

第三の理由は、中学生時代から日本文学に親しんできた加藤は、世界の人びとに日本文学の何たるかを伝えたいという意思があったことである。フランスに留学したときも、フランス人のほとんどが日本文学を知らないという事実を突きつけられた。日本文学を世界にもっと知らせたい、理解してもらいたい。そういう動機をもったからこそ、フランスに留学し、フランスに留まることをせずに、日本へ帰ってきたのである。のちに加藤は次のように述べる。

イギリス人は、日本製の自動車を買っても、日本製のシェークスピア研究を買わない。たといそういうことがあり得るとしても、それは専門家の特殊な研究に限られるだろう。私は私の非力をつくして一人の劇作家について語るならば、シェークスピアを語るよりも、世阿弥を語った方がよいと考えるようになり、外国の文学について書くことは、次第に少くなった。（中略）それは世にいわゆる「日本への回帰」ではないだろう。（「『著作集』一、あとがき」）

この文が含意するところは何か。それは、日本文学通史を書いて、海外の読者にも読んでもらいたいという意思である。このような意思をもって、空海を語ってボワローに触れ、道元を論じてジャンセニスムに及ぶ。このような書きかたは衒学趣味ではなく、外国人読者を意識していたことを示唆する。かくして、上述したように、『日本文学史序説』はこれまで八カ国語に翻訳され、日本文化の入門書として世界の読者に読まれている。

一九五〇年代後半に日本文学通史への構想を得たものの、その内容を深めていく研究は、カナダのブリティッシュ・コロンビア大学に一〇年間在籍していた一九六〇年代に——この一〇年間を加藤は「蓄積の時代」と呼ぶ——精力的に進めた。

一連の「雑種文化論」と「戦争と知識人」という論考は、『日本文学史序説』のためのふたつの助走である。しかし、それだけではなく、加藤周一の全活動の主題は、「雑種文化論」と「戦争と知識人」とのふたつがもつ主題に収斂される。そういう意味で、加藤の生涯は「雑種文化論」と「戦争と知識人」というふたつの主題をもった、壮大なソナタ楽曲に譬《たと》えられるものではなかったか。

5　『日本文学史序説』の特徴

『日本文学史序説』（『日本文学史序説』上下巻を合わせて、以下このように表記する）には、いくつかの特徴が見られる。

その一。「通史」として書かれるためには、そこに一貫する視点なり、一貫する基本的立場が必要になる。それは何か。加藤が文学を考える場合の基本であるが、まず文学の範囲を広くとるという立場が貫かれている。

加藤がもつ文学の概念は、すでに本章第2節で述べたように、ジャンルを問わずに、作品の文体、文章の質によって、また作品が世界にたいする作家の批判的見解の表現となっているか否かで、文学であるか否かを認定する。したがって、文学の範疇は広くなり、従来の文学史では扱わない作品や人物が取りあげられることになる。あるいは、多くの文学史がそれほど重きを置いてこなかった人物や作品が重視される。それとは逆に、多くの文学史が重きを置く人物や作品が、取りあげられなかったり、わずかしか触れられなかったりすることにもなる。

いくつか例を挙げると、空海が若いときに著した『三教指帰《さんごうしいき》』や晩年に書いた『十住心論《じゅうじゅうしんろん》』は、普通、思想書あるいは哲学書とされ「文学」の範疇に入れることはない。しかし、加藤はこの二著も文学と捉え、『日本文学史序説』にかなりの頁を割いて記した。鎌倉仏教の説明に到っては数十頁を費やしているが、他の多くの文学通史に鎌倉仏教がこれほど書かれることはまず考えられない。

紫式部の『源氏物語』に一一頁を割くときに（「著作集」で数える。以下同）、空海に七頁を与え、道元を中心とする「禅宗」に一一頁を配するのは、通常の文学史的観点からは出てこない配分のしかただろう。本阿弥光悦は、常識的には「芸術家」であって「文学者」ではないが、「芸術家」は「知識人」であり、その知識人の言動を書きとめた文章の質によって文学と見なされる。かくして『本阿弥行状記』（本阿弥光甫著）は文学としての位置を与えられる。また、江戸漢詩人たちに七頁を費やしながら、滝沢馬琴には三頁しか用いない。恋川春町と山東京伝ふたり合わせて三頁を割くが、三浦梅園と山片蟠桃ふたり合わせて一五頁を与えることには遠く及ばない。農民一揆の檄文でさえ文学の視野に収める。近代に入れば、内村鑑三《うちむらかんぞう》、安部磯雄、幸徳秋水、河上肇という名前が目次に並ぶが、島崎藤村も田山花袋も目次には現れない。「「自然主義」の小説家たち」と一括りにされるだけである。戦後になると、丸山眞男、竹内好、鶴見俊輔《つるみしゅんすけ》に筆が及ぶ。こういう按分は、広義の文学概念をとることによってのみ生れる。

丸山眞男は、津田左右吉の『文学に現はれたる我が国民思想の研究』（東京洛陽堂、一九一六年。岩波文庫）と対比して、加藤の『日本文学史序説』を「国民思想に現われたる文学の研究」だという（「文学史と思想史について」、「『著作集』五、月報」一九八〇年。「丸山眞男集」第一〇巻、岩波書店、所収）。加藤は文学の範疇を拡げようとしたのにたいして、津田は思想の範疇を拡げようとした。「通念的な学問対象からの解放もしくは拡大」（同）という共通する動機をもちながら、何を重視するかという比重のかけかたにおいて、ふたりはまったく反対になることを指摘する。「たとえば式亭三馬の『浮世床』とかいう種類の作品も「思想」史の対象とする」（同）津田にたいして、加藤は「式亭三馬や為永春水よりは、白石や徂徠の文学的価値を高く評価する」（同）ことになる。

加藤の『日本文学史序説』と津田の『国民思想の研究』は、まぎれもなく日本文学通史研究の双璧であるに違いない。ともに国文学研究者からは高く評価されないという点においてさえも。両書を時代ごとに併読していくと、その対照的な違いが鮮明に浮かびあがってくる。両書は、刊行年こそ六〇年余を隔てているが、お互いに補いあう関係にあるように思われる。

その二。七、八世紀から二〇世紀後半までの日本文学の歴史を通して、加藤は、いつ、どこで、なぜ、どのようにして、文学が変ったか、を明らかにする。その問題意識は、「時代区分」として現れる。

日本文学を研究対象とする国文学の世界では、上代、中古、中世、近世、近代と分かれていて、それぞれの時代によって、研究者が異なり、学会も異なり、研究方法も異なる。通史を書いても、それは通俗的なものにしかならず、専門家のやるべき仕事ではない、という意識が根強い。また、研究が著しく専門化していることもあって、国文学研究者のなかからは日本文学通史を著す人は出てきにくい。加藤が上代から戦後までを対象としたということだけでさえ、「絶後」とまではいわないにせよ、「空前」のことに違いない。国文学研究者たちが加藤の『日本文学史序説』に、若干の例外を除いて、低い評価しか与えない理由のひとつがここにある。

国文学の常識に従えば、上代＝奈良時代、中古＝平安時代、中世＝鎌倉時代および室町時代、近世＝江戸時代、近代＝東京時代と区分する。政治史による時代区分、つまりは政治的支配者がどこに都を定めたかによって区分される。加藤の文学史の時代区分は、都の置かれた位置による時代区分に必ずしも従わない。

『日本文学史序説』の章別構成は以下の通りである。「『万葉集』の時代」「最初の転換期」「『源氏物語』と『今昔物語』の時代」「再び転換期」「能と狂言の時代」「第三の転換期」「元禄文化」「町人の時代」「第四の転換期」「工業化の時代」「戦後の状況」となる。「〇〇の時代」と「転換期」がほぼ交互に現れる。第一の転換期は九世紀から一〇世紀にかけて、つまり平安初期である。第二の転換期は鎌倉時代初期の一三世紀であり、第三の転換期は、江戸幕府開府をまたいで、一六世紀半ばから一七世紀半ばまで。第四の転換期は、明治維新を挟んだ幕末維新期、つまり一九世紀である。

このような時代区分を行うのは、前人には見られず、加藤の独創的見解だろう。このような時代区分を行ったことから、次の特徴が現れてくる。

その三。通史のなかで「転換期」が繰りかえし設けられていることは、転換期を重視するからである。この時期に文学が変ったことを示そうとする。加藤の日本文学史は「変化」をひとつの主題とし、どのように変ったか、なぜ変ったかが示される。「変化」がひとつの主題であれば、その反対概念である「持続」がもうひとつの主題となるのは当然である。日本文学史を通して、何が変らなかったか、なぜ変らなかったか、を追究する。つまるところ、加藤の日本文学史の主題は「変化と持続」である。

日本文学史を通じて「変化と持続」を繰りかえすが、その「変化と持続」には一定の「発展の型」があり、その発展の型とは、「旧」が「新」に置きかえられるのではなく、「新」が「旧」に付けくわえられるのだという。それは文学的表現形式にも、室町以後の演劇の形式にも、美的価値にも現れる。

文学的表現形式について、たとえば抒情詩の主な形式は、八世紀にはすでに短歌であった。そのうえに俳句が一七世紀に加わり、自由詩型が二〇世紀に加わる。今日いずれも日本人の主要なる抒情詩の表現形式である。室町以後の演劇形式は、一五世紀以来の能狂言に、一七世紀以来の人形浄瑠璃・歌舞伎が加わり、二〇世紀の大衆演劇や新劇が加わった。すべて今日も主要なる演劇形式である。美的価値についても、「もののあはれ」（摂関時代）も「幽玄」（鎌倉時代）も「わび」「さび」（室町時代）も「いき」（江戸時代）も、今日の日本人の美的価値として生きている（「著作集」四、九―一〇頁）。

このような歴史的発展の型は、当然次のことを意味するだろう。古いものが失われないのであるから、日本文学の全体に統一性（歴史的一貫性）が著しい。と同時に、新しいものが附加されてゆくから、時代が下れば下るほど、表現形式の、あるいは美的価値の多様性がめだつ。（同一〇頁）

日本文学の統一性、あるいは歴史的一貫性は、「持続」と同義であり、多様性は「変化」を意味する。では、どうして右のような「持続と変化」が可能となったのか。それは、『日本文学史序説』のもうひとつの特徴へと導く。

その四。日本文学史を貫く「変化と持続」を可能にした理由を明らかにするには、従来の多くの日本文学史研究が採っていた方法、すなわち作家本位、作品本位の分析方法では役に立たない。

そこで加藤が採用した方法は、日本文学史に通底するいくつかの「概念」を用意して、これらが、時代ごとに、作家に、作品に、どのように作用したかを分析する方法を採った。そのおもな概念は「土着世界観」と「外来世界観」、「此岸的」と「彼岸的」、「現世的」と「超越的」、「細部への関心」と「全体への関心」、「感覚的」と「論理的」、「対称性」と「非対称性」などである。

たとえば「土着世界観」とは加藤の使う基本的概念で、外国文化の移入する前から日本人がもっている世界観を意味する。これが外国から入ってきた世界観と出会ったとき、どのような変化を起すかを、個々の作品を通して観察する。このような方法を採った日本文学史研究はこれまでになく、初めて加藤がつくりだしたものである。

土着の世界観が、外来の、はるかに高度に組織され、知的に洗煉された超越的世界観と出会ったときに、どういうことがおこったか。第一に、外来の世界観がそのまま受け入れられた場合があり、第二に、土着の世界観を足場としての拒絶反応があった。しかし第三に、多くの場合におこったことは、外来の思想の「日本化」である。外来の思想が高度に体系的な観念形態であった場合には（儒・仏・キリスト教・マルクス主義）、その「日本化」の方向は常に一定していた。抽象的・理論的な面の切捨て、包括的な体系の解体とその実際的な特殊な領域への還元、超越的な原理の排除、したがってまた彼岸的な体系の此岸的な再解釈、体系の排他性の緩和。

（同三一―三二頁）

こうして日本文学史に通底する「いまここ」主義が析出されてくる。「日本化」という現象は、「思想」という領域だけではなく広く文化全般に見られる。仏教が救済の哲学よりも現世利益を追求するものになり、民主主義が議論を通して結論を見いだす方法から多数専制の方法になり、「パン」を移入して「あんぱん」をつくりだすのである。

こういう分析方法は、個々の作家、作品単位の研究方法とはおおいに異なる。文学史を思想史としても捉え、社会史としても考える研究によって初めて可能になるものである。

その五。文学作品はその作品が書かれた時代の世界観と深い関係をもっていると考え、文学作品とその時代の世界観との関係に注目していることである。日本人がもつ世界観には著しい特徴があると加藤は考える。「日本人の世界観の歴史的な変遷は、数多くの外来思想の浸透によってよりも、むしろ土着の世界観の執拗な持続と、そのために繰返された外来の体系の「日本化」によって特徴づけられる」（ちくま学芸文庫版『日本文学史序説　上』序章、三四―三五頁）という観点から文学を見る。そのような観点から日本の文学と世界観との関係を見れば、三種類の文学作品群が生れることになる。

第一群は外来思想の反映としての文学作品、第二群は土着的な考えかたから生れた文学作品、そして第三群は日本化された外来思想が生みだした文学作品である。上代から中古にかけては、第一群に『十住心論』『往生要集』があり、第二群に『古事記』『万葉集』『今昔物語』があり、第三群に『源氏物語』がある。このような関係は上代・中古のみならず各時代に見られ、中世では、第一群に『正法眼蔵』『狂雲集』があり、第二群に『新古今集』や連歌、狂言があり、第三群に『平家物語』や能楽があった。以下省くが、この三つの作品群はいつの時代にも繰りかえし生れることを論じる。かくして日本文学史の変化はきわめて秩序だった説明がなされることになる。

その六。日本の文学が、歴史のなかで、どのように変化し、あるいは変化しないで持続したか、を見ようとすれば、時代を全体的に総合的に把握することが必要になる。こういう方法は、日本の国文学研究が得意とはせず、フランスの文学研究では常識的な方法である。それに加えてマルクス主義の影響が見える（加藤の蔵書を見ても、マルクス主義をかなり学んだ形跡が明らかである）。マルクス主義的方法もまた下部構造としての経済と、上部構造としての文化との関連性に着目する。文学研究の方法をフランスで会得し、マルクス主義からも学んだ加藤は、当然のように、その時代の政治的・経済的・社会的・思想的・文化的背景の脈絡のなかで――ひとことでいえば、全体的に総合的に文学を理解しようとする。

したがって、各章の冒頭部分には、その時代の政治的・経済的・社会的状況についての叙述が置かれる。これは津田の『国民思想の研究』にも共通する特徴である（ただし、津田にはマルクス主義の影響はない）。のみならず、ここかしこに社会的背景と文学との関連についての言及が見られる。

鎌倉時代初期に『新古今和歌集』が編纂され、「歌論書」がしばしば著されることについて、

> 鎌倉の権力に対する態度の如何に拘らず、それが巻き返しに傾こうと、妥協に傾こうと、

貴族の側には文化的優越感があったにちがいない。政治的な劣勢の事実は、平安朝文化の継承者としての自覚を強めたはずだろう。その文化の中心には、制度化された和歌があったから、鎌倉時代初期の、すなわち体制の転換期の、貴族歌人の歌に対する態度は格別の執念に化せざるをえなかった。その代表的な場合が、倒幕運動を始めるよりも早く、まず『新古今和歌集』の編纂を命じて、「和歌所」をつくった（一二〇一）後鳥羽院であり、周知のように『新古今集』の編者であり、作者であって、『近代秀歌』『詠歌大概』『毎月抄』などの歌論の書をつくった定家である。（「著作集」四、二九六頁）

と述べるが、それに続けて、次のようにも記す。

歌の制度化を支えていた体制が崩れたとき、体制を超えた価値としての歌が意識されたのであり、その直接の表現がこの時期の歌論にほかならない。（中略）重要なことは、一三世紀初めの貴族歌人たちが、武士の支配する社会のなかで疎外され、おそらくはその疎外に対する反応の一つとして、特定の美的価値を意識的に強調したということであって、その美的価値が正確に何であったかということではない。（同二九七頁）

後鳥羽院が「倒幕運動を始めるよりも早く、まず『新古今和歌集』の編纂を命じて、「和歌所」をつくった」というような事実の指摘は、いかにも加藤らしい独特の捉えかたである。ともあれ

『新古今和歌集』の編纂の理由や「歌論書」の流行の理由が、社会的背景——ここでは貴族社会の没落と武士社会の擡頭——を説明することによって統一的に示される。

これを読めば、藤原定家という複雑で屈折した人間像がくっきりと浮きあがってくる。下級宮廷官僚としての不満と嘆きの書である『明月記』、歌論の方法を完成させ、作歌の原理と方法を記した『近代秀歌』、平安朝文化の白鳥の歌ともいうべき『新古今和歌集』、この三つが完全にひとつのものとしてつながっていることに気づかされるではないか。

その七。「通時的な視点」をもつことである。日本文学史の「持続」を焦点に当てれば、先代の傾向が後代にまで続いていることを発見するし、そういう傾向を発見しようとする。しかし、これもまた、時代で輪切りにされている日本文学史研究が不得意とするところである。たとえば、日本文学史研究上で高い評価が与えられている紀貫之の『土佐日記』を取りあげて、加藤は次のようにいう。

旅日記には、すでに一〇〇年ばかりまえ、慈覚大師円仁が漢文で書いた『入唐求法巡礼行記《にっとうぐほうじゅんれいこうき》』があった。円仁は、その公的な任務（仏法を求めること）に意識的であり、周囲の社会風俗を描いて冷静且つ鋭利な観察家であった。それにくらべると『土左日記』の内容は、はるかに貧弱である。土佐守としての観察を全く語らず、道中五五日間に、船は多くの港に泊っていたが、土地の社会や風俗もほとんど全く記述していない。貫之の関心は、円仁の場合とはちがって、身辺雑事を超えず、観察の範囲は辛うじて同船の船子やかじとりに及んだにすぎない。（中略）旅日記としては、『入唐求法巡礼行記』の世界のおどろくべき縮小であり、同時代の旅の記念としては、道真の「叙意一百韻」の経験のおどろくべき矮小化である。

　しかし貫之は『土左日記』によって、円仁や道真の果さなかったことを行った。その第一は、かな書きの散文であり、第二は、作者身辺の私事をそのまま歌といくらかの諧謔を交えて語るという流儀である。その二点において『土左日記』の先駆的意味は大きい。（中略）日記という形式を離れても、作者身辺の私事を描いてそこに歌を混える趣向は、『伊勢物語』以下のいわゆる平安朝「歌物語」にうけつがれ、軽い諧謔の調子は遠く徳川時代の「俳文」にまで連った、ということができる。従来の日本文学史の記述が『入唐求法巡礼行記』や「叙意一百韻」に薄く、『土左日記』に甚だ厚かったのも、そのためにちがいない。

（同一五一―一五二頁）

と述べるのである。『土佐日記』が江戸時代の俳文につながっているという指摘は、すこぶる刺激的に思われるが、専門分化が進んだ国文学研究者からは「乱暴な立論に過ぎない」と一蹴されるに違いない。にもかかわらず、さらに加えて、
　もし『土左日記』に「俳文」の先駆を認めるとすれば、二〇世紀前半に流行したいわゆる「自然主義私小説」の世界も、あらかじめ『土左日記』のなかに予告されていた、といえな

いこともないだろう。「自然主義私小説」の原理は、作者の日常的経験を、そのまま記録し、そこに抒情的な「さわり」を設ける、ということであった。

（同一五二頁）

というように、『土佐日記』が、平安時代の歌物語に影響を与えたばかりではなく、江戸時代の「俳文」につながり、こともあろうに近現代の「私小説」にまで及んでいる、と指摘する。このような例は書中のいたるところに見られ、枚挙に遑《いとま》がない。

一方、「通時的な視点」をもって「変化」に着目すれば、次のようなことを発見する。

『万葉集』と『古今集』とのもう一つの大きなちがいは、時間の概念に係る。『万葉集』は想い出をうたわず、現在の感情をうたう。過去に現在を重ね、昨日を透して今日をみる屈折した心理の表現は、はじめて（少くとも典型的には）『古今集』にあらわれたものである。すでに貫之の春の歌（前出）には、三つの時間が重なっていた。「春立つけふ」は、「袖ひぢて」水を汲んだ昨年の春（または夏）と、その水の凍った冬と、過去の二つの時期の想い出と重ねて、語られている。

月やあらぬ春やむかしの春ならぬ我身ひとつはもとの身にして

（巻一五、七四七、在原業平）

ここでは環境の変化と我身の同定（持続）とが対照され、――禅家ならば「奪境不奪人」ということだろう――、一首の志は時の経過そのものを主題とするかの如くである。

花の色はうつりにけりないたづらに我身世にふるながめせしまに

（巻二、一一三、小野小町）

ここでは長雨降る間に花の色のあせた時の経過と、みずから世に経るのを眺めて移りきた年月とが、巧妙な修辞によって重ね合せられている。このような時間の経過に対する極度に鋭敏な感覚は、おそらく奈良時代には到底想像もできないものであった。

（同一六九―一七〇頁）

ここでは「時間」という観念が、『万葉集』の時代から『古今集』の時代にかけて、変化することが指摘される。このように「観念」に着目し、その変化を叙述する例もまた『日本文学史序説』には多く見つけられる。「観念」の歴史を述べた日本文学史という点でも、津田の『国民思想の研究』と共通する性格をもつ。加藤の文学史が思想史でもある所以である。

その八。「国際比較の視点」をもち――比較文化論的視点は加藤の基本的分析方法である――、しばしば欧米文学や中国文学との類似や違いを示すのである。これまた書中に多数見つけられる

が、たとえば空海の『文鏡秘府論』について、

　詩法の体系として、これほど包括的なものが、中国にもあらわれなかったことはすでにいった。ホラティウス Horatius からボワロー Boileau に到る西洋の詩論も、到底これに及ばない。（同一三五頁）

と述べる。しかし、これは民族主義的見地から主張しているのではない。空海の『文鏡秘府論』の傑作たることをいいたいがための立論である。また、たとえば浄土教について、

　法然から親鸞に到る一三世紀の浄土教は、このように、一六世紀ヨーロッパの「宗教改革」、あるいは一七世紀カトリシズム内部における「ジャンセニズム」（「ポールロワイヤール」とパスカル）に似ている。第一に、絶対者の超越的性格の強調と同時に信仰の内面化。したがってまた「他力」による救いということ。第二に、経典乃至聖書によるその基礎づけ。第三に、旧仏教乃至カトリック教会の高度に抽象的で煩瑣な世界観の体系に対する反対。一種の反文化主義。第四に、世俗権力と密接に絡んだ大寺院乃至教会に対し、農民を含む大衆（しばしば反権力的であったところの、しかし決して常にそうではなかったところの）に支持をもとめたこと。（同二七七頁）

と指摘する。このような世界的視野のもとに日本の文学を捉えるのが、加藤の文学史の特徴である。だが、これを正確に吟味し論評できるほど東西にわたる幅広い学殖を備えた人はほとんど皆無ではなかろうか。それゆえに、加藤の『日本文学史序説』は、木も森も見ようとはしない多くの「食わず嫌い」と、同じく森も木も見ようとはしない「惑溺《わくでき》」を生みだすことにもなる。

『日本文学史序説』のみならず、加藤の立論に小さな瑕疵《かし》を見つけることはそれほど難しいことではないだろう。その小さな瑕疵にこだわるところにも、日本文化の細部にこだわる性格が表れているが、だからといって、加藤の示唆に富む指摘を無視するのは、木を見て森を見ようとしないことに違いない。その反対に、『日本文学史序説』が、多くの外国語に翻訳されて、日本文学や日本文学史の入門書として読まれている理由は、このような国際比較への言及が、日本文学理解の手立てとして機能しているからである。

加藤がしばしば行う西洋文学の引照は、衒学趣味ではなくて、最初から海外の読者を意識し、彼らに理解しやすいように図っていたのである。

その九。諷刺と諧謔に満ちた文章を書くことである。諷刺と諧謔に満ちた文は『日本文学史序説』に限らず、加藤の文に一般的に見られる特徴である。しかし、そのような文を研究書に述べると、真面目な読者や研究者は「場に相応《ふさわ》しくない」という反応を示すだろう。

一例を挙げれば、大伴旅人を語って「讃レ酒歌」に触れる件がある。

賢《さか》しみと物いふよりは酒飲みて酔泣《ゑひなき》するしまさりたるらし　（三四一）

「酔泣」の語は、この一首を含めて、一三首のなかの三首に繰返されている。これは劉伶や李白の酒ではない。あきらかに旅人その人の挫折感・疎外感の表現であったはずだろう（その意味ではかえって後世の俗謡に、「酒は涙か、ため息か」というのに似ている。八世紀の貴族から一九二〇年代の東京市民に到るまで、わが「酔泣」の光輝ある伝統は、連綿として尽きることがなかった）。（同一〇四頁）

皮肉交じりの「光輝ある伝統」という表現は丸山眞男も遣うが、大伴旅人を語って一九二〇年代の俗謡と同じだというのは、万葉趣味の人びとは面白くないだろう。そういう反応が現れるであろうことを承知のうえで、あえて加藤はこのような文を書くのである。

また山鹿素行を論じて、「その理論的著作、『聖教要録』（一六六六刊）と、弟子たちがその言葉を集めた『山鹿語類』（一六六五）は、ほとんど自家撞着の集大成のようなものである」（「著作集」五、一一一―一一二頁、傍点引用者）といったあとで、さらに追い討ちをかけるように、次のようにいう。

おそらく著者自身にも、ここで何をいいたかったのか、明瞭にはわかっていなかったらしい。素行にはものごとを明晰に考える習慣がなかった（表現があいまいで、思考が明晰だということはありえない)。しかし『配所残筆』(一六七五)が示しているように、みずから信じるところには、絶大な自信があった。けだし事は素行にかぎらず、徳川時代の儒者に限らぬだろう。素行は軍学者としても有名であったが、その軍学の叙述が明晰であってもなくても、すでに実戦の機会がなくなっていた以上、差し支えのあるはずはなかった。

(「著作集」五、一二頁)

何たる諧謔、何たる皮肉! 矛先は素行に向けられるばかりではなく、何をいっているかよく分からないにもかかわらず、有り余る自信をもっている、今日の学者や評論家や政治家などにも向けられていることは明らかだ。このような文を書けば、加藤にたいする風当りが強くなるのは当然である。加藤を嫌う学者・作家は少なくない。

『日本文学史序説』に以上のような特徴をもたせることによって、日本文学史をたんに文学史的にというよりも、精神史的に捉えることに成功した。そして日本文学通史を構造的に、かつ全体的に理解することを可能にしたのである。

ところが『日本文学史序説』にたいして、さきにも述べたように日本文学研究者たちはほとんど低い評価しか与えず、海外の日本研究者の一部、そして国内では社会科学者やフランス文学・思想研究者が高い評価を与える傾向がある。その理由は何だろうか。

二〇世紀後半に入ると、学問はどの分野においても専門分化が著しく進んで、どの分野においても全体的理解はむつかしくなってきた。文学研究においても専門分化が進み、全体的理解は重きを置かれない。しかも、日本の文学がそうであるように日本文学研究も、細部にこだわる傾向が強く、これも全体的な理解を阻むように作用する。かくして日本文学研究者たちは『日本文学史序説』を高く評価しない、否、むしろ評価することができない。

一方、社会科学者やフランス文学・思想研究者の一部の人が高く評価する傾向が見られる。なぜならば、加藤の立論は社会科学的であり、日本の社会科学は多かれ少なかれマルクス主義の影響を受けているからである。マルクス主義は世界を全体的に理解するひとつの方法であり、加藤の提示する全体的理解に親しみやすい。そしてフランス文学・思想研究者たちは、文学と思想を分けて考えない方法に習熟しており、加藤の立論にも違和感が少ない。

海外の日本研究者たちも、加藤が分析の方法とする文学概念を広く取り、精神史的に考える方法に十分に親しんでいる。しかも、具体例が西洋文学に採られており、海外の研究者には馴染みがあり、加藤の立論を理解しやすい。かくして加藤の『日本文学史序説』は、それを受けとる層によって評価が大きく分かれる。しかし、そういう事実こそが日本文化の特徴を如実に表現している、ともいえるのではないか。

6　連載「言葉と人間」

一九七四（昭和四九）年八月に『朝日ジャーナル』における「日本文学史序説」の連載を終え

ると（さきに述べたように「続日本文学史序説」の連載は一九七八年一月から始まる）、加藤はアメリカの東海岸コネチカット州にあるイェール大学に客員講師として赴任した（一九七六年八月まで。赴任の多少の経緯は上述した）。そして、赴任中の翌一九七五（昭和五〇）年三月から『朝日新聞』で「言葉と人間」というほぼ週一回の連載を始めた（一九七六年一〇月まで）。

言葉とは「書物」であり、人間とは「著者」である。この連載では、ある著者のある書物を説き、ある書物のある著者を論ずる。取りあげられる書物と著者は古今東西にわたり、連載は七七回に達した。「時代は私の書物の選択に影響しなかったとしても、たしかに私の読後の感想には反映した」（「あとがきまたは『言葉と人間』の事」『朝日新聞』一九七六年一〇月二二日夕刊。「著作集」一五、二二三頁）。加藤の文章の特徴のひとつは、何を主題としても、そこにそのときの政治的社会的な状況が鋭く意識され、文章に強く反映されることにある。したがって、問題は二重三重に積みかさねられる。

かくして、シェークスピアの『リア王』を語ってアメリカ大統領の犯罪に筆が及び（「狂気のなかの正気または『リヤ王』の事」『朝日新聞』一九七五年四月一八日夕刊）、『正法眼蔵』を論じてフェミニズムに考えを巡らし（「女の解放運動または『正法眼蔵』〔「礼拝得髄」〕の事」『朝日新聞』一九七五年一一月一四日夕刊。以上の二点は「自選集」五所収）、狂言の「くさびら」を観てはヴェトナム戦争に想いを馳せるのであった。

「くさびら」は「茸」（和泉流）とも「菌」（大蔵流）とも記される狂言の外題である。その筋はこうである。ある屋敷にキノコがたくさん生えるので屋敷の主人は気味が悪くなる。そこで山伏に祈禱を願うが、山伏が祈禱をすればするほどキノコは増える。傘をかぶり、面をつけたキノコは、身のこなしが軽くて素早い。飛びあがり跳ねあがり、つま先で滑るように走る。懸命に祈禱する山伏は次第に疲れはて、ついにキノコに追われて逃げだすのだった。

まさしくヴェトナム戦争を連想させる話の筋である。屋敷の主人を南ヴェトナム政府に、山伏をアメリカ軍に、キノコを南ヴェトナム人民および解放戦線に、祈禱を戦闘に置きかえて何の不都合もない。

アド「これは夥《おびただ》しい事かな。最前から爆撃なさる程、結局多うなりました。どうぞ鎮まるようになされて下さい」。シテ「さて〳〵毒々しい茸じゃ。何卒退転するようにしよう。そなたも心中に祈誓めされ。いかに悪心深き茸なりとも、秘法の爆撃を執行《しぎょう》して、人体どころか草木までも焼き払い、自由々々と祈るならば、などか自由のならざらん（と祈るうちに、鬼茸傘半開きにて、橋掛りへ出る）。やあ、あれへ事々しい半びらきの茸が出た。あれが革命政府を開いたらさぞ夥しい事であろう。これはまず交渉と致そうか」。アド「あゝお前は唯今まで生《いき》不動のように存じて居たれば、さて〳〵案の外かな。これは国中が茸になりました。こなたを頼まずば、このようにはなるまいものを」。シテ「身共も中央情報局・五角堂・政治学者・アジア研究所の秘法残らず執行致せども、このように夥しゅう拡がっては、なかなか祈禱も行きわたることではない」。アド「そのように心弱うてはなりませぬ」。シテ「いや〳〵こちらが退くよりあるまい」。アド「これが今となって、何となるもので御座る」（といいながら両人退こうとするとき、茸の群、疾風怒濤の如く、傘をひろげて、追い込み入る）。

（「再びヴェトナム戦争についてまたは「くさびら」の事」『朝日新聞』一九七六年七月一六日夕刊。「自選集」五、四〇九―四一〇頁）

一九七五（昭和五〇）年四月、サイゴンからアメリカ軍が退散し、ヴェトナム人民によって解放された。

このように「言葉と人間」には、ときどきの世界情勢や日本情勢が読みこまれるだけではない。ときどきの自らの暮しや心情が語られることもある。ジョン・スチュアート・ミルについて、その考えを「多数専制または『自由論』の事」（『朝日新聞』一九七六年五月二一日夕刊。「自選集」五所収）に述べた。この文章には、日本社会に強く見られる少数者にたいする社会的圧力、自民党による長期一党支配、そういう社会的政治的な多数専制にたいする批判が込められている。しかし、そこに重ねて、加藤自らの暮しと心情を綴っている。

一八三〇年に二四歳のミルは、当時二三歳のテイラー Taylor 夫人に会い、彼女の裡に「生涯の最良の友」を見出した、という。彼女は結婚したままで、その後二〇年以上に及ぶ「極めて親しい関係」が――ミル自身によれば「不倫を伴わぬ」ところの、夫人自身によればば「魂の友情」とよばれるところの――、つづけられる。

（「自選集」五、三五八頁）

テイラー氏が亡くなったあとに、ふたりは結婚し、七年間の結婚生活ののちに夫人は亡くなる。

葬式をすませたミルはその墓地のみえるところに、小さな家をもとめて、彼女が死んだ宿屋の部屋の家具を移し、毎年そこで数カ月を過すのを、その後の生涯の例とした、という。それほどまでに一人の女を愛することのできた男に、私は共感を覚える。私の女友だちはいったことがある。「愛することができるのは素晴しいことではないかしら」と。それは、あらゆる感情的負担、あらゆる実生活上の困難にも拘らず、という意味であった。私はそのときも今も彼女に賛成するのである。（同三五八―三五九頁）

そして夫人が亡くなった翌年にミルが出版した『自由論』について、加藤はこのように述べる。

ミルの議論の要点は、個人の意見と行動は、それが他人に害をあたえないかぎり、法的権力によっても、社会的圧力によっても、決して制限せらるべきでない、ということにあった。そして彼は、しばしば政治的弾圧よりも怖るべき「社会的専制」について語りながら、それが「個人に逃れる余地をあたえず、生活の細部にまで深く浸透し、その精神を奴隷化する」ことを見抜いていた。

「一人を除く人類の意見が一致しても、人類がその個人を沈黙させることが不当なのは、その男に権力があって人類を沈黙させることが不当なのと、同じである」。

「意見（および行動）の一致は、それが反対意見の充分かつ自由な検討の後に到達されたものでないかぎり、望ましくない。意見の不一致は、悪でなくて、善である……」。

私は『自由論』のなかにこのような文句を読み、その理由を説明するヴィクトリア朝のイギリス人の理路整然たる情熱に、今なお深く感動し、今なお強く賛成するのである。

（同三五九―三六〇頁。傍点引用者）

「今なお」と繰りかえされているが、これはおそらく「今こそ」でもあるだろう。どうしてもいわなければならないことをいう。分かりやすく、断乎として。「理路整然たる情熱」をもって、加藤はミルと同時に加藤自身を表現しようとしたのである。

7　『幻想薔薇都市――まぼろしのばらのまちにて』

すこし時間を遡ることになるが、一九七一（昭和四六）年から七二年にかけて新潮社の『波』に短篇小説が連載された。連載をもとに一三篇がまとめられて『幻想薔薇都市――まぼろしのばらのまちにて』（新潮社、一九七三年）として刊行された。一三の都市を舞台に、一三の形式で書かれた短篇集である。「かつて訪ねたことのある一三の都市の、それぞれの印象を伝えるのに相応しい」内容と形式を択んだ、と「加藤周一著作集」第一三巻（平凡社、一九九七年）の「あとがき」に述べる。その形式とは、対話あり、議論あり、独白あり、手紙あり、童話あり、ポルノグラフィーあり、シナリオあり、まことに多彩である。これほど多彩な作品群をつくろうというのも「遊び」のなせるわざに違いない。『波』（一九七三年六月号）のインタヴューに「エッセイではどうしてもできない日本語を操る楽しさの魅力に抗しきれなかった」と答えた。「楽しいから書いたというよりほかない楽しさ」（同）を味わったのである。しかし、これだけの「実験」ないしは「遊び」をすれば、各短篇の完成度が不揃いになるのはいたしかたがない。

当時『朝日新聞』文芸時評を担当していた丸谷才一は、この『幻想薔薇都市』を時評に取りあげた（一九七三年五月）。そして「……十三篇は、みな、普通の写実主義小説ではなくて、幻想的ないし諷刺的な味を狙つてゐるが、そのうち最も劣るものは抒情的な色調の『歌人』であり、最も完成度の高いものは童話仕立ての『花の降る夜のなかで』である。両者のあひだの距離ははなはだしい」（丸谷才一『雁のたより』朝日新聞社、一九七五年）と評した。

「両者のあひだの距離ははなはだしい」かもしれないが、両者とも加藤にとってはかけがえのない事実に触発されて書いたに違いない。「花の降る夜のなかで」（『波』一九七二年八月号。「自選集」五所収）は、加藤が書いた唯一の童話である。ターニャという少女とマルクという「絵を描かない絵描き」の若者とが親しくなる。マルクはやがてほんとうの絵描きになり、たくさんの絵を描いた。

それから夏が来て、冬が来て、また夏が来て、何年かが経ちました。ある日、マルクは聖ペテルスブルクの屋根裏の部屋からいなくなりました。そして急に沢山の絵を描くようになりました。その絵のなかで、提琴をくわえた驢馬が、多彩な花の降りそそぐ夜の空に浮かんでいて、背には、美しい少女と青年を乗せ、少女はしっかりと小さな黒猫を抱いていたということです。

（「自選集」五、九六頁）

その画家とはマルク・シャガールであり、シャガールの絵に想を得て書かれた、幻想的できれいな童話である。これは加藤の見た「夢」が書かせた作品かもしれない。あるいは童話を読み聞かせたい相手を求める気持ちが書かせたのかもしれない。はたして、この短篇を書いた数カ月後、加藤は家族としてひとりの女の子を得て、ソーニャと名づけた（加藤の愛弟子ソーニャ・アンツェンから名前をもらった——矢島翠談、そのことはアンツェンも認めている）。

一方、「歌人」は、詩としてふたたび詠われた。「優しく甘い恋の歌」（『加藤周一詩集』湯川書房、一九七五年。「著作集」一三所収）がそれである。この詩は一〇の詩からなるが、「歌人」のなかで詠まれた詩は、この詩の最初に置かれる。

その人の衣には
古典の女神の襞があり
その人の口もとには
奈良の弥勒のほゝえみがあり
その人の瞳には

夜ふけの沖に燃える漁火《いさりび》の輝きがあり
吹き荒れる風に抗い
遠く来た潮路の果に
（空しく放たれた矢数を忘れ）
あゝみどりの島に優しさの極みをあつめ
昔と今をむすぶもの
わたくしの内にありわたくしを超えるもの

加藤は旧作と新作の詩歌を集めて私家版『加藤周一詩集』（限定一五〇部）と、同じく『加藤周一歌集』（湯川書房、一九七六年、限定一五〇部）をつくった。そして二書をあわせて詩歌集『薔薇譜』（湯川書房、一九七六年）を上梓する。この『薔薇譜』に収められる詩歌は、それぞれの詩歌が詠まれた時期について示されていないが、四つの時代の詩歌がほぼ年代順に収められている。ひとつは戦前、ひとつは一九四七、四八（昭和二二、二三）年、ひとつは、フランス留学時代（歿後に発見されたフランス留学時代の「ノート」には多くの詩が書きつけられていて、そのうちの四篇を『薔薇譜』に収めたことが確認できる）。そしてもうひとつが一九七一（昭和四六）年から七三（昭和四八）年にかけてである（本章中扉写真参照）。戦前を除き、いずれの時代も加藤の人生を彩った女性との出会いがあったときである。愛に強く心を動かされ、詩歌を詠んだに違いない。

『加藤周一歌集』は「Mに」捧げた歌であることが扉に記される。「M」とはもちろん「矢島翠」のことであり、右の詩にも「矢」「島」「みどり」が詠いこまれている。

ほほゑみて君たたずめば細き肩裾へ流れる衣のめでたさ
（「布哇《ハワイ》拾首」、前掲『加藤周一歌集』。『著作集』一三、四七五頁）

この歌はハワイで詠まれているが、ハワイは加藤と「M」にとって、想い出の地である。

湯あがりの肌あたたかき胸故にこの国に住み悔ゆることなし
（「長崎四首」、前掲『加藤周一歌集』）

これら「相聞の詩歌」が詠まれたのは「日本文学史序説」の準備と執筆が進んでいた頃のことである。加藤は一方で「日本文学史序説」を著しながら、一方で「相聞の詩歌」を詠んだ。両者は加藤のなかで密接不可分に結びついていた。その結びつきかたは「相聞の詩歌」を詠んだにもかかわらず「日本文学史序説」を書くことが出来たのではなく、「相聞の詩歌」を詠む状況にあったからこそ、「日本文学史序説」を著すことが出来たに違いない。まことに「「理」の人」にして「「情」の人」というべきか。

第6章

かたちに現れたる精神
――または『日本 その心とかたち』

加藤が訪れたことのあるシトー派フォントネー修道院（写真：六田知弘）

1　『日本人の死生観』

海外の大学における加藤の教育研究生活は数多く、期間の長い場合もあり短い場合もある。赴任した大学も、ヨーロッパがあり、中国があり、南北アメリカがある。数多くの海外の教育研究生活のなかで、もっとも充実し、もっとも愉しんだのが、カナダのブリティッシュ・コロンビア大学（UBC）と並んで、アメリカのイェール大学だったことは間違いない。同大学赴任中の研究成果として『日本人の死生観』（上・下）（岩波書店、一九七七年）が生みだされた。同書はイェール大学における共同セミナーをもとにまとめられ、翻訳されたものである（原文は英語、翻訳は矢島翠。のちに *Six Lives Six Deaths: Portraits from Modern Japan*, Yale University Press, 1979 も出版された）。同書は、加藤周一、ロバート・リフトン、マイケル・ライシュの議論を踏まえた共著である。

リフトンによれば、「現代の日本人の死生観についてふたりで講座をやろうじゃないか」ともちかけたのは加藤である（「加藤周一さん——友人にして「世界人」」、「「著作集」一六、月報」、一九九六年）。そしてマイケル・ライシュがまとめ役となって「共同セミナー」が開催される運びとなった。その共同セミナーについて、ライシュは次のように語る。

三人で立案したこのセミナーは、さすがのイェール大学でも珍しいものだった。教える方は一人は日本人、一人はアメリカ人の、ともに著名な教授で、精神医学と日本語・日本文学の二学科にまたがっている。学生側は学部と大学院を合わせ、日本学、医学、心理学、政治学の専攻学生が参加していた。ひとつの教室のなかで諸要素を折衷主義的にむすびつけたこのやりかたは、加藤が持つさまざまな側面と同時に、異る分野をひとつにまとめあげるその手腕を反映している。

（「「師」としての加藤さん」、「「著作集」一五、月報」、一九七九年、矢島翠訳）

『日本人の死生観』で取りあげられた日本人は、乃木希典《のぎまれすけ》、森鷗外、中江兆民、河上肇、正宗白鳥、三島由紀夫である。セミナーで取りあげた人は二〇人近くになったらしいが、同書には「その生と死が、近代日本の歴史・社会・文化を理解する上でとくに示唆に富む六人の人物が選ばれた」（矢島翠による同書「訳者あとがき」）ようである。この六人は、いずれにせよ近代日本の「エリート」であり、知識人である。エリートや知識人は、その考えかたにおいて、大衆と異なるところと大衆と同じくするところがある。その異同を踏まえながら、エリートであり知識人である六人の死生観を通して、近代日本人の死生観、すなわち近代日本人の死にたいする考えかたと、生にたいする考えかたを明らかにしようとした。そして、近代日本人の死にたいする考えかたに五つの特徴があると指摘する。

第一に、家族、血縁共同体、あるいはムラ共同体は、その成員として生者と死者とを含む。

死とは、少くともある期間、同じ共同体の成員の第一の地位から第二の地位へと移ることを意味するにすぎない。

第二に、共同体のなかで「よい死に方をする」ことは重要である。「よい死に方をする」とは、共同体の利益をそこなわず、共同体の定めた方式に従って死ぬことである。その方式の儀式的な面は、徳川時代以後、主として仏教によっている。一般に「よい死に方をする」ためには、劇的でなく、静かに死に対する。ただし、特殊な状況の場合、あるいは特殊な集団の場合は、例外である。

第三に、死の哲学的イメージは、「宇宙」のなかに入って行き、そこにしばらくとどまり、次第に融けながら消えてゆくことである。

第四に、「宇宙」に入ってゆく死のイメージは、個人差を排除する。人間の死に介入する超越的な権威はないから、最後の審判はない。個人の生活の差によって、死後の世界でのあり方は変らない。

第五に、一般に日本人の死に対する態度は、感情的には「宇宙」の秩序の、知的には自然の秩序の、あきらめをもっての受け入れということになる。その背景には、死と日常生活上との断絶、すなわち、死の残酷で劇的な非日常性を、強調しなかった文化である。あきらめをもっての受け入れは、自己制御の結果としての冷静さ、あるいは周到な準備の結果としての最後の達成のようにみえることがある。しかしそれは、一般に日本人の死の大多数の場合には正しくない。

（「セレクション」五、一四四—一五〇頁）

これらは、つまるところ、此岸的で土着的な世界観であり、集団志向的な価値の尊重であり、超越的な絶対的権威の不在である。これら三つの特徴は、とりもなおさず『日本文学史序説』に繰りかえし現れる示導動機である。すなわち、共同セミナーで主題とした「日本人の死生観」は、まさに『日本文学史序説』と響きあう関係にある。それゆえに、軍人である乃木を除いた五人の死について『日本文学史序説　下』にも言及されることになる。

しかし、加藤の指摘はそこにとどまっていなかった。第二次世界大戦後の日本人の死生観が大きく変っていく可能性を洞察していた。それは同論考の末尾に書かれる。

第二次大戦と被占領は、日本社会を西洋文化のイメージに向って開放するとともに、社会内部での都市への人口集中、都市生活者の原子化、伝統的小集団、ことに血縁的集団の組込み力の減退をもたらした。そのことは日本人の価値意識のなかでの集団所属性の重要さを変えなかったが、もはや血縁的ではない集団の成員の死に対する態度を変えた。共同体は死の世界をみることが少くなり、死ぬ者にとっては死の恐怖が増した。日本人にとっての死はより劇的で、より非日常的なものになってゆくのかもしれない。

（同一五一頁）

このような傾向は高度成長を経た一九七〇年代以降に顕著になり、「孤独死」が社会問題化し、二一世紀になって「無縁社会」とか「孤族社会」といわれる状況となって現れてきている。おそらく加藤の『日本文学史序説』の時代区分でいえば「第五の転換期」ともいうべき時代に入ってきていることを意味し、それに加藤は気づいていたに違いない。

2　一九七七年「文芸時評」

加藤がイェール大学を離れて帰国するのは一九七六（昭和五一）年である。帰国後に『毎日新聞』の「真面目な冗談」（一九七六年六月―一九七九年七月）、『朝日新聞』の「文芸時評」（一九七七年一月―一二月）、そして『朝日ジャーナル』（朝日新聞社）の「続日本文学史序説」（一九七八年一月―一九七九年九月）、『ミセス』（文化出版局）の「美しい時間」（一九七九年一月号―一二月号）があり、さらに『朝日新聞』の「山中人閒話」（一九八〇年七月―一九八四年五月）、『マダム』（鎌倉書房）の「絵のなかの女たち」（一九八二年一月号―一九八三年一二月号）、『太陽』（平凡社）の「絵　隠された意味」（一九八四年一月号―一二月号）というように、立てつづけに連載を執筆した。

さらに加えて「加藤周一著作集」（第Ⅰ期全一五巻、付録一巻、平凡社、一九七八―一九八〇年）が刊行され、全巻の「あとがき」とかなりの数にのぼる「追記」を執筆。この「あとがき」と

「追記」は、加藤の作品にたいする加藤自身による解説であり、加藤を読むための最適な案内だろう。加藤は、読者に何としても分かってほしいという願いを強く抱いていたが、その強い願いは、加藤の著書に書かれた詳しい「あとがき」や「著作集」の「追記」を書く原動力になったに違いない（『加藤周一が書いた加藤周一』平凡社、二〇〇九年、参照）。

さらに、一〇年余りの歳月をかけた労作「一休という現象」（「日本の禅語録」第一二巻『一休』講談社、一九七八年。「セレクション」五所収）を完成させた。一九七〇年代から八〇年代の二〇年間は、加藤のもっとも多産な時期だったのである。

一九七七（昭和五二）年の『朝日新聞』「文芸時評」は、最初で最後の新聞による文芸時評連載である。この文芸時評は、ふたつの点で通常の文芸時評と異なっていた。ひとつは、上下二回の時評を（当時の文芸時評や論壇時評は、今日とは違って二日連続掲載だった）ひとつの作品、あるいはひとりの作家だけで満たしてしまうことが少なくなかった。もうひとつは、文芸時評に取りあげる範囲がきわめて広いことだった。

第一の問題について。文芸時評では、普通、ひと月ごとの「目配りのよさ」が評者に求められ、少なくとも数点の作品が取りあげられる。ところが、加藤はひと月ごとの「目配りのよさ」よりも、「日本国の文芸が、現在どういう状況にあるか」（「文芸時評一九七七「追記」」、「著作集」一、一九七九年。「自選集」六、八六頁）を二年かけて——当初は二年の予定だった——明らかにしようとした。こういう問題意識から出発すれば、ひと月ごとの「目配りのよさ」を優先していても有効ではない。月を超えて、年あるいは一〇年の単位で考え、ひとつの作品、ひとりの作家に集中すること。そして「読みの深さ」を優先することによって明らかになるに違いない。「現在」とは、時評掲載日から遡ること一ヵ月を意味しない。数ヵ月、場合によっては一〇年さえ意味するだろう。

たとえば「丸山真男『戦中と戦後の間』」（「文芸時評」一九七七年二月二二・二三日夕刊。同書の刊行は一九七六年一一月）にしても、「小林秀雄『本居宣長』」（同一二月二二・二三日夕刊。同書の刊行は一九七七年一〇月）にしても、ほぼこの作品だけでその月の時評の枠を満たした。「司馬遼太郎小論」（同一〇月二五・二六日夕刊。以上三点は「自選集」六所収）では、司馬遼太郎の特定の歴史小説を論じたのではなく、司馬の歴史小説を総体として論じた。

司馬遼太郎氏の史観は天才主義である。数人の天才たちが、対立し、協力しながら、廻天の事業を行う。（中略）このような天才たちは、政治的支配層の力関係の中で動き、国際情勢に反応し、技術的進歩に敏感である。しかしそこには、民衆が演じた役割と、経済的な要因がもったであろう意味は、ほとんど描かれず、ほとんど分析されない。

（「自選集」六、七二頁）

司馬遼太郎の作品は、多くの歴史学の書物が提供しない歴史の情報を提供する。しかし、司馬作品をいくら読んでも歴史の理解は提供されないだろう。このような司馬批判は加藤の独創ではなく、多くの論者が指摘するところである。しかし、それら司馬批判の多くは、なぜ司馬遼太郎の作品が何百万の読者を得るか、について指摘しない。それにたいして加藤は司馬作品がよく読まれる理由を分析する。

第一に、主人公は武力や体力に優れる戦術的天才、軍事的天才ではなく、視野や構想力、政策立案能力などに秀でる戦略的天才、知的天才であること。第二に、細部にわたる行き届いた調査と、懇切丁寧な説明。第三に、簡潔明瞭な文体。第四に、一種の「ナショナリズム」が生みだす心地よさ。第五に、実践的教訓。以上の五つを加藤は挙げる。

加藤の論点につけ加えれば、以下のようなことになるだろうか。たしかに司馬遼太郎は「天才」が好きである。しかし、天才的戦闘者を好まない。たとえば義経（『義経』を書いたが義経にかなり批判的）。天才的智略家を好む。たとえば秋山真之。知略の天才であっても表象の暗い人物は好まない。たとえば頼朝（頼朝を主人公にした作品はない）。明るく書ける人物を好む。たとえば坂本龍馬。多数の名もなき人の力あわせよりも、数人の天才の冴えを好む。旧型の全員一致、以心伝心は好まない。したがって歴史小説家の定番である「忠臣蔵」は書かない。男女の交情は描かれても穏やかである。日々の仕事で活かすことができる小さな教訓に充ちている。しかし、その教訓には道徳臭がない。「余談だが」といって小説の筋から半ば独立した挿入話の抜群の面白さ。しかも、短い話なので、すぐに覚えられる。かくして、仕事場で、あるいは酒場で、今日の勤労者同士が話題にしても、差し障りが生じることはない。むしろ勤労者同士の交流の潤滑油になり、勤労者に生きる知恵を与える。勤労者に人気が出る条件を備えているか、あるいは意識的に選んでいる。つまり、ひと言でいえば、多くの文学作品は「普通人の感覚」を超えたところで表現される。ところが、司馬遼太郎の作品には「普通人の感覚」が失われていない。このような司馬の歴史小説を加藤は次のように結論する。

> 世にいわゆる芸術的現代小説は、ほとんど例外なく夕方小説である。ひとり司馬遼太郎の歴史小説が昼間小説だということになろう。「あれは娯楽小説だ」というのはまったく正しくない。むしろ、司馬氏の昼間小説こそは、読者の仕事とかかわっているので、ほとんど唯一の非娯楽小説といえるかもしれない。（同七四頁。傍点引用者）

日本の現代小説のほとんどは夫婦喧嘩や三角関係、あるいは「僕ってだれ？」といった哲学的反省を描く。つまり、日々の仕事とは関りをもたない、いわば「夕方小説」であるのにたいして、司馬の歴史小説だけは日々の仕事と関りをもつ「昼間小説」だという指摘は、奇抜な卓見だろう。司馬の歴史小説が勤労者読者に広く愛読される理由を、これほど明快に、これほど直截に、説き明かした批評はないのではなかろうか。

竹内好《よしみ》が亡くなったときには（一九七七年三月三日）、小説を取りあげる予定を急遽変更して、竹内を上下二回で論じた（「竹内好再考」、前掲「文芸時評」同年三月二四・二五日夕刊。「著作集」一所収）。前月に丸山眞男の著書を取りあげたばかりにもかかわらず、こういう判断を下したのだった。文学および文芸時評にたいする「定見」と「主張」がなければ、このような判断には到らない。その結果として、月々に発表され刊行される小説は、ほとんど取りあげられなかった。文芸時評に作品を取りあげられることを期待していた作家、とりわけ小説家たちは、おおいに不満を募らせたことは想像に難くない。

第二の問題について。通常の文芸時評と異なって、取りあげる作品の範囲がきわめて広いことだった。常識的にいえば、丸山眞男の『戦中と戦後の間』は、論壇時評あるいは書評欄で論じられるべきものであり、吉川幸次郎の『杜甫詩注』は、学術雑誌あるいは書評欄で評されるべきものだ、という暗黙の了解があっただろう。ところが、加藤は、そのような「常識」はまったく意に介さず、これらの作品を意識的に積極的に取りあげたのである。いま「意識的に」といったが、加藤がこの文芸時評で目指したことは、「文学の擁護」（「セレクション」一所収）で説いたところに従って、意識的に、文学の概念を広くとった時評を展開することにあった。

何かを意識的に行えば、意識的に行ったところがより尖鋭に、あるいは強調されて表現されることになるのは避けられない。それは取りあげる作品にも表れ、それを論ずる文章にも表れる。たとえば「『戦中と戦後の間』（みすず書房、一九七六年）を読んで、強い文学的感動をおぼえた」（「自選集」六、一一頁）と評文を始める。政治思想史学者丸山の著作を読んで、いきなり「強い文学的感動をおぼえた」と表現したことには、丸山の著作を文学の範疇に収めない考えかたの人びと――そういう人のほうが圧倒的に多数であろう――にたいする挑発的な問題提起が含まれていたことは間違いない。

では、何が「文学的感動」をもたらすのか。丸山を引きながら加藤は次のように述べる。

「偉大な思想家ととり組んでその発想の内的な必然性を見きわめ、語られた言葉を通じて語られざるものをも読取ろう」とすれば「どうしても概念的な構成力を越えた一つの全体的な直観とでもいったものが要求され、それだけ芸術的表現力に接近して来る」（「自分勝手な類推」一九五一年）ということはあるだろう。けだし言葉による芸術的表現力とは、文学に他ならない。（前掲「丸山眞男『戦中と戦後の間』」。「自選集」六、一五頁）

それに続いて「『戦中と戦後の間』は、著者丸山眞男氏自身をではなく世界を語ることによって、著者その人を語り、また時代に反することによって、深くその時代を語る」（同）という件《くだり》は、加藤が「文学の擁護」で説いた「文学の再定義」ということにほかならない。

丸山の著作が「文学」であることを加藤は繰りかえし指摘するが、それも丸山の著作が文学だとは考えない人が少なくないと予想するからである。その結果「神皇正統記に現はれたる政治観」を、戦中の日本文学の傑作とみなすことになる。その理由を説明して「戦中の日本国に言論の自由はなく、殊に政治についてはそれがなかった。言論の自由のないところでは、権力とそのイデオロギーに対する人の態度が分極化する。批判者の側での言論は、権力の支持者には通ぜず批判者にはあきらかな表現を通じてのみ、可能である。そのような表現は、独特の修辞法を生み、殊に文章の見かけの多義性の積極的な利用法を発達させ、言語による表現の可能性の限界を試すに到るだろう。すなわち文学的表現力の駆使である」(同一六頁)という。

丸山政治思想史のひとつの主題は「思想の内面化」である。その主題は、北畠親房《きたばたけちかふさ》を論じても、佐藤直方を弁じても、福澤諭吉を説いても、一貫していることを指摘する。だが、同時に「誰に向って、いかなる具体的状況のなかで発言するかによって、つまり時代によって、同じ主題の変奏は異り、異ることによってほとんど予言的な鋭さを保ちつづけるだろう」(同一七頁)という。日本文学史に「変化と持続」を見る加藤は、丸山の文学作品のなかに「主題と変奏」を見出すのである。たとえば、戦時中に日本ファシズムが『神皇正統記』を拠り所としているときに、北畠親房が「空疎な精神主義者では決してなかった」といって「国民生活の安定といふことが親房の切実な関心であった」と述べる(「神皇正統記に現はれたる政治観」、一九四二年)。ここには時代の大勢にたいする批判が込められている。ところが、戦後、一転して日本主義批判が強くなる時代に、丸山は「陸羯南《くがかつなん》——人と思想」(一九四七年)を書いて、羯南の「「日本主義」がいかにその後のものに比して豊かな世界性と健康な進歩性を具えていたかは窺い知られる」と指摘する。ここにも時代の大勢にたいする批判が表れている。こういう態度も丸山の「主題と変奏」といっていいものに違いない。

「文芸時評」は、さきに述べたように、当初二年続く予定であったが、加藤が一九七八(昭和五三)年にジュネーヴ大学に赴任することになり、一年で終らざるを得なかった。一年一二回の時評だけでは、加藤の文学にたいする考えかたを、今日の文学を批評することを通して提示するという当初の目論見は、「追記」にもいうように、十分には尽せなかっただろう(一二回の「文芸時評」は「著作集」一所収)。加藤には多少の心残りがあったように思われる。

3　「一休という現象」と『梁塵秘抄』

『日本文学史序説』ですでに言及したものの、さらにそれを発展させた論考が「一休という現象」である。『狂雲集』を著した一休宗純については、『日本文学史序説』のなかで、卜部兼好の『徒然草』とほぼ同じ分量を与えて叙述する。いかに一休の『狂雲集』を高く評価していたかが推しはかられる。

この一休論も一九六〇年代にUBCで研究を始め、学生に講義した主題である。当時、同大学で加藤の一休論を受講していたソーニャ・アンツェン(トロント大学名誉教授)は、「加藤先生は一休のことを発見したばかりでした。一休の詩は先生にも真新しかったのです。だからこそ自分の興奮を学生たちに伝えることができたのでしょう」と語る。一休を熱く語ったことが窺える証言だが、加藤は詩人としての一休を論じるに、「フランスの無頼詩人フランソワ・ヴィヨンやイギリスの高僧詩人ジョン・ダンを引き合いに出して比較した」(アンツェン談)という。このように一九六〇年代に研究を進めていたにもかかわらず、これを著作に完成させたのは、一九七八年、スイスのジュネーヴ大学に赴任中のことだった。つまり、一〇年以上の歳月をかけて考察を深めていった労作なのである。その途次に「狂雲森春雨《くるいぐもものはるさめ》」(「自選集」三所収)という小説が生れたことはすでに第3章で触れた。

一休宗純には三つの表象がある。ひとつは子どもにも知られる『一休咄』の一休である。つまりは「頓知《とんち》の一休」。江戸時代に誕生した一休像である。ひとつは『東海一休和尚年譜』の一休像である。『年譜』は一休の歿後に弟子によって編まれた。この『年譜』が語る一休は、生真面目な高僧である。しかし、弟子たちの粉飾は明らかで、書かれていることがすべて真実だとはいえない。もうひとつが『狂雲集』の一休像である。『狂雲集』は一休自身が半世紀以上にわたって詠みつづけた、一〇〇〇首を超える漢詩集である。一休について考えるとすれば、『狂雲集』がもっとも大事で、次に『年譜』であろう。このふたつを使って加藤は一休宗純を論ずる。

『狂雲集』一〇〇〇余首のうちの森侍者との官能的生活を詠った詩をもとに小説「狂雲森春雨」が仕立てられた。だが『狂雲集』には森侍者との愛だけが詠われているわけではない。「また一方では自己の禅的経験を語り、高度に抽象的な仏教形而上学を展開すると共に、他方では当時の禅宗寺院の風俗を激しく批判し、ことに同門の兄弟子養叟《ようそう》とその一派に対しては、罵倒の限りを尽す」（「一休という現象」。「セレクション」二、八六頁）。

『狂雲集』には一見矛盾するような表現が見られる。一休は「高僧にして破戒僧、悟道の達人にして肉感性の詩人」（同九九頁）なのである。そればかりではなく「一方での強い自信と、他方での厳しい自己批判」（同）をもつ。さらに「世捨人と毒舌家」（同一〇一頁）としての対照も見せる。大徳寺如意庵を退きながら、兄弟子養叟にたいする熾烈をきわめる批判。そして「禅宗と浄土宗」の問題がある。一休は禅宗に属する僧であるが、「予今更㆑衣入㆓浄土宗㆒」という。すなわち、浄土宗に改宗するというのである。このように矛盾した側面をもつ。複雑で多面的な一休を統一的に理解すること、それが「一休という現象」を著した狙いである。

矛盾する一休像を統一的に理解するために、これまでさまざまな解釈が提示されてきたが（非事実説、教化説、分離説、当てつけ説、弱点説）、加藤はいずれの説にも十分には納得しない。なかでも一休が書いた「讃法然上人」という詩について、最後に言及されていることは見のがせないことだろう。

我本来迷道衆生　愚迷深故不レ知レ迷　縦雖レ無レ悟若有レ道　仏果天然立地成　（三九五）

右の詩を引いて一休の思想を論ずる。詩の意味は、たとえ悟りがなくても道があれば成仏することができる、ということになろうが、それは禅の教えではなく、むしろ法然や親鸞や蓮如のいう「道」に近い。加藤がいうところに従えば、一休は禅を徹底させたが、自力の限界において、解決できない対立に見舞われた。すなわち、破戒対持戒、「本来無一物」対「莫作《まくさ》諸悪」、永遠の今と日常の時間、超越的経験と歴史的社会的空間、絶対的な主観主義と宇宙の客観性、といった問題である。「もしその解決が自力で不可能ならば、その先には「他力本願」の世界しかないはずだろう」（同一一七頁）と述べる。そして「「他力本願」の意味は、禅宗の枠を超えて仏教の本質に近いはずであり、おそらくは仏教の枠さえも超えて、一般に宗教的なるものの核心に近いはずである」（同一一八頁）と結論づける。一〇年以上の歳月をかけて考察を深め、加藤は一休を論じて「狂雲森春雨」からはるか遠くの地点に到ったのである。

「一休という現象」を書いた八年後に、今度は、平安時代末期に後白河法皇が編んだ『梁塵秘抄《りょうじんひしょう》』を論じ、編者である後白河を描いた。それが『古典を読む　梁塵秘抄』（岩波書店、一九八六年。「自選集」七所収）である。『梁塵秘抄』は、平安時代後期に、後白河法皇によって編述された今様《いまよう》の歌謡集である。当初は歌詞集一〇巻、口伝集一〇巻の全二〇巻だったと推定されるが、今に伝わるのはそのうちの数巻のみである。

加藤が論じたふたつの詩歌集『梁塵秘抄』と『狂雲集』には、いくつかの共通点といくつかの相違点がある。そして、このふたつの作品を取りあげたこと、あるいは取りあげかたに、加藤の精神あるいは分析方法が表現されている。

日本文学史における詩歌といえば、圧倒的に和歌だと考えられてきた。ところが、加藤が取りあげた『狂雲集』は漢詩であり、『梁塵秘抄』は「今様」と呼ばれる俗謡である。漢詩も俗謡もともに日本文学史研究からはあまり顧みられなかったものである。前章で触れた津田左右吉著『文学に現はれたる我が国民思想の研究』、吉田精一著『日本文学史』（桜楓社、一九八〇年）、久保田淳編の『日本文学史』（おうふう、一九九七年）、大岡信著『あなたに語る日本文学史』（新書館、一九九五年）、これらのいずれも『梁塵秘抄』には多少触れるが、『狂雲集』にはほとんどまったく触れない。わずかに小西甚一著『日本文藝史Ⅲ』（講談社、一九八六年）が『梁塵秘抄』と『狂雲集』の両書に言及する。日本文学史研究があまり顧みてこなかったものをあえて考察の対象として取りあげたのである。これが共通点の第一である。

共通点の第二は、ふたつの詩歌集の「主体」にかんする事柄である。『梁塵秘抄』を編んだ後白河法皇は平安末期の動乱のなかで権謀術数を駆使して律令体制の維持に懸命に努めた政治家である。一方『狂雲集』を著した一休宗純は、当時の仏教界の腐敗を激しく指弾し、清貧と孤高を貫いた禅宗大徳寺派の高僧である。ともに第一義的には「歌人」として位置づけられない。『新古今集』を編んだ藤原定家ならば、中級宮廷官僚ではあるものの第一義的には「歌人」として位置づけられる。第一義的には歌人ではない人物が、詩歌の世界に深く没入し、『梁塵秘抄』を編み、『狂雲集』を著した。

第三は、ふたつの詩歌集が日本文学史に与えた影響である。『梁塵秘抄・狂雲集』（岩波書店、一九九七年）の「あとがき」で加藤自身が述べる。『狂雲集』が、——もっと一般的にいえば禅僧の詩偈《しげ》が、平安朝宮廷文学の知らなかった知的哲学的世界へ向って日本文学の地平を開いたとすれば、『梁塵秘抄』は勅撰集の美学が無視してきた人民の生活感情を唱いあげて、文学の題材を拡大したのである。加藤に従えば、ともに日本文学史に一石を投じる影響を与えたという共通点がある。

一方、相違点の第一は、ふたつの詩歌集の表現形態と表現内容である。『梁塵秘抄』は、作者は不詳であるが、漢語をあまり含まない当時の口語でつくられ、平明である。もともと今様は謡われていたわけだから、耳で聞いて理解できたものである。表現内容としても、社会的下層に暮す人びとの日常生活にかかわる卑近なことが多く謡われる。

遊《あそ》びをせんとや生《う》まれけむ、戯《たはぶ》れせんとや生《む》まれけん、遊《あそ》ぶ子供《こども》の声《こゑ》聞《き》けば、我《わ》が身《み》さへこそ動《ゆる》がるれ　（三五九、歌の表記とルビは「著作集」一七に従う。以下同）

女の盛りなるは、十四五六歳廿三四とか、三十四五にし成《な》りぬれば、紅葉《もみぢ》の下葉《したば》に異ならず　（三九四）

我《わ》が恋《こひ》は一昨日《おとゝひ》見えず昨日《きのふ》来ず、今日《けふ》音信《おとづ》れ無《な》くば明日《あす》の徒然《つれ〴〵》如何《いか》にせん　（四五九）

三首を引用したが、現代のわれわれが読んでも、おおよその意味は分かる。これにたいして『狂雲集』は、七言絶句で書かれた漢詩であり、しかも中国古典文学の引用も見られ、高度な哲学的考察を含み、罵詈雑言《ばりぞうごん》があり、大胆な性表現も見られる。読まれるべき詩文として書かれ、その読解にはかなり高度な知力を必要とする。

茶褐黄花秋色深　東籬風露出塵心　天台五百神通力　未入淵明一片吟　（七七）

「羅漢菊」と題する一首であるが、読み下せば「茶褐黄花秋色深し、東籬《とうり》の風露、出塵の心。天台五百の神通力、未だ淵明が一片の吟に入らず」となるか。これは陶淵明の「飲酒詩」を踏まえる。

「美人陰有水仙花香」（美人の陰、水仙花の香り有り）と題する一首は

楚台応望更応攀　半夜玉床愁夢顔　花綻一茎梅樹下　凌波仙子遶腰間　（五三五）

と詠われるが「楚台まさに望むべし、更にまさに攀《はん》ずべし、半夜の玉床、愁夢の顔。花は綻《ほころ》ぶ一茎、梅樹の下、凌波の仙子、腰間に遶《めぐ》る」と読むだろうか。「美人の陰」について諸説あり、一休研究者の柳田聖山は「蔭翳《いんえい》」を採る。「水仙」と「楚台」は女性を意味し、「梅樹」は男性を意味し、「凌波仙子」は、波のうえを歩むように美人が優雅に歩く様をいう。黄山谷の詩を踏まえるという。

我本来迷道衆生　愚迷深故不知迷　縦雖無悟若有道　仏果天然立地成　（三九五）

右の首は数多い「偶作」のひとつであるが、

「我は本来、迷道の衆生、愚迷深きが故に、迷えることを知らず。縦《たと》い悟ること無しと雖《いえど》も、もし道有らば、仏果は天然、立地に成ぜん」となるか。加藤はこの一首を法然の名を挙げずに、法然の宗教を語った、と解釈する（なお、三首の読み下し文と註釈は、市川白弦校註「狂雲集」〔『日本思想大系』一六『中世禅家の思想』岩波書店、一九七二年〕、柳田聖山『狂雲集』〔中央公論新社、二〇〇一年〕および『一休狂雲集』〔講談社、一九九四年〕を参考にした）。

中国の漢詩を踏まえながら、宗教を論じ、性を詠む。現代のわれわれには註釈がないとなかなか読みこなすのは難しい。書かれた当時だって、すべての知識人が読みこなせたわけではないからしい。

第二に、ふたつの詩歌集の背景にある仏教観の違いである。『梁塵秘抄』の底を流れる仏教は浄土教である。そして極楽への関心を示す。

極楽浄土は彼岸にあり、死後の世界に係って、現世には係らない。また誰でもひとりで死ぬのだから、共同体にも係らない。すなわち浄土教には、彼岸性と信仰の個人化＝内面化の面があって、その面の強調が法然・親鸞の「鎌倉仏教」である。

（前掲「梁塵秘抄」。「自選集」七、三四四頁）

といって、『梁塵秘抄』を「鎌倉仏教の「プロローグ」」（同三四五頁）と位置づける。これにたいして『狂雲集』は一五世紀の禅宗にたいする激しい批判でもあり、一休は論争において非妥協的態度を貫く。加藤がいうように『狂雲集』が「鎌倉仏教が個人の美的感受性と化した結果」（「『梁塵秘抄・狂雲集』あとがき」）だとすれば、「鎌倉仏教の「エピローグ」」と位置づけてもよいかもしれない。

第三は、享受する人びとの違いである。そもそも今様を謡ったのは白拍子《しらびょうし》である。平安朝貴族たちが生みだしたものではなく、貴族たちが享受していたわけでもなかった。それが貴族文化に取り入れられ、貴族たちに育まれるようになった。享受する層はかなり幅広くなったわけで、第一級の知識人にのみ限定されていたのではなかった。文字化された今様、すなわち『梁塵秘抄』

も、知識人のなかでも第一級の知識人しか読めなかったというわけではないだろう。
これにたいして『狂雲集』を享受できたのは、表現形態からいっても、表現内容からいっても、第一級の知識人に限定されたといってほぼ間違いない。

では、加藤はなぜ『梁塵秘抄』と『狂雲集』とを考察の対象として取りあげたのだろうか。ひとつは、さきに述べたように、ふたつの詩歌集ともに、これまでの文学史研究から除外され、無視されることが多い作品だったからである。加藤の文学観からして、このふたつの作品を「文学」として位置づけたいという強い希望があり、これを「文学」として評価した自負があった。もうひとつは、『梁塵秘抄』を編んだ後白河も、『狂雲集』を著した一休も、ともに複雑で多面性をもつ人物である。しかも歌人でないにもかかわらず、詩歌の世界に没入した、その理由は何か。そういう人物に興味津々《しんしん》、彼らを統一的に理解したいという知的欲求やみがたかったからに違いない。

稀代の権謀術数家である後白河法皇を評して、加藤は次のようにいう。

〔後白河には〕たしかに政治だけがすべてではなかった。それにも拘らず、彼は理想なき権謀術数に徹底したのではなくて、むしろ政治だけがすべてではなかったが故に、権力のための権力、それ自身のほかに目的をもたない無慈悲な陰謀に、没頭することができたのであろう。（中略）政治的な策略と行動の全体を、命がけの一種の知的遊戯に転化することができたのは、

彼にもう一つの世界があり、その世界が政治的世界に拮抗するだけの重みをもっていたからであろう。（同三三〇頁）

後白河にとって何が「もう一つの世界」だったのか。加藤は、考えられる可能性として三つの領域を挙げる。ひとつは宗教、ひとつは恋愛、もうひとつが芸術である。宗教と恋愛の可能性については ともにそうであったと想像する根拠がないことを述べる。そのうえで、それは芸術だったという仮説を立てる。後白河の芸術とは、今様を謡うことであり、『梁塵秘抄』を編むことであった。かくして、喉《のど》を傷めるほどに今様を謡い、『梁塵秘抄』を編纂することに、政治における権謀術数と同じ程度の精力を割いたのである。一方に権謀術数の政治の世界、他方に今様の世界がある。後白河は「政治家としては歴史の現在に働きかけ、芸術家としては歴史の未来に記憶されたい、と考えていたらしい」（同三四〇頁）。

その二つの世界は、次元を異にする二つの秩序、あるいは二つの価値の体系であって、一方が他方に還元されることはない。その非還元性こそは、二つの世界の絶対的平等の根拠であり、一方の世界に他方の世界が同じ重みでつり合うということの正確な意味である。（同三三一頁）

このような後白河理解は少ないに違いない。しかし、これは後白河を理解するうえできわめて興味深い視点だろう。のみならず、一休を理解する場合にも、また、ずっと下って加藤自身を理解する場合にも、重要な要点になるのではなかろうか。そのことについては第10章で述べる。

4　転轍機としての連載「美しい時間」

『ミセス』に連載された「美しい時間」（一九七九年）にはふたつの意味がある。ひとつは、加藤を読み解くうえで「美しい」という語が鍵になると私は思うが、その「美」を主題としていることである。加藤は「美しい」ものが好きだったし、「美しい」ものを求めた。では、加藤は何を「美しい」と感じたのだろうか。その答えの一部が、連載「美しい時間」に与えられる。連載で取りあげた「美しい」ものとして、龍門石窟、料理の美味、ポール・ロワイヤール論理学、愛の一夜、スポレートの教会、管弦楽の響き、能役者の声と演技、小さな花、一枚の絵、女の顔、そして、それらすべてを経験しうる「時間」が挙げられる（以上は『小さな花』〔かもがわ出版、二〇〇三年〕に収録）。

龍門石窟や料理の美味、管弦楽の響きや能の謡や演技、それに人間、とりわけ女の顔などに「美しさ」を見出すことは、なにも加藤に限らず、多くの人に共通することだろう。しかし、加藤でなければあまり触れられない「美しい」ことに、ポール・ロワイヤール論理学、スポレートの教会、小さな花、そして時間がある。

ポール・ロワイヤール論理学とは、一七世紀に書かれた『論理学または考える技術』のことである。「理路整然として、簡潔明快に叙述し、そのために読者に、強い美的感動をよびさます」（「ポール・ロワイヤール論理学」『ミセス』一九七九年四月号。「自選集」六、二二七頁）。整然と構築された論理の秩序に、加藤は「美しさ」を感じることは前にも触れた。

整然と構築されるのは論理だけではない。建築にもまた整然と構築された秩序がある。そういう秩序の美しさを、あるいはスポレートの教会に、あるいはシトー派の僧院に見る（加藤はいくつかのシトー派僧院を訪ねている）。とりわけシトー派の僧院について、加藤は繰りかえし言及し、シトー派の建築を見たときに「激しい感動」に襲われたことを告げる。

シトー派（「シトー会」と表現されることが多いが、加藤の表記に従う）とは、一一世紀末、ベネディクト会モレーム修道院のロベールによって、フランスのブルゴーニュ地方のシトーの地に創始された修道会である。当時、同じくベネディクト会のクリュニー修道院（同じくブルゴーニュ地方）が壮大な僧院をもち、大土地所有のうえに栄華を誇ったように、修道院の華美と世俗化が顕著であった。修道院の華美と世俗化に批判的だったロベールは、人里離れた地に、快楽を捨て、華美を排し、粗衣粗食の暮しを営み、自給自足生活に従い、厳格な信仰生活を送ることを特徴とする修道院を始めた。一二世紀初めにベルナールに率いられた多数が入会し、シトー派の勢いは増して、その後にヨーロッパ各地に拡がる。

このような思想をもつシトー派では、人影もまれな谷間の森のなかや荒野の地に——私の経験でも、クルマを走らせ、いくら行けどもシトー派僧院は現れず、何度道に迷ったかと思ったことか——、方形を基礎にし、徹底した簡素を旨とし、装飾を嫌う建築を発達させた。その単純にして、幾何学的な建築は、見る人に美的感動を与え、あたかも二〇世紀のバウハウスを思わせるものである（本章中扉写真参照）。

彼らの反藝術主義は、その建築から装飾を奪ったが、構造的な美を除くことはできなかった――というよりも、その石の壁と柱、「アーチ」と窓、階段と床の作る空間の、整然として合理的な秩序は、また同時に、いうべからざる甘美なつり合いを作り出していた。そこではすべての線と平面がうたい、幾何学が詩と化し、建築が音楽になった。今もわれわれの眼前にあって、疑うべからざるものは、その詩的幾何学である。

（「詩的幾何学、または『シトー派美術』の事」『朝日新聞』一九七五年六月一三日夕刊。「著作集」一五、一〇九―一一〇頁）

シトー派僧院に詩的幾何学を見出せば、バッハの音楽を連想することまではそれほど遠くないのだろう。はたして加藤は「私の脳裡にバッハの音楽が鳴り響いたのは、一二世紀のシトー派の僧院の内部に入ったときである」（「洪水のあとに」『バッハ全集』内容見本」小学館、一九九五年。「自選集」九、一四六頁）と記す。余談ながら、私もシトー派僧院の内部に入ったが、光と影の綾なす空間に感動した私の脳裡には、バッハの音楽ではなく武満徹の音楽が鳴りひびいてしまった。そのあとに僧院内の僧侶たちのつくった農産物を販売する店に立ちよってみると、そこにはたしかにバッハの音楽が鳴りひびいていた。シトー派の僧侶たちは自分たちの何たるかを知っているということだろう。

シトー派僧院の建築が詩的幾何学であり、その詩的幾何学を美しいと思うだけではなく、人間がつくりだす論理にも詩的幾何学の美しさを感じ、そういう論理に貫かれている文章にも美しさを感じる。それが加藤の論理に裏打ちされた感性であるに違いない。

要するに、整然と構築されるシトー派僧院に激しい感動を覚えさせた思考と感性は、感動を建築にとどまらせず、整然と構築される、音楽にも、論理にも、思想にも、文学にも及ばせることを意味する。これはまさに加藤の本質を表しているに違いない。

「どんな花が世界中でいちばん美しいだろうか」と自ら問うて、加藤が答えたのは「一九六〇年代の後半に、アメリカのヴィエトナム征伐に抗議してワシントンへ集った「ヒッピーズ」が、武装した兵隊の一列と相対して、地面に坐りこんだとき、そのなかの一人の若い女が、片手を伸ばし、眼のまえの無表情な兵士に向って差しだした一輪の小さな花」(「小さな花」『ミセス』一九七九年一〇月号。「自選集」六、二四四頁)であった。そして、加藤は次のようにいう。

権力の側に立つか、小さな花の側に立つか、この世の中には択ばなければならない時がある。たしかに花の命は短いが、地上のいかなる帝国もまた、いつかは亡びる。天狼星の高みから人間の歴史の流れを見渡せば、野の百合の命も、ソロモンの王国の運命も、同じように現れては消えてゆく泡沫だろう。(中略)私は私の選択が、強大な権力の側にではなく、小さな花の側にあることを、望む。(中略)武装し、威嚇し、瞞着し、買収し、みずからを合理化するのに巧みな権力に対して、ただ人間の愛する能力を証言するためにのみ差しだされた無名の花の命を、私は常に、かぎりなく美しく感じるのである。
（同二四五頁）

ヴェトナム反戦運動のなかの小さな一齣《ひとこま》を見て、小さな花の限りなく美しいことを感じる人は少ないだろう。この件を読めば、加藤には「ソロモンの栄華」によりも「一本《ひともと》の野の百合」に価値を見出す、という感性が骨の髄にまで沁《し》みわたっていることを思わないわけにはいかない。

連載「美しい時間」にはもうひとつの意味がある。加藤はフランス留学から帰国したことを転機に、日本文学史研究に進んだことや、その日本文学史研究を進めるうえでUBCにおける一〇年間が大きな意味をもったことはすでに触れた。そして「日本文学史序説」を連載するに到る。その「日本文学史序説」の連載の終了と相前後して始まった連載が「美しい時間」である。この連載の基本的主題はさきに述べた通り「美」である。この「美しい時間」という連載を「転轍機」にして、加藤は主として日本文学史を主題とする道から、主として日本美術史を主題とする道へと進む。その先には日本美術史のはるかな道が続いているのが見えたはずである。

5　連載「絵のなかの女たち」と連載「絵　隠された意味」

連載「美しい時間」は、加藤に愛着があったのだろう、湯川書房から限定一五〇部の愛蔵本を刊行（一九八〇年）することで、その愛着を形に表した。連載「美しい時間」が「美」を主題とするといっても、右に見てきたように、主題は造形美術に限定されていたわけではない。ところが『日本文学史序説　下』を上梓した加藤は、これと並ぶ『日本美術史序説』を構想し、そのための準備が必要であった。こうして始められた連載が「絵のなかの女たち」と「絵　隠された意味」である。前者では、「絵画」と絵画に描かれた「女性」を主題とし、後者では画題は関係がなく、描かれた絵画の「裏の意味」、あるいは「含意」が主題となる。両者に共通するのは「一枚の絵」から出発して書かれたことである。

「絵のなかの女たち」のひとつに「『源氏物語絵巻』、または女の髪の事」（『マダム』一九八二年二月号。「セレクション」四所収）がある。『源氏物語絵巻』に描かれる女の黒髪を美しい、と思うところから文は始まる。『源氏物語』も黒髪を讃え、というより女の身体のなかで唯一黒髪だけを讃え、それ以外の部分を讃えることはない。それは江戸時代の浮世絵においてさえ同じだった。つまり、日本絵画は明治時代になるまで女の裸体画を描く習慣がなかった。それにたいして文芸復興期以降の西洋画では女の身体のあらゆる部分が描かれ、夥しい数の女の裸体画が描かれた。その違いはなぜ生れたのか。

ヘレニズムの文化は、優れた精神と優れた身体とを併せて、理想的な人間の条件であるとした。（中略）キリスト教の文化は、精神を善の源泉とし、身体を罪の根源とした。中世のキリスト教美術が裸体の美を決して示さなかったのは、そのためである。かくしてギリシア的・キリスト教的西洋文化のなかでの人体は、積極的に賛美されるか、徹底的に否定されるか、聖であるか、罪であるか、いずれかであって、いずれの場合にも、強い関心の対象であった。西洋人の裸体への関心には、彼らに固有の世界観的根拠がある。他方ヒンドゥー教の世界では、少くともその一面に、男女の性的結合を、絶対者と自己との結合に、対比する考え方があった。インドの神々は交合する。男からみて、女の身体の性的魅力を強調することは、宗教的立場からも動機づけられていたといえよう。

しかるに中国および中国文明の一領域としての日本の文化のなかでは、人間の身体が聖なるものでもなく、また逆に罪の根源でもなかった。儒教において然り、また大乗仏教において然り、性的結合を宗教的に荘厳化する伝統のなかったことは、いうまでもない。身体を造形化しなければならぬ強い世界観的根拠は存在しなかった。

（「セレクション」四、三四三―三四四頁。傍点引用者）

裸体画が描かれる理由を「世界観」や「宗教観的立場」との関連で説明する。これは芸術で表現される「かたち」は、その背景に「精神」をもっており、その「精神」が「かたち」をつくりだすという考えかたである。別の表現をすれば、「かたちに現れたる精神」を問題にするということである。

同時に、ここでは、少なくとも、ヘレニズム文化、キリスト教文化、ヒンドゥー文化、そして日本の文化が「比較」される。つまり「かたちに現れたる精神」を追究するために「比較」という方法を採っていることが分かる。これはもちろん、加藤が採った文化研究の基本的方法である。

連載「絵　隠された意味」に、「偉大な時代錯誤」（『太陽』一九八四年一一月号。「セレクション」四所収）がある。これは富岡鉄齋の晩年の作について論じている。対象とする作品は『聚沙為塔《とう》』（一九一七年）という鉄齋八〇歳を超えたときの作品であり、賽《さい》ノ河原の子どもたちが小石を聚《あつ》めて塔をつくるという話を題材にする。

このような題材が時代を反映していないことは、いうまでもない。鉄斎は、一九一七年、一〇月革命の年に、こういう絵を描いていた。セザンヌが、パリ・コムミューンの最中に、りんごの絵を描いていたように。ヴィトゲンシュタイン Wittgenstein が、第一次大戦の塹《ざん》壕《ごう》のなかで、『論理哲学要綱』の問題を考え、「砲弾のような些末な事柄に注意を払っている暇はない」と手紙に書いていたように。鉄斎は、一〇月革命のような、――いや、明治維新以後の日本の「近代化過程」のような、些末な事柄に注意を払っている暇はない、と呟いていたのかもしれない。

明治の芸術家の時代錯誤はほかにもあった。たとえば鉄斎よりも一世代前の黙阿弥や、一世代後の露伴も、時代錯誤のなかで彼らの仕事を完成した。しかし黙阿弥や露伴の仕事は、過去の総決算であって、未来の準備ではなかった。鉄斎とセザンヌは、それぞれの絵画的伝統に深く根ざしながら、同時にその先へ向ったのである。一方は立体主義へ、他方は抽象的表現主義へ。彼らの時代錯誤は、創造的であった。（「セレクション」四、三八二―三八四頁）

時代錯誤が未来の準備を行う。いわば「歴史の逆説」に着目する態度、これも加藤だけのものではないだろうが、加藤がもっていた態度である。たとえば、新井白石を論じて「この民族主義者は、同時代におけるもっとも開放的な精神の持ち主であり、この政治的な保守主義者は、学問における極めて大胆な改革者であった」（前掲「新井白石の世界」、「セレクション」二、二一四頁）と結論する視点である。こういう視点こそ歴史を活き活きと甦らせるものに違いない。

加藤は、比較文化という方法を使って、歴史の変化に注目しながら「かたちに現れたる精神」を日本美術史のなかに追究しようとした。すなわち、ふたつの連載は「日本美術史序説」への「序説の序説」だったはずである。

6　『日本　その心とかたち』

「絵のなかの女たち」と「絵　隠された意味」が『日本美術史序説』の「序説の序説」のはずだったとすれば、『日本美術史序説』の「序説」として書かれたはずだったのが、『日本　その心とかたち』（全一〇巻。放送はＮＨＫ、出版は平凡社、前半一九八七年、後半一九八八年）である。ここに「はずだった」と繰りかえしたのは、『日本美術史序説』は書かれることがなく終ったからである。

すでに『日本文学史序説』を完成させた加藤は『日本文学史序説』と並ぶ『日本美術史序説』

を著す心づもりを抱き、何度か連載を始めようとしたが、首尾よくいかなかった。残念ながら、いまだその段階に到ってはいないと考えた加藤は、日本美術史上のいくつかの問題を抽出し、その問題点を明らかにする作業に取りくんだ。いうまでもなく、これは『日本美術史序説』への「序説」のはずであった。こうして出来あがった著作が『日本　その心とかたち』である。

『日本　その心とかたち』は、その内容については後述するとして、書物として多少複雑な経過を辿っていて、微妙な内容の違いをもついくつかの版が存在する。まず、本書を書くきっかけは日本放送協会の阿満利麿《あまとしまろ》や河邑厚徳《かわむらあつのり》が中心となって制作されたETV『日本　その心とかたち』（前半五回は一九八七年一一月放送、後半五回は一九八八年三月放送）という一〇回の番組である。日本放送協会と提携して平凡社が、加藤の「語り」の部分にさらに加筆訂正を加えて、全一〇巻の出版物にまとめたものが平凡社版『日本　その心とかたち』である。各巻の内容は各回の放送番組にほぼ対応するが、番組の「語り」と書物の原稿とは同じではなく、相当の違いがある。

その後スイスの出版社（Motovun）からフランス語版およびドイツ語版に翻訳する提案があり、加藤は平凡社版『日本　その心とかたち』をもとに、欧米の読者を念頭に置いて、削除と加筆訂正を施した。さらに英語版も出版された。その後に、平凡社版『日本　その心とかたち』から削った部分を復活し、西洋語版のために書きくわえた部分を保存して刊行したのが平凡社版『日本美術の心とかたち』（「著作集」二〇、一九九七年）である。

さらに二〇〇五年にスタジオジブリが、NHK番組をもとにしてVTR版『日本　その心とかたち』を編集し、同時に活字本『日本　その心とかたち』も刊行した。このスタジオジブリ版活字本の刊行に当っては、平凡社版『日本美術の心とかたち』に、内容上および文章上の修正を施し、高畑勲との対談を付した。

以上、日本語版だけでも三種類あるわけだが、基本的な論旨はほとんど変らない。三種類いずれの場合も、同じ一〇の問題が撰びだされて論じられた。すなわち、縄文土器、神仏習合美術、鎌倉仏教美術、水墨画、琳派、茶陶、浮世絵、幕末期の幻想絵画、近代日本の建築、そして近代日本絵画である。ただし、スタジオジブリ版では「アニメーション」についての加藤と高畑との対談が付されている。

それぞれの問題は、必ず国際的な視野のもとに比較文化論的に論じられる。たとえば室町時代の水墨画に、二〇世紀の表現主義絵画と相似する「気韻生動《きいんせいどう》」を見いだすように。浮世絵の裸体画を語って、西洋の裸体画やインドの裸体像に及ぶように。北齋の『富嶽三十六景』を論じて「バロックの雲」や印象派の青空を引証するように。

同シリーズ全篇に「形は精神の表れである」という一九五〇年代前半のフランス留学でつかんだ視点が貫かれている。「藝術においては、心が形を生みだすのではなく、心が形になる」（「「セレクション」三、あとがき」、二〇〇〇年）。そして心が形になる場合の流儀を発見する。それが「日本文化の文法」（「手のひらのなかの宇宙」、「セレクション」三所収）である。そこで加藤は、五つの特徴を挙げる。

第一に、此岸性。第二に、集団主義。第三に、感覚的世界。第四に、部分主義。第五に、現在主義である。しかも、五つの特徴が見いだせるということだけではなく、これら五つの特徴が相互に関連していることを説く。これらすべては日本文学史に見いだす特徴に重なる。

では、なぜ『日本美術史序説』にはならなかったのか。通史として叙述するには、日本美術史上の幾多の問題を発見し、それを理解するというだけでは不十分である。『日本文学史序説』がそうであったように、歴史のなかで、何が変り（変化）、何が変らないか（持続）を見きわめ、その「変りかた」を明らかに出来なければならない。それが加藤の歴史研究の方法である。つまり、日本美術史の「変化の型」が見えてこなければ『日本美術史序説』を書くことは出来ない。

『日本　その心とかたち』で取りあげられた一〇の主題は、おそらく加藤が関心を抱いていた主題に違いない。ところが、この一〇の主題に共通する問題があることは、右のように指摘しているが、この一〇の主題が、ある「発展の型」をもってつながっていくことまでには到らなかった。加藤は何度もそれに挑んだが、そこにまでは到達出来なかった。「『日本　その心とかたち』は、日本美術史ではなく、その「序説」でさえもない。いわば序説のための覚え書きである」（前掲「「セレクション」三、あとがき」）という。通史を叙述するということがいかにむつかしいか、ということでもあろう。

> 私にはこの本文をさらに補足し、『日本美術史序説』という本にまとめたい、という望みもある。しかし私には多くの望みがあり、その大部分は実現しないだろう。人生かくの如し。
> （同）

こうして、加藤は、『日本美術史序説』を断念して、日本文化論のまとめとしての『日本文化における時間と空間』に向っていくのである。それは第9章に触れる。

第7章

テエベス百門の大都
——または「百科事典」的精神

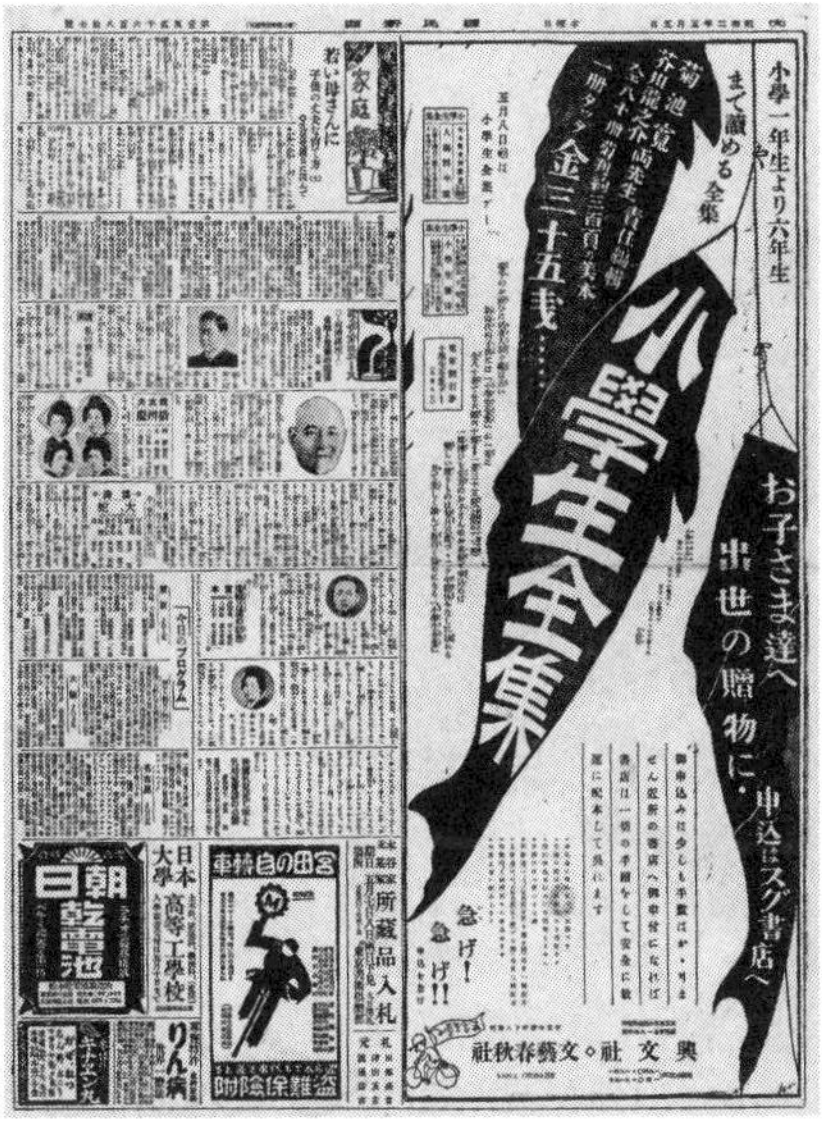

昭和2年5月5日付『国民新聞』に掲載された『小学生全集』の広告

1　「山中人閒話」から「夕陽妄語」へ

一九八四（昭和五九）年は『朝日新聞』で「夕陽妄語《せきようもうご》」の連載が始まった年である。加藤のサルトル論の集成ともいうべき「サルトル」（『人類の知的遺産サルトル』講談社、のちに加藤が書いた部分を「サルトル私見」と改題する。「自選集」七所収）が出版された年でもあり、加藤が編集長を務めた平凡社版『大百科事典』（一九八四―一九八五年）の刊行が開始された年でもある。

「夕陽妄語」には先行する連載「山中人閒話《さんちゅうじんかんわ》」があり、これは一九八〇（昭和五五）年七月に始まった。「山中人閒話」という連載名は、江戸後期の文人画家田能村竹田《たのむらちくでん》の『山中人饒舌《さんちゅうじんじょうぜつ》』という書名を念頭に置いて付けられた。加藤が竹田の画論『山中人饒舌』に親しんだことによる。また信州追分に好んで足を運び、夏を過したこともあるだろう。都会の雑踏と浮世の煩わしさを逃れ山中に隠棲《いんせい》したいという望みもあっただろう。加藤はこの表題が気にいっていたのだろうか、それ以前にも数回この表題を付けた著作がある。『朝日新聞』（一九七八年一一月一六―一八日夕刊）、『朝日ジャーナル』（一九七九年四月六日号）、そして『潮』（一九七九年八月号）に同じ表題の文を寄せている。

「夕陽妄語」という連載名は江戸中期から後期にかけての詩人、菅茶山《かんちゃざん》の『黄葉夕陽村舎詩《こうようせきようそんしゃし》』を踏まえる。「夕陽妄語」、思えば加藤は「旭日《きょくじつ》」に心動かされることはなく「夕陽」に心動かされる。少年時代に渋谷の高台にあった自宅の西窓から、日課のように望んだ夕陽の美しさ（前掲『羊の歌』、九二頁、改版一〇五頁）、敗戦後に焼け跡の拡がる町の向うに沈もうとしている夕陽の美しさ（同二二一頁、改版二五一頁）、ヴェネツィアの海の彼方に沈む夕陽の美しさ（「夕陽妄語の瓣」『朝日新聞』一九八四年七月二四日夕刊。「著作集」二二、二三七頁）、ニューヨークから北上する電車の車窓から眺めた木立の向うに沈もうとする夕陽の美しさ（前掲「『羊の歌』その後」。「セレクション」五、四五三頁）など。美しい夕陽から受けた感動や感慨について、加藤は繰りかえして何回となく綴っている。

江戸時代の画家の書名や詩人の書名から連載名をつくるというのは、いかにも加藤らしい。また「閒話」といい「妄語」という。「加藤周一著作集」第一五巻は『上野毛雑文』と題する。「閒話」も「妄語」も「雑文」も、無駄話、よしなしごと、軽い文の謂《いい》である。大部な「日本文学史」でさえ「序説」と名づけた。このような緩叙表現を加藤は好む。あるいは堀辰雄の影響かもしれないし、あるいはE・M・フォースターの影響かもしれない。『上野毛雑文』という表題について「フォースター E. M. Forster がその雑文集を称《よ》んで *Abinger Harvest* といった故事に倣う」（「著作集」一五、あとがき」一九七九年）と註した。

ボードレールは「秋のたそがれどきは痛いほど心にしみる」と詠ったが、「戦後」という時代に陰りが見えはじめたことにたいする痛切な思いも「夕陽妄語」という連載名には込められている。「山中人閒話」の「山中人」は、この俗世から一歩身を引いた姿勢を意味するが、加藤自身も「当時の私が浅間山麓に隠棲することを夢みていたからでもある」（「著作集」二一、あとがき」一九九七年）と述べる。時代が「旭日」のもとにあるときに「山中人」として生きるのは個人の好みの問題である。だが、時代が「夕暮」に差しかかり個人の好みをいっていられなくなった。

「山中人閒話」から「夕陽妄語」へ、連載名を変えたことには、時代にたいする加藤の意識の変化が表れている。

しかも、このとき加藤は六五歳。その人生に夕陽が差しこみはじめたことを自覚し、「みずから人生の夕暮にあるのを感じた」（同）と綴った。このように、さまざま複雑な思いが「夕陽妄語」という連載名には込められている。それだけに愛着が強かった連載でもある。

しかし、長期の連載を続けた理由は愛着だけではない。加藤はしばしばいった。「時代が悪くなってきているので、わずかでも意見がいえる機会を確保しておきたい」。かくして亡くなる直前まで「夕陽妄語」を書きつづけ、加藤の絶筆は同連載の「さかさじいさん」（『朝日新聞』二〇〇八年七月二六日夕刊。「自選集」一〇所収）となった。ほぼ四半世紀にわたって続けられた稀有の新聞連載であった。

2　二度書いた「随筆についての随筆」

加藤に連載表題を変えさせた、「悪くなった」時代状況とはどんなものであったか。一九八二（昭和五七）年に鈴木善幸のあとをうけて中曾根康弘が首相に就任した。一九八七（昭和六二）年まで首相の座に就き、当時としては歴代第四位の長期政権であった。中曾根内閣の特質は、その在任期間の長さよりも、何をなしたかのほうがはるかに大きい。戦後、吉田茂以降の歴代首相は鈴木善幸まで、少なくとも表向きは「戦後政治の継承」を基本的な政治姿勢としてきた。ところが中曾根は「従来の制度や仕組みをタブーなく見直す必要」を明言し、「戦後政治の総決算」を基本方針として掲げた。かくして、戦後教育批判、歴史教育の見直し、防衛費のＧＮＰ一％枠の撤廃、靖国神社公式参拝、日本列島不沈空母発言、専売公社の民営化、電電公社の分割民営化、国鉄の分割民営化など、戦後政治の基本を否定する道をひたすら進んだ。「戦後政治の継承」から「戦後政治の総決算」へと進み、中曾根内閣時代は戦後政治の転換点だった。

一方、革新政党が革新色を失っていくのもこのころである。日本社会党は、自衛隊を違憲だが合法とする見解を発表した。野党はこぞって保守化の道を歩み、「オール与党」といわれる状況に堕した。

こうした状況に危機感を抱いた加藤は、山中に閑居したいというそれまでの願望を捨てて、市井でいわば「辻説法」をしなければならないという決意を抱くに到ったのである。だからといって、政治的発言を直截にすることは加藤の意に沿うものではなかった。

「山中人閒話」でも「夕陽妄語」でも、古今東西にわたり、学問、文化に始まり、文学、思想、芸術はいうに及ばず、政治、社会に到るまで、ほとんど森羅万象、ありとあらゆる問題について論じた。森羅万象から主題を撰んだとしても、たんに幅広い範囲から主題を撰んだということだけを意味しない。加藤のほとんどすべての著作の特徴であるが、問題は複数の視点から捉えられ、複数の視線が一点に結ぶところで論じられ、しかも、そこにときどきの政治状況にたいする主張を忍ばせたのである。すなわち、問題はたえず重層的に、かつ政治的に表現された。

たとえば「嘘について」（「夕陽妄語」『朝日新聞』二〇〇〇年六月二二日夕刊。『自選集』一〇所収）

という著作がある。人間だれしもがつく「嘘」について書かれる（加藤は何回も「嘘」について書いている）。わずか七枚の短い文に、ジョージ・ワシントンの逸話（桜の樹を切ったことの正直な告白）、善男善女の世渡りのための嘘（「まあ、かわいいお嬢さんだこと」）、孫子の兵法（敵を騙すための嘘の列挙）、太平洋戦争中の軍部の嘘（「大本営発表」）、武者小路実篤の「私は騙されていた」という弁解（戦争中の知識人が軍部の嘘を見破れなかった事実）、カルル・クラウスの科白「戦争とは嘘の体系である」（『人類最期の日々』）、日本民話（キツネが女に化けて男と幸せに暮すが、女が正体を現したところ、もう一度化けてくれと頼まれ、キツネもう一度女に化けて、ふたり仲良く暮すという お話）、I・F・ストーンの「すべての政府は嘘つきである」（『ストーンズ・ウィークリー』）、セルバンテス『ドン・キホーテ』（従者サンチョ・パンサは主人ドン・キホーテに嘘をつきつづけているうちに、自ら嘘を信ずるようになる）、そしてジョルダーノ・ブルーノ（ルネサンス時代のイタリアの修道士。社会の腐敗堕落を糾弾してフィレンツェ市民に人気が高かったが、異端として糾弾され、それでも自説を曲げずに火刑に処された。ガリレオ・ガリレイと好対照の人物）を引用し、あわせて末弘厳太郎の『嘘の効用』やダレル・ハフの『統計を用いて嘘をつく法』などを念頭に置きながら、「嘘」という問題を考える。この博引旁証ぶりは、感嘆を通り越して、唖然とさせられる。しかも、この文は、日本政府がみだりにつく「嘘」をきっかけに書かれている。

天下国家の安泰は、みだりに嘘をつかぬ政府によるところが大きいだろう。その次には、むやみに嘘をつくが、みずからはそれを信じない政府。最大の危険は、その現実判断がみずからの嘘から強く影響される政府である。第一の政府は、民主主義的、第二の政府は非民主主義的・現実的で、第三の政府は非現実的・狂信的といえるかもしれない。今の日本政府はそのいずれの型に属するだろうか。その答は、つまるところ、日本国民の判断に待つほかはない。
（「自選集」一〇、七八頁）

二〇〇〇（平成一二）年三月、森喜朗首相の「日本は天皇を中心とする神の国である」という発言が物議を醸《かも》したときであった。こういう指導者に率られる政府は、加藤がいうところの「第三の政府」に違いない。森首相は、ほどなく退陣に追いこまれた。

この文章には「百科事典」的精神が躍動する。あらゆる領域の知識や常識が動員されている。読者にも幅広い知識や常識を求め、それがないと十分には読みこなせない。このような性格は、「山中人閒話」にも、「夕陽妄語」にも共通する。

ふたつの連載に多少の違いがあるのは、「山中人閒話」に比して「夕陽妄語」のほうが、時代状況に対応して、政治的社会的な危機意識が強くなっていることだろう。たとえば「随筆についての随筆」という表題の文を加藤は二度書いている。一度は「山中人閒話」（『朝日新聞』一九八二年三月二三日夕刊。「自選集」六所収）に、もう一度は「夕陽妄語」（同二〇〇八年四月二四日夕刊。「自選集」一〇所収）に。

前者は、バルバラ・ヨシダ＝クラフト編訳『風のなかの花――現代日本のエッセーとスケッチ』を読んで書いたものである。同書は「一六人の日本の著者の随筆を集めて、独訳し、編者が随筆一般を論じた序論と、それぞれの著者を紹介した短い文章を、併せて掲げ」ている。

　原文に忠実でしかも流麗な訳文が可能だということは、日本の著者の感受性や考えの形式が、個々の対象や特定の局面に係るかぎり、西洋人のそれとあまりちがわないということを、意味するだろう。その意味での日本の随筆の部分の普遍性ということは、独訳を読んで、あらためて強く感じたことの一つである。
　しかし、段落から段落へのつながり具合については、日本の随筆と西洋の「エッセー」とのちがいが、著しい。(中略)ドイツ語の文章の流れとしては、一つの段落から次の段落へ、全く例外的なし方で、あるいは独創的なし方で、続くのである。随筆の全体の構造の特殊性、あるいはむしろそこでの建築的な構造の不在は、おそらくそれに替るところの一種の連想の流れと共に、際立っている。

(「自選集」六、三四五—三四六頁)

日本の随筆と西洋のエッセーを比べると、随筆は「部分」に向い、エッセーは「全体」に向う。文章のつながりは、随筆では連想に従い、エッセーでは構造の構築を目ざす。このような指摘は、加藤がそれまでの日本文化論で述べてきたことと基本的な違いはない。

バルバラ・ヨシダ＝クラフトは、日本の随筆について、さらに独創的な意見を述べ、それを加藤は紹介する。

「個々の随筆は、モザイクの大小の小石のようなもので、そのモザイクの全体は、誰にも共通の日本的なものと日本人が信じ、自分自身の存在の拠り所とするような何ものかである……」

かくして随筆には、「個人を超えた民族的一致」、あるいは「国民的記憶」とでもいうべき一面があり、「その一面が一〇〇〇年にも及ぶ長い随筆の伝統と係るのである」と。

（同三四七―三四八頁）

加藤はこの意見に同意し、その「日本的なるもの」について、例を挙げる。すなわち「私的空間のなかでの経験、日常的現実に即した価値観、具体的な事実または状況への好奇心、実際的で敏捷な判断力と洗煉された美的感覚、全体の秩序よりも部分の彫琢《ちょうたく》へ向う表現、終末観を知らない現在享楽主義……」（同三四八頁）。いうまでもなく、これらも『日本文学史序説』や『日本その心とかたち』で、日本文化の特徴として示されてきたものである。

私のこの文章は、随筆論ではなく、随筆についての随筆である。随筆はしばしば考えよりも季題を貴ぶ。されば私もまた眼を窓外に放って、早春の庭を見ることにしよう。そこでは花を着けた梅の小枝が、春の風のなかで微かに揺れている。すべての可憐な花を散らす嵐は、まだ来ないらしい。

（同三四八頁）

皮肉を利かせた文章の結びかたは、いかにも加藤らしいが、それでも「可憐な花を散らす嵐」を強くは意識していなかった。

ところが、それから四半世紀を経た、最晩年になって、もう一度同じ表題の文章を書く。それが後者である。そのなかで「今ふり返ってみて修正の必要を感じない」と書いているものの、ふり返るものについて明記されてはいない。しかし、それは前者の文章のことを意味するに違いない。それに続けて以下のようにいう。

> 今私の机の上には恵贈された一冊の本がある。私はそれを読み終わったところだ。なだいなだ『ふり返る勇気』（筑摩書房）。私はこの著者の古い読者である。この国の言語表現の自由も、ついに、過去をふり返るのが勇気の問題になるところまできたのか、と思う。
>
> さればこそ、随筆にしてエッセー、エッセーにして随筆なるこのような本は、今や文学を小説を中心として考える時代が過ぎたことを示す。随筆を含めて等価的にならぶジャンルの全体を中心として文学を考えることが、新しい時代の課題となるだろう。
>
> （「自選集」一〇、四六四頁。傍点引用者）

これは加藤の持論である「広義の文学概念」の主張であると同時に、時代の風が「可憐な花を散らす嵐」に変りはじめたことにたいする危惧の表明であったに違いない。このふたつの文章の差に「山中人閒話」と「夕陽妄語」の違いが象徴的に表れているといえまいか。

3 「百科事典」編集長として

木下杢太郎は森鷗外を評して「テエベス百門の大都」と形容した。鷗外を「エンサイクロペディスト」として位置づけたということでもあろう。加藤もまた鷗外と同じく、知的関心は自然科学、人文科学、社会科学、文学、芸術など、あらゆる方向に開いていた。しかし、エンサイクロペディストの条件としては、もろもろの学問・文化に深い関心をもち、豊かな理解を得ている、というだけでは十分でない。

明治時代、西周《にしあまね》は〈Encyclopedia〉を「百学連環」と訳した。もろもろの学問が「環」となって連なる、という意味に理解したのである。「百科事典」とはもろもろの分野にかかわる網羅的な事典という意味であろうが、「百学連環」という訳語のほうが、はるかに〈Encyclopedia〉の本質をつかんでいるように思われる。もろもろの学問・文化が、環のように連なり、ひとつの統一的な体系として示される、それが〈Encyclopedia〉である。いいかえれば、百科事典とは「世界の全体を統一的に理解しようとする試み」なのである。

加藤はたえず問題の全体的かつ統一的な理解を目ざした。しかし、それだけではエンサイクロペディストの条件を満たしてはいない。もうひとつ必須の条件があり、それは「啓蒙精神」に違いない。一八世紀フランスの百科全書派とは、すなわち啓蒙主義者たちである。加藤もまた啓蒙精神がきわめて強かった。

百学にたいする関心と知識、対象にたいする全体的かつ統一的理解、啓蒙精神。この三つを兼ね備えた加藤は、まさしく「現代日本のエンサイクロペディスト」であった。百科事典を二〇世紀後半の日本で編もうとすれば、版元が加藤を編集長に迎えようと考え、加藤が版元の求めに応じようとするのは当然のことだろう。

一九七九（昭和五四）年に朝日新聞社は創業一〇〇周年を迎えた。その記念事業として百科事典の刊行を企画し、その編集長に加藤が就任すると決まっていた。ところが、同社はこの企画を断念した。その理由は詳《つまび》らかにしないが、百科事典が売れる時代にはないこと、費用がかかりすぎること、費用の投下と費用の回収とのあいだに大きな時間差があることなどが、断念した理由だったのではなかろうか。

一方、平凡社も、林達夫編集長のもとに編纂された『世界大百科事典』（一九五九年完結）を継ぐ新しい百科事典を必要としていた。しかし、一九七〇年代末には、まだ新しい編集長としてだれを迎えるかは決まっていなかった。そして、桑原武夫や梅棹忠夫など何人かの候補のうちのひとりが加藤だった。当時の事典部長だった小林祥一郎から「加藤さんはどうだろうか」という御下問があり、「適任じゃないですか。朝日新聞社も百科事典を断念したわけだから、遠慮することはないと思う」と私は答えた。

平凡社の新しい百科事典の基本的な構想をつくりあげたのは、小林である。その構想を読んだときには、その高邁《こうまい》な編集哲学と斬新な編集方針に感動させられた。その内容をここで記す余裕はないが、加藤が百科事典編集長としてどのような姿勢で臨もうとしていたかを、小林は、「「著作集」月報」のなかで綴っている。

新百科の基本設計メモ（のちに「世界と日本にかかわるエンサイクロペディック・マインド」として発表した編集方針のメモ）を用意するとともに、数日前の編集会議で、四つの仕事スタイル「真理・民主・非暴力・快楽の約束」について発表したことを話した。四つの原則について、その九九％は同意すると加藤さんはいわれた。「しかし残る一％が重要だと思う。その点で念を押しておきたい。あなたは民主といわれたが、もし、九九人の編集者の意見に編集長一人がどうしても同意できないことがおきたら、あなたはそのどちらをとるか」

そういって加藤さんは大きな目をまっすぐに私に向けて返事をうながした。（中略）この場合の「民主」とは多数決や政治的スローガンではなく、無名の読者の好奇心も高名な執筆者の知識も、前提としては等価とみなす精神であり、したがって百科事典を構成する諸カテゴリーは、日常生活の問題も哲学の問題も等価とみなそうという意味であるということ。説明がわるくて、調子のよいスローガンのように聞こえるかもしれないけれど、私は、「九九人の編集者と一人の編集長が編集内容に関して対立するならば、その場合は原則として編集長をとる」と約束した。「わかりました。ＯＫです。では、百科事典そのものについて話しましょう」。

（「明快な稜線の麓にあるもの」、「「著作集」二四、月報」一九九七年）

こうして平凡社は、一九七九年に、新しい『大百科事典』の編集長として加藤を迎えた。のちに加藤は、百科事典編集長の「仕事は私の生涯の中でも最もたのしいものの一つになりました」(「弔辞〔下中邦彦氏へ〕」、「「故下中邦彦お別れの会」記録」下中記念財団、二〇〇二年。「自選集」一〇、一九二頁)と述べた。では、百科事典編集長としての加藤の仕事はどんなものであったのか。加藤の片腕として編集に携わった龍澤武は次のように証言する。

加藤さんは、なによりも「明瞭さ」を編集部に求めた。原稿に関して、また編集部の原稿への姿勢に関して、常に「明瞭さ」を要求した。百科事典の原稿である以上これは当然のことだが、しかしその実現は必ずしも容易なことではない。限られた字数で、専門研究に裏打ちされた、必要にして十分な「知識」を的確に表現することはむしろ至難というべきなのだ。また学校秀才出身の平凡社の編集者はこうした「明瞭さ」の要求に対して、往々にして、自分の担当領域の「疑似専門家」に変身して、しばしば専門性の権威を盾に抵抗しようとする。加藤さんは「ジャーゴンを用いるな」「この項目が全体としてなにを伝達することを目的としているか意識せよ」と言い続けた。「見本原稿」を前に編集部とのマンツーマンの検討から始まり、主要項目の原稿の最終チェックに至るまで、編集長としての役割は、原稿に即した細かい指示を編集部に出すことだった。

(龍澤武「『大百科事典』編集長としての加藤周一さん」『月刊百科』二〇〇九年五月号)

この証言からは、いかに加藤の啓蒙精神が強かったかが読みとれる。福澤諭吉が『文明論之概略』で述べたと同じように「議論の本位を定る事」を中心に据え、福澤と同じように、なんとしても読者に伝えようとする情熱をもって、だからこそ「明瞭に表現すること」を徹底させるべく、百科事典の編集に臨んだのである。そして『大百科事典』で何を目ざしたかは、「『大百科事典』の編集方針について」（『大百科事典』第一巻、平凡社、一九八四年。「自選集」七所収）で述べられる。この編集方針を執筆したのはたしかに加藤であるが、その土台は加藤と小林が共同でつくりあげたということを、加藤は喜んで認めるに違いない。

情報量の増大とその広範な伝達が成り立つための条件の一つが、政府機関や大企業が経営する大きな組織の活動であることは、いうまでもない。したがって、市民が受け取る情報のなかには、政治的または商業的な目的のために操作されたものもある。

受取り側は、どう反応することができるだろうか。もし右往左往して、しかも受身に操られることを望まないとすれば、多すぎる情報を整理しなければならないし、特にみずからの立場に従って整理しなければならないだろう。

情報または知識の蓄積の、もう一つの条件は、「専門化」である。研究者や技術者は、いよいよ細分化された領域で、またその領域でのみ仕事をする。そこでは、同じ領域の専門家の間でしか通用しない特殊な術語の体系も発達する。彼らの話は、素人にはわかりにくい。またたとえわかっても、市民が個人的にも、社会的にも、知りたいと思う事物の全体ではなくて、一面を語るにすぎない。情報の洪水のなかで、ほんとうに知りたいことについては、利用することのできる情報が、あまりにも少ないということになる。

そういう情報の不足に対応するためには、知りたい対象の全体を念頭におきながら、部分的な情報をまとめてゆくほかはない。また専門家に、情報の正確さを犠牲にしないままで、しかもわかりやすく話すくふうを求めるほかはないだろう。（「自選集」七、二〇八―二〇九頁）

情報化社会といわれるが、総体としての情報量の圧倒的な過多と、個人としての必要な情報量のもどかしい過少が、同時に見られる。この問題を克服することは容易なことではないが、加藤はそれを目ざして、時間と精力を費やして百科事典の編集に当った。そうして「富岡鉄斎」「日本」「日本文学」「林達夫」「批評」（『大百科事典』一九八五年。「富岡鉄斎」は「自選集」七、「日本」は「著作集」二三、「日本文学」は「著作集」一六、「林達夫」は「著作集」一八所収）の五項目を自ら執筆した。

では、加藤はどのような書きかたをしたのか。そのうちのひとつの項目「林達夫」を見てみよう。全体は四〇〇字三枚半の短い項目であるが、そこに経歴、業績などが簡潔に語られる。その一部を左に引用する。


文藝復興期の研究では、主として科学技術的な面を扱った『発明と発見との時代』（一九二七）、主として人文主義を論じた『文芸復興』（一九二八）が戦前の仕事であり、その経済的背景を分析した『ルネサンスの母胎』（一九五〇）と、政治的・社会的功罪を説く『ルネサンスの偉大と頽廃』（一九五二）が戦後の仕事であり、見事に相互補完的である。併せて一つの方法論を示唆する『精神史——一つの方法序説』（一九六九）に収斂する。

（「林達夫」『大百科事典』第一二巻、一九八五年。「著作集」一八、一八三頁）

ここでは、まず、林の中心的な仕事が「ルネサンス文化史研究」にあることを押え、その研究について説くのである。戦前・戦後を通じて、林がルネサンス研究を続けていたことが示され、研究の主題は、ある場合には科学技術的問題であり、ある場合には人文主義という思想問題であり、ある場合にはマルクス主義的な経済の視点からの分析であり、ある場合には政治的社会的問題を取りあげる。要するに、林は、生涯を通じて、ルネサンス文化史の全体的理解を目ざしてきたことが読みとれる。それらの集大成としての「方法論」は、残念ながら、十分には完成しておらず、そこから示唆を受けとり、さらに先に進めるのは後人の課題であることも言外に主張する。わずか二〇〇〇字余りで、これほど的確に、これほど簡潔に、これほど豊富に、林の中心的研究を説いたものはないに違いない。

4　『小学生全集』と『子供の科学』

加藤の百科事典的精神はいつ培われたのだろうか。それは少年時代である。菊池寛編集、芥川龍之介協力による『小学生全集』（興文社、一九二七—一九二九年）を「全部読んだ」（実妹本村久子談）という。この全集は全八八巻に及ぶもので、文学が中心であるが、自然科学、科学技術、地理、歴史、趣味に到るまできわめて多岐にわたる（その新聞広告を本章中扉に載せた）。

わが家に『小学生全集』一〇〇巻があり、その中には童話や子供向けの小説や成人用の小説の子供向け焼きなおしなどと共に、歴史や芸術や自然科学についての子供向け解説書が含まれていた。ネアンデルタール人とかラザフォードの原子模型とか、そういう言葉を私が知ったのは、小学校においてではなく、『小学生全集』においてである。

（「兼常清佐《かねつねきよすけ》」『信濃毎日新聞』二〇〇一年五月一二日。「自選集」一〇、一三八頁）

兼常清佐について書かれた一節であるが、兼常は、原田三夫と並んで、加藤が子どものころによく読んだ筆者である。

兼常清佐については、逆にその話の内容をほとんどすべて忘れてしまったが、その独特の語り口にはじめて出会ったときの、強烈な印象を、今も昨日のことのように想い出すことができる。（中略）兼常清佐だけは、「皆さん」と書かずに、「諸君」と書いていた。「諸君は学校で小学唱歌というものを習っているだろう。あんなものが音楽だと思ったら大まちがいである。とにかく一度《冬の旅》を聞いてみ給え……」――それは決して誰にもわかりきった無害の事実を、猫なで声で喋ろうという文章ではなく、誰にもわかりきった真実というものはないという立場に立って、みずから信じるところを訴えようとする文章であった。

（前掲『羊の歌』、四五—四六頁、改版五一頁）

小学生に向って「《冬の旅》を聞いてみ給え」という人は、今日でさえもいないに違いない。そう思った私は兼常の書いた『音楽の話と唱歌集』（『小学生全集』第67巻）を読んでみた。ところが、《冬の旅》のことは何も書かれていない。加藤は言外の意味を読みとったのだろうか。もうひとりの原田三夫は、一九二三（大正一二）年以来、今日まで刊行が続く『子供の科学』（誠文堂、現在は誠文堂新光社）を創刊した科学評論家である。その「『子供の科学』を購読して毎号読んでいた」（実妹本村久子談）。同誌は科学に関心がある子どもたちに人気の高い雑誌であった。

私にとって最初の英雄は、日本武尊《やまとたける》でもシーグフリードでもなく、チャールズ・ダーウィンという名の英国人だった。私が最初に覚えた羅甸《ラテン》語は、ピテカントロプス・エレクトゥス（直立猿人）という言葉だった。原田三夫は森羅万象について語っていた。銀河系宇宙の構造から原子模型まで、アルキメデスの実験からマイケルソン・モーリーの実験まで。私は好奇心に溢れていて、しかも周囲の世界と何らの交渉ももっていなかった。世界は変えられるためではなく、まさに解釈するためにのみ、そこにあった。私の原田三夫は、その世界の正確な解釈をあたえなかったかもしれないが、少くとも正確であるかのような解釈の錯覚をあたえたのである。それはほとんど詩的な感動であり、どんな物語も容易にそれをうち負かすことのできないようなものであった。人類の起源について、聖書を信じた人々が、進化論を受け入れるには、ながい歴史が必要であった。進化論からはじめた私が、神話の意味を見出すのにも、おそらく長い時間がかかるだろう。（前掲『羊の歌』、四四頁、改版四九―五〇頁）

原田との出会いは加藤にとって大きな意味をもっていたに違いないが、原田によって、自然科学を軸にして世界の「森羅万象について」興味を抱いたようである。同時に、兼常によって、世界にたいする態度を学んだのかもしれない。

「風の強い日に空を見上げて「煙突が動いている」と驚く友だちたちにたいして、「違うよ。風が強くて雲が動いているから、煙突が動いているように見えるのだよ」」（実妹本村久子談）と説明したという。幼くして、多数意見に付和雷同せず、覚めた態度で現象を見つめる習慣があったことを物語る。

5　サルトルの人格と思想

加藤が「今世紀〔二〇世紀〕最大の哲学者の一人」（前掲「サルトル私見」。「自選集」七、一一二頁）と位置づけるジャン＝ポール・サルトルは、加藤にとっては半世紀にわたり特別な存在でありつづけた。加藤が関心を抱き、影響を受けたフランス思想家・文学者は数多くいるが、そのなかでサルトルとポール・ヴァレリーは双璧であろう。しかし、ヴァレリーは一九四五（昭和二〇）年に亡くなっており、加藤は本人に会ってはいない。サルトルには、何回か実際に会っている。一九五〇年代の初め、フランス留学中にはサルトルの講演会に足を運び、一九六六（昭和四一）年にサルトルが来日したときには親しく接し、一九七八（昭和五三）年に、晩年のサルトルを自宅に訪ねている。加藤の七〇年余の執筆生活のなかで、最大級の関心を払い、最高の敬意を抱いていたひとりの思想家、それがサルトルである。五〇年にわたって読みつづけたサルトルにたいする論考を加藤は一〇年かけて書いた。それが本節と次節に述べる「サルトル私見」である。加藤がサルトルのなかに見たものを「サルトル私見」の一節「サルトルの印象」に綴ったが、それは加藤のなかに私が見たものに重なる。

その静かな言葉に漲《みなぎ》る闘志から強い印象を受けた。闘志は論理から出てくるものではない。その人物の奥底の激しい無性の怒りから、つまるところ人間の倫理的な自発性から出てくるほかはないものであろう。私は演説するサルトルに、推論の緻密さと闘志の激しさとの類い稀な結合を見た。あるいは、感情を論理に転換する仕組の、具体的な現場の一つを、見とどけたと思った。（同二五頁）

これは、フランス留学中にサルトルの演説を聴きに行ったときに加藤が感じた印象である。この件を読むと、一九九四（平成六）年に、あるシンポジウムにおける加藤の講演を控室で聴いていた建築家の安藤忠雄が「あのおっさん、すごい迫力だ！」と感嘆の声をあげたことを私は想いだす。サルトルと同じように、ほとんど「ドスの利いた」（同二六頁）話しっぷりであった。サルトルが来日したとき、加藤は何度かサルトルと会話する機会を得たが、そのときの印象も綴っている。

さすがに会話の知的密度は高く、具体的な観察から抽象的な分析に移り、また逆に抽象的な水準から具体的な話題へ移る精神の働きは、おどろくべき速さを備えていた。（同二七頁）

まさしく加藤の会話からもこのような精神のすばやい働きを感じた。たえず具体性と抽象性のあいだの往復運動を行っている。それは会話のみならず、書かれた文章にも見られることは、第3章に触れたことである。

これもまた、サルトル来日中の出来事である。

日本訪問中のサルトルをよく知っていたのは、私ではなくて、朝吹登水子さんである。彼女とサルトルとシモーヌ・ドゥ・ボーヴォアールと人文書院の編集者森さん〔実際は松本章男氏だった——森和談〕とをのせたタクシーが、神戸市内で衝突事故を起したことがある。朝吹さんによれば、衝突と同時にサルトルがいった言葉は、「貴女方は大丈夫？」であり、最初にしたことは、助手台の森さんに駆け寄って、助け起すことであった。頭を打った森さんは、病院へ運ばれたが、その容態次第では翌日の出発をとりやめよう、とサルトルはいったそうである。また事故の後で、朝吹さんに、あの運転手は解雇されるだろうかと訊き、「運転手が解雇されないためには事故の証人にも立とう」といったらしい。——日本のタクシーの運転手でも、ドゥ・ゴール将軍でも、同じ一人の人間として感じる人物が、哲学をつくった。哲学が、あるいは政治的立場が、そういう人物をつくったのではない。

（同二八—二九頁）

右に述べたことは、サルトルの人格にかかわることである。それだけではなく、加藤はサルトルの思想——人格と深く関連した思想にも、おおいに共感を覚えていた。その第一は、サルトルが何よりも「作家＝知識人」のありかたを考えつづけた思想家であったことである。加藤もまた作家＝知識人として、作家＝知識人のありかたを考えつづけた。

作家の仕事は、自己のなかに内在化された世界の全体（特殊性）を、ふたたび外在化しようとする（普遍性）ことである。すなわち作家の場合には、仕事の性質そのものが、外部と内部、普遍性と特殊性の弁証法的緊張関係の自覚であり、したがって作家は必然的に「知識人」であるほかない。

そういう「作家＝知識人」を、サルトルは「自己に責任を負う」（アンガジェ）作家とよび、そうでない作家を、すべて、娯楽作家か、逃避的作家とする。「世界の全体」とは、もちろんたんに政治的な世界ではない。しかし政治と無関係の世界ではない。ことに、政治的状況が世界の全体の破滅をも導きかねない今日では、なおさらそうである。
（「「知識人」である条件」『毎日新聞』一九六六年九月三〇日、一〇月一日夕刊。のちに「サルトルの知識人論」と改題。「自選集」三、三九四頁）

「作家＝知識人」としてどのような態度で世界にたいして臨むべきか。それは、以下の第二から第四までの三つのこととして表れる。

第二に、サルトルが何よりも人間の「自由」を基本概念に据えていたことである。サルトルの思想を「認識論的には、世界を創りだす意識であり（『自我の超越』一九三七年）、存在論的には、特殊性を普遍性へ向って超えようとする人間の基本的構造であり（『存在と無』）、実践的には、現状を目的によって否定することによりあきらかにする行為、服従の拒絶（『フローベール論』）」（前掲「サルトル私見」。「自選集」七、二〇頁）として加藤は捉えた。それらはすべて「自由」と係る。

加藤の多くの著作に鳴りひびいている通奏低音もまた、われわれひとりひとりはいかに「自由」を確保することができるか、という問題意識である。人間に課せられているさまざまな条件——政治的、経済的、歴史的、地理的、性的、宗教的条件など——が何であるかを知ること、それが「自由」への第一歩である、と加藤は考えていた。だからこそ、サルトルからもその「自由」についての考えかたを読みとろうとしたに違いない。

第三は、サルトルの思想に「全体性」の概念を見いだしたことである。「あらゆる特定の、個別的な、対象は、われわれの前に、一箇の具体的な統一ある「全体」としてあらわれ、その「全体」の意味は世界の「全体」のなかで決る」（同二一頁）。そして「人間的現実の具体的な「全体性」を、その何ものをも捨てずに、サルトルが生きようとした」（同二二頁）ことにたいする深い共感があった。

加藤もまた、たえず「全体的かつ統一的理解」を志向していた。加藤の著作活動のなかで、繰りかえし述べられることがいくつかある。そのひとつは「一回限りの具体的で特殊な体験を抽象的で普遍性をもったものに向けて超えていく」という表現である。これは、ものごとを全体的かつ統一的に捉えることによって可能となることである。そういう対象にたいする接近の意識と方法とは、サルトルだけではないにせよ、少なくともサルトルからもおおいに学んだに違いない。

第四は、権力にたいして、体制にたいして、たえず政治的社会的に何らかの働きかけをしていく態度と行動である。それは一九六〇年代後半の若者たちに大きな影響を及ぼした。当時の若者の行動の拠って立つ基盤であった「異議申し立て」には、サルトルの思想の影響が色濃く印されていた。

加藤もまた、いつも「日本の今の問題」を忘れることはなかった。サルトルを論じながらも、加藤は日本の今の問題を意識していた。たとえば「サルトル私見」にも、日本の問題にかんする言及が見られる（『自選集』七、六七頁。および同一五七頁、注二四）。これは本著作に限られたことではなく、多くの加藤の著作に共通することである。たえず日本の今の政治的社会的問題を意識して著作活動に従う。ここにもまたサルトルの影響が見てとれる。

サルトルは「行動する知識人」といわれる。その反対に、加藤はむしろ「行動しない知識人」と思われていた。たしかに「直接的政治行動」という点だけでいえば、サルトルほどに「行動する知識人」とはいえなかったかもしれない。しかし、直接的政治行動だけが政治行動ではない。加藤の言論を通じた行動は政治的ではなかったのだろうか。決してそんなことはない。加藤の「政治行動」については、もういちど第8章で触れることにしたい。

6 「サルトル私見」

サルトルにかんする最初の著作を書いたのは敗戦後まもない一九四七（昭和二二）年のことである（「サルトルの誤解」『帝国大学新聞』一九四七年一月一日）。サルトルの『水いらず』が、たしかに肉体を主題としていることに間違いはないが、当時のいわゆる「肉体小説」として読まれていることにたいする皮肉まじりの批判である。しかし、このころの加藤はサルトルにたいする関心はそれほど高いとはいえなかった。『現代フランス文学論Ⅰ』（銀杏書房、一九四八年）では、「サルトル」という語を冠した表題はないどころか、サルトルにはほとんど言及されていない。『現代フランス文学』（白水社、一九五〇年）に「戦後のフランス文学」を寄せるが、その二五枚の原稿のうちサルトルに触れるのはわずかに三行のみである。ところが『抵抗の文學』（岩波書店、一九五一年）ではサルトルにかなりの紙幅を割き、『現代フランス文学論』（河出書房、一九五一年）では、「サルトル」を表題に掲げた著作が収められる。一九四七年から四九（昭和二四）年にかけて、加藤のサルトルへの関心は急速に高まっていった。そして、サルトルから強く触発された最初は『自由への道』だったのではなかろうか。『自由への道』の第一部と第二部はフランスではすでに一九四五（昭和二〇）年に刊行されていたが、第三部と第四部（冒頭部）が刊行されるのは一九四九年である。以降四〇年にわたって、サルトルに強い関心を示しつづけ、サルトル関連の著作、翻訳、対談などを数多く手がけた。

その集大成として書かれた「サルトル私見」で目指したことは、サルトルの全体像を描きあげることだった。そのために、サルトルの活動を四期に分けて、サルトルの主要な四つの作品を中心にして、それぞれの時期におけるサルトルの提出した問題を検証し、その検証を積みかさねてサルトルの全体像を描く、という目論見だったろう。

サルトルの活動は、普通にも、四期に区分される。第一期は、一九五〇（昭和二五）年まで。第二期が一九五〇年から五六（昭和三一）年（ハンガリー動乱）まで。第三期が一九五六年から六八（昭和四三）年（五月革命）まで。第四期が一九六八年から晩年まで。そしてしばしばサルトルは各時期に「変化した」と捉えられる。

ところが、加藤はこのような時代区分に従わない。加藤も四つの時期に分けるのだが、第一期は、論文「自我の超越」を書いた一九三七（昭和一二）年から『存在と無』を書いた一九四三（昭和一八）年まで。第二期は、一九四四年のフランスの「解放」から『聖ジュネ』を書いた一九五二（昭和二七）年まで。第三期は、一九五三年から『弁証法的理性批判』を書いた一九六〇年まで。第四期は、一九六一（昭和三六）年から亡くなる一九八〇（昭和五五）年まで。未完に終った『家の馬鹿息子』（『フローベール論』）を書いた時期である。

各時期は各期ひとつずつの著作をもって代表される。『存在と無』『聖ジュネ』『弁証法的理性批判』『家の馬鹿息子』、これら四つの著作をもって代表させた理由は、「四つの著作は、それぞれその前の多くの著作にあらわれていた問題や方法や観念を、理論的に秩序づけ、統合し、体系化した綜合的な仕事である。そういう仕事を、サルトルは生涯に四度、そして四度だけ、行った。その意味で四つの著作は、思想家の発展の決定的な里程標であり、その生涯の思想の全体は、里程標に従い、四つの時期に分けて叙述することができる」（同三一頁）と加藤が考えたからである。したがって、上記の四つの著作が刊行された時期をもってその時期が区切られる。しばしばサルトルの活動の区切りとされる一九五六（昭和三一）年の「スターリン批判」や「ハンガリー動乱」、一九六八年の「プラハの春」とその蹂躙や「五月革命」は、加藤のいう「里程標」にはならない。

しかも、加藤は、各期の違いについて単純に「変化した」とはいわない。第一期に、実存主義を確立し、第二期に、実存主義を代表し、第三期に、実存主義とマルクス主義とを理論的に「統合」し、第四期に、前の三期に展開した問題と方法をすべて「綜合」した、と解釈する。ここには富永仲基の「加上」の理論が援用されている。サルトルはその前の期で行った理論的仕事のうえに新たな仕事を「つけ加えて」いったと理解するのである。

第一期は（論文「自我の超越」を書いた一九三七年から『存在と無』を書いた一九四三年まで）、ベルリンに留学し、エドゥムント・フッサールやマルティン・ハイデッガーを学び、自らの実存主義哲学を育み「内的斉合性を備えた一箇の体系」（前掲「サルトル私見」。「自選集」七、三八頁）をつくっていった時期である。

サルトルは『嘔吐』（一九三八年。加藤は『吐き気』と表記する）を発表し、この作品は好評のうちに迎えられ、サルトルの出発点とする見方もあるが、加藤は『嘔吐』よりも一年前に発表された「自我の超越」をもってサルトルの「出発点」とする。それはフッサールから学び、フッサールとは違った地点に立ったこと。そして何より「自由」の問題を考えたからである。

第一期の総括的作品が『存在と無』であり、もちろん、ここでも主題は「自由」である。「自我の超越」では十分に明瞭でなかった「自由」の概念が、『存在と無』では十分に明瞭に、かつ詳細に論じられる。それだけではなく、「意識の基本的な構造としてばかりでなく、「行動 agir」と「企て projet」の分析のなかで、より具体的に説明」（同五一頁）される。

しかし『存在と無』における「自由」は、その著者にとって、単に理論的な問題ではなく、彼自身が生きた経験であった。サルトルは第二次大戦のときに捕虜として独軍の収容所に暮し、そこから脱出した。収容所内の捕虜はいかなる自由があるかは、彼にとって、理論的問題であるより前に、実際の人生における意思決定の問題であったにちがいない。さればこそ「自由」は、『存在と無』に理論化されているばかりでなく、収容所内で書きはじめられ、「解放」後に発表された長編小説『自由への道』においても、主題として扱われている。

（同六九―七〇頁）

といって、第一期の問題が第二期に引きつがれていくことを示唆する。

第二期は（一九四四年のフランスの「解放」から『聖ジュネ』を書いた一九五二年まで）、実存主義哲学に基づく、サルトルの代表的な小説や戯曲が書かれた時期である。作品に『自由への道』『汚れた手』『悪魔と神』などがある。

サルトルの思考の特徴のひとつは「具体性と抽象性の往復運動」であることはさきに触れた。「その往復運動は、『存在と無』の叙述そのもののなかにも組みこまれているが、「実存主義文学」といわれる小説・劇・文学理論の全体と、『存在と無』との間にこそ、典型的にあらわれていた。しかし小説や劇の特定の主人公が、特定の状況のもとで行う決断は、意識の自由が含むあらゆる問題を、包括的に示すことはできない。抽象性と包括性とは結びついている。『自由への道』は『存在と無』の包括性の犠牲において具体的であり、『存在と無』は『自由への道』の具体性の犠牲において包括的である。故にサルトルはその両方を必要としたのである」（同八〇―八一頁）と指摘する。

ところが「『存在と無』は、意識を中心とする人間的現実の包括的叙述であるが、包括的な体系内部の斉合性が理論的に保証されている、とはいえないのである」（同八一頁）といって、「包括的な体系を具体的な一人物に即して叙述することができれば、体系の理論的な斉合性、その体系内部の命題の統一性は、論理の問題ではなくて、あきらかな事実の問題になる」（同）という。そして、サルトルがさらにさきに進むために必要としているものを示唆する。それこそが、第二期の代表作である『聖ジュネ』が生みだされる最大の理由である。

『聖ジュネ』は、ジャン・ジュネ（一九一〇―八六年）という泥棒であり男色者であったひとりの実在人物が、作家、詩人になっていく過程を描いた作品である。加藤はこのジャン・ジュネが作家になっていく「その過程はいかなる意味で人間の「自由」の実現として解釈することができるか、今日の人間一般にとってのジュネという現象全体の意味はいかなるものであり得るか。『存在と無』の概念的枠組を用いて、そういう問題が詳論されている」（同七九頁）と述べる。そして『聖ジュネ』を第二期の代表作とする理由について、「『聖ジュネ』は『自由への道』と同じように具体的な場合に係り、『存在と無』と同じように包括的である。まさにその意味で、それまでのサルトルの哲学的および文学的仕事のすべてを要約するのであり、またその意味で、はるか後の『フローベール論』と呼応するのである」（同八二頁）という。

『聖ジュネ』は「演技者と殉教者」という副題をもつが、それはこの作品がフランス・バロックの劇作家ジャン・ロトルーの『真説聖ジュネ』（『フランス十七世紀演劇集　悲劇』中央大学出版部、二〇一一年、所収）を踏まえているからでもある。ロトルーの『聖ジュネ』について、林達夫が『思想のドラマトゥルギー』（平凡社、一九七四年）で紹介している。

ロトルーがその作品を書いたのは、確かデカルトの『哲学原理』が出た前後だと記憶します。その荒筋を言いますと、時代はローマ、ディオクレティアヌス皇帝の治世、王女の結婚祝いにやる芝居での話なんです。時はまだキリスト教が邪教視され、同教徒が見つかると極刑を受けていた真最中のことですから、プロデューサー兼俳優のジュネ（中略）は、王女の花婿になるマキシミンの幕僚の、その部下の一将校が、キリスト教へこっそり改宗していたことがばれて処刑される、その経緯を脚色して演ずるんですが、その晴れの舞台でこの俳優自らがそれを演技しているうちに、キリスト教に回心したことを最後のシーンで宣言する。はじめ観客はそれも芝居のうちだろうと思っていたら、どうもそうではない。大騒ぎになるが、やがてジュネは従容《しょうよう》として処刑台へのぼる、という筋なんです。役者がその持役に誘い込まれて、その者になる。役者はいわば変身の常習者ですが、またどんな時にも役者としての仕事が済めば、いつもの「自分」に帰る人間でしょう。ところが、ジュネはもはや「わが身に永久に帰らざる変身」をやってのけたわけです。（前掲『思想のドラマトゥルギー』、三〇四頁）

このロトルーの『真説聖ジュネ』を踏まえたサルトルの『聖ジュネ』なのである。なかなかしゃれた作品でもある。同時に、『聖ジュネ』には、『存在と無』『自由への道』の場合と同じように、「自由」の問題が貫かれている。加藤の視線はまさにそこに注がれている。

第三期は、一九五三（昭和二八）年から『弁証法的理性批判』を書いた一九六〇年まで。サルトルがマルクス主義にもっとも近づいた時期である。『弁証法的理性批判』には「マルクス主義がサルトルに提起したすべての問題の、理論的な統合がみられる」（同三三三頁）と認定した。

マルクス主義とは「革命の哲学」でもある。「「革命」は、現在の状況を全体として意識し、その状況を乗り超える行為（＝自由）である。——この定義は、直接に、『存在と無』における人間の自由の概念の延長であって、そこではまだ自由と歴史との関係をあきらかにしない。マルクス主義は、歴史的弁証法を基本とするから、「唯物論と革命」の示唆する「革命の哲学」は、マルクス主義との本質的な対決には到らず、抽象的な面で、実存主義的な方向を示すにとどまっていたといえるだろう」（同一二五頁）。それゆえに「革命の哲学」の理論の構築が必要となり『弁証法的理性批判』が必要となるのである。第三期はマルクス主義と実存主義とを理論的に統合する時期だと定めるが、その問題について加藤は次のようにいう。

マルクス主義との関係についていえば、歴史的必然と人間の自由との対立が、マルクス主義的な歴史解釈における難問の一つでありつづけたことは周知のとおりである。歴史法則を語る以上、必然性を抛棄するわけにはいかない。人間が全く自由に歴史をつくるとすれば、歴史の発展に法則は成りたたないだろう。しかし歴史的必然を徹底させれば、人間の歴史への参加は、幻想であるか、不必要であるか、どちらかだということになろう。革命政党の努力も無意味になる。こういう矛盾に対して、大すじには歴史的必然を認め、細部に人間の自由の余地を残す、というのは、便宜的な解決ではあり得ても、理論的な解決ではない。どこまでが大すじで、どこからが細部であるかは、恣意的な裁量にすぎないからである。たとえば社会主義革命は必然的にくるが、いつくるかは努力次第、という議論である。こういう議論は恣意的であるばかりではなく全く弁証法的ではない。歴史への弁証法的接近が妥当とすれば、歴史過程は、程度問題ではなく行動の問題として全く人間の自由のつくりだすものであると同時に全く必然的でなければならない。その矛盾的行動を理解可能にするのが、「弁証法的理性」であろう。その内容が、意識＝自由と物的存在＝必然性との「実践」の主体＝

人間における統合である。

実存主義または『存在と無』の概念的体系と『弁証法的理性批判』のここでの議論とはあきらかに密接に結びついている。『存在と無』の用語に従えば、意識は「対自存在」であり、自由な主体であって、物的世界は「即自存在」の環境であり、意識に超越する対象である。

（同一四六―一四七頁）

第四期は、一九六一年から亡くなる一九八〇（昭和五五）年まで。「前の三期に展開した問題と方法を綜合しようとした時期である」と位置づけられる。この間にサルトルは『フローベール論』を書くが、それは未完に終った。「サルトル私見」には、第四期については触れられていない。『人類の知的遺産　サルトル』の刊行時期が迫り、脱稿を延期することが困難となった。やむなく加藤は原稿の完成を断念し、未完のままに出版せざるを得なかった。

しかし、第三期までのサルトルの著作活動・政治活動の根底に「自由」の問題を置いていたこと、そしてたえず問題を「全体」として把握しようとしたことを認める。「自由」と「全体」は、加藤がサルトルのなかに見出した重要な要点であることはすでに触れた。

さらに、サルトルは、前の時期で行った仕事のうえに次の時期の仕事を乗せる。前の時期の仕事を捨てることはない。すなわち、加藤はサルトルの特質のひとつとして、富永仲基のいう「加上」を見いだすのである。そのことに加藤は着目し、何よりも重視した。つまり、サルトルの活動をもまた「変化と持続」の相のもとに捉えるのであった。

第3部　日本人とは何か

第8章

文体と翻訳

——またはことばと時代と人間と

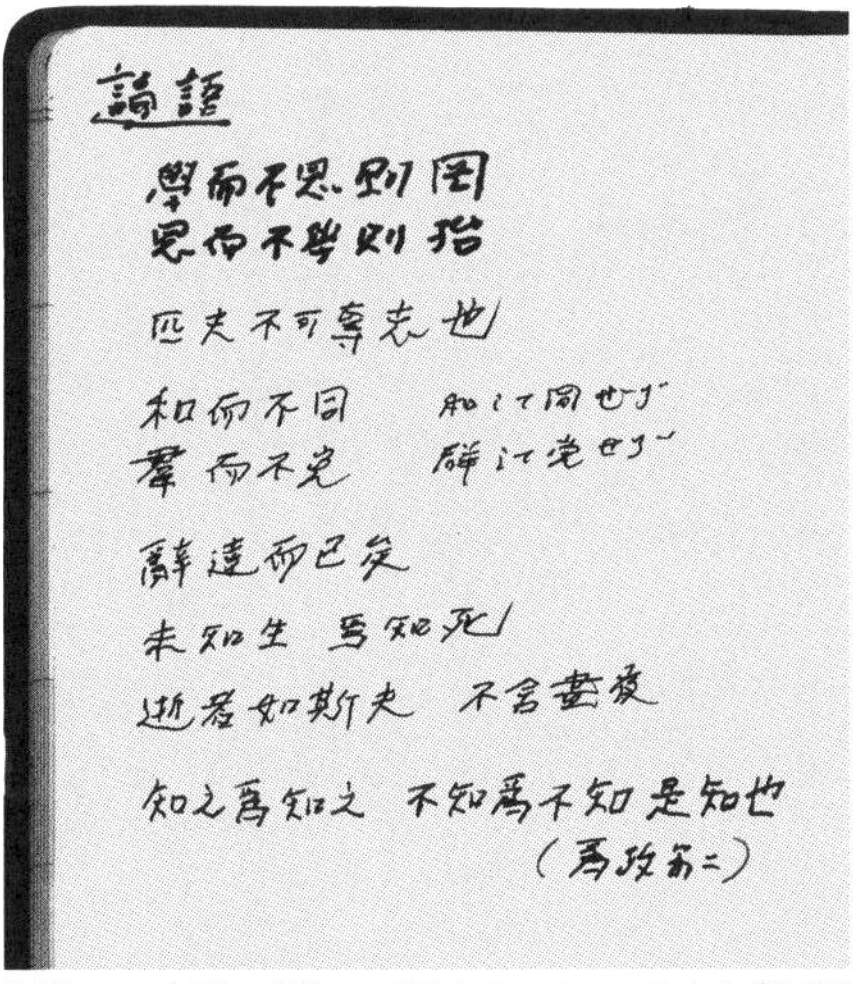

加藤の1987年度の手帳への書きこみ。このころより『論語』を愛読した

1 「私は「政治」を好まない」

中曾根内閣時代に戦後政治の転換点があったことは前章で述べたが、日本経済の転換点もまた中曾根内閣時代に訪れた。それは一九八五（昭和六〇）年のことである。

一九七〇年代の石油危機によるスタグフレーション（インフレと不況の複合状況）に見舞われた日本財政は、税収の減少という問題に直面した。この問題を克服するために、増税を目論んだが失敗し（一般売上税導入の失敗）、経費節減（土光臨調）と国債を発行することで凌いでいった（石油危機以後、国債発行額および国債発行残高は急増する）。一方、日本企業は、減量経営（これを契機にして企業の銀行離れが始まる）、雇用調整（これを契機にして労働運動の衰退が始まる）、省エネ技術開発などによって立ち直り、市場を国内に求めるよりもむしろ海外に求めて輸出を伸ばしていった。それは「貿易摩擦」を引き起す結果となる。

そのころアメリカはレーガン政権下にあり、経済政策の失敗もあって、財政赤字と経常赤字という「双子の赤字」が膨らんでいた。さらにこれが異常なほどのドル高を呼んだ。一九八五年九月に、ニューヨークのプラザ・ホテルで、先進五カ国蔵相・中央銀行総裁会議が開かれた。会議は、アメリカの要請に基づき、ドル高是正のために先進五カ国が協調して介入することで合意した（プラザ合意）。

この「プラザ合意」により、今度は円高が進行する。日銀は円高是正のために公定歩合を数度にわたって引き下げる。その結果、個人も企業も預貯金を金融機関から引きあげ、その資金は土地や株式や高級品に集中投下されることになった。泡沫経済の到来である。泡沫のなかで日本人は浮かれて「アメリカから学ぶものはもう何もない」とか「日本の地価でアメリカがふたつ買える」とか豪語する者も現れた。経済というものは人間心理や社会心理に大きな影響を与え、かつ与えられるものだが、いずこでも泡沫経済は国威顕揚の気分を昂《たかぶ》らせるものらしい。復古主義、保守主義の風潮はあきらかに強くなった。

泡沫経済に日本社会が酔いしれているさなかの一九八七（昭和六二）年に、東京都知事選が行われた。自民党は鈴木俊一都知事が第三期目を目ざして立候補することが決まっていた。一方、社会党と共産党は、一九六〇年代に美濃部亮吉が立候補したとき以来続いていた社共共闘の統一候補を擁立することが難しくなってきた。勝ち目のない選挙のなかで共闘よりも政党の主張を優先させたからでもあるだろう。そんな状況のさなか、ある人から「上田耕一郎が都知事選問題で加藤先生とお会いしたいといっているので、会わせてもらえないか」という依頼が私にあった。要するに、加藤に都知事選に出馬してもらえないか、という要請である。

日本共産党のなかでの何らかの決定を踏まえたうえの依頼だったのか、あるいは上田の個人的判断だったのか、あるいは共産党の判断とも上田の判断とも関係がなく「ある人」の個人的思惑だったのかなど、詳しいことは分からなかった。依頼した人も可能性が高いとは考えていなかっただろうが、「可能性は限りなくゼロに近いとは思うが、御意向はお伝えする」と答えて、加藤に話の内容を伝えた。自分を都知事選候補者にしようとする発想を加藤は面白がったが、検討の余地もなく「政治には係らないというのが私の信条なので会うまでもない」といって断った。もし加藤が立候補を承諾すれば、暗礁に乗り上げていた社共共闘をあるいは継続できる、と依頼した人は目論んだのかもしれない。ともあれ、加藤の政治にたいする態度を知っていたからこその依頼だった、と思われる。

私は「政治」を好まない。むしろ私は実験医学の研究室で、あたえられた情報から、水も洩らさぬ論理でひき出せる結論だけをひき出すことの、一種の知的潔白さを好むのである。「政治」については、そういうことができない。政治についての意見は、ほとんど常に、不充分な情報から疑わしい手続でひき出された不確かな結論である。また私はひとり閑居して詩句を弄《もてあそ》ぶことを愉しみとするが、「政治」は、徒党を組んで行うほかない事業である。来る者は拒まず、去る者は追わず、これはいわば私の個人的信条だが、「政治」的行為は、来る者を拒み、去る者を追い、殊に他人の生活に力を用いて介入する。故に私は「政治」を好まない。しかし「政治」は、こちらから近づかなければ、向うから追って来る何ものかである。

（「わが思索　わが風土（五）」『朝日新聞』一九七二年一月二一日夕刊。のちに「私の立場さしあたり」と改題。「著作集」一五、三一〇—三一一頁）

加藤は「私は「政治」を好まない」と何度も書いている。たしかに直接行動は採らない。六〇年安保のときでも、学生の隊伍を組んだデモ行進を見て、戦争の末期に銃を担ぎながら、「正門を出て行った「学徒出陣」の光景を」（前掲『続羊の歌』、二〇四―二〇五頁、改版二三二頁）を想いおこしてしまうのだった。直接行動を採ることに生理的な気おくれを感じてしまうのである。それゆえに直接行動に訴えていた一九六〇年代から七〇年代にかけての急進主義的学生からは、丸山眞男と並んで加藤は「プチブルインテリ」の代表格と目されていた。

しかし、加藤がいうように「「政治」は、こちらから近づかなければ、向うから追って来る何ものかである」。それゆえに「政治」に無関心ではいられない。すでに加藤の著作は政治的主張を込めて書かれることが多いことは第7章に述べた。直接的に政治的問題を主題とする場合はいうまでもないが、そうではない場合でも、たえず政治的問題を意識しながら著作は綴られる。

たとえば「宣長・ハイデッガー・ヴァルトハイム」（「夕陽妄語」『朝日新聞』一九八八年三月二二日夕刊。「自選集」八所収）は、江戸時代の日本の思想家本居宣長とナチズム下の哲学者ハイデッガーとの共通性を論じている。のみならず、これを執筆した当時のオーストリアでは、戦後、国連事務総長を務め（在任は一九七二―一九八一年）、その後に同国大統領に就いた（在任は一九八六―一九九二年）政治家ヴァルトハイムのナチス時代の経歴が問題にされていた（のちに戦争犯罪とは無関係であることが証明されたが、ヴァルトハイムは一九九二年の大統領選出馬を断念した）。同時にオーストリア国民は、ナチス支配下の国民自身の行動も問題にしていた。このようなオーストリア国民とは対照的に、指導者への責任追及も「国民の過去の検討」も自らの手で行わない日本国民の意識と行動とを重ねあわせて加藤は考えている。さらにこれは、「日の丸・君が代」問題をはじめとして、なし崩し的に進む日本の政治的右傾化を意識しながら書かれた時評である。このように、問題は四重、五重に重ねられ、そのときどきの政治情勢も強く意識する。これが時評から論文に到るまでの、加藤の立論の特徴である。

> 日本国民は、戦争の単なる犠牲者であったのだろうか。もちろんその面もあった。しかし同時に、進んで軍国主義を歓迎し、他国の人民におどろくべき犠牲を強いる面もあった。その一面についてのみ語り、他面を無視する傾向が、今日の日本の状況と深く関係するであろうことはいうまでもない。しかるに日本では、いまだにオーストリアでのような国民の過去の検討がない。
>
> 歴史の複雑な二面性を認識する条件は、おそらく、思想的には、ハイデッガーの、あるいは宣長の複雑な二面性を問題にすることができる条件と、実は一致するだろう。その条件とは、勇気のある理性にほかならないのである。（「自選集」八、四八頁。傍点引用者）

「歴史の複雑な二面性を認識する条件」は、「勇気のある理性」（同）だと断言する。「理性」だけでは足らず「勇気のある」ことが必要だという。想い起せば、戦後の出発点となった『1946 文学的考察』（真善美社、一九四七年）を「怒りの抒情詩」と自ら呼んだ。加藤の「理性」は、いつも「勇気」や「怒り」といった情念に裏打ちされていることを忘れてはならない。

加藤は『赤旗』や『聖教新聞』のインタヴューに応じたりしたこともあるが、それは『赤旗』や『聖教新聞』の立場に基本的に賛成していたからではない。それらの読者のなかにも自分の主張に耳を傾ける読者が少しでもいることを期待したからだった。ここにも一定の政治的判断が働いている。

そればかりではない。政党にたいしてではなく、特定政治家にたいして、求められれば意見を述べる機会を避けなかったこともある。たとえば長洲《ながす》一二《かずじ》が神奈川県知事の任にあったとき（在任は一九七五―一九九五年）、加藤は長洲にときどき会っては自らの意見を進言した。ほかにも非公式に面談していた政治家がいたことを加藤から聞いている。あきらかに加藤は、「反自民のゆるやかな野党の統一戦線」（加藤の表現）を組むことを目ざしていた。しかし、そういう行動を採っていることをほとんどまったく公にはしなかった。このようないわば「水面下の行動」は政治的行動といわないのだろうか。そんなことはない。これは政治的行動以外の何ものでもない。おそらくこういう加藤の政治的行動を知っていたからこそ、たとえ可能性は小さくとも都知事選立候補の可能性を打診してきたのだろう。

この年の都知事選は、社共共闘が崩れるなかで革新勢力の惨敗に終った。泡沫経済に酔いしれていた東京都民は、現状否定の革新よりも現状肯定の保守を求めたということでもあろう。

2　「明治初期の文体」

一九八〇年代後半、岩波書店は「日本近代思想大系」（全二三巻・別巻一、一九八八―一九九二年）を刊行する。これは、「開港から憲法発布に至るおよそ半世紀間の日本」は「文化と社会との二つのレヴェルで、持続と急激な変化との間に複雑で微妙なつり合いをとっていた。そこでは、何が変り、何が変らなかったのか」（同大系内容見本「編集委員のことば」）を明らかにするという企画であった。この新しい視点をもつ大系の編集委員に、加藤は、丸山眞男、遠山茂樹、前田愛らとともに加わった。「編集委員八先生の六年にわたる討議」（同内容見本「刊行の言葉」）を経たというから、一九八〇年代の初めからの作業だったのだろう。このなかで、加藤は『文体』（一九八九年、編集＝加藤周一、前田愛）と『翻訳の思想』（一九九一年、編集＝加藤周一、丸山眞男）というふたつの主題の編集を担当した。いずれも「ことば」にかかわる主題である。

「文体」という主題は、文学の概念を広くとる加藤の文学観からすれば、おおいに関心を抱いて不思議はない主題であった。「文学を定義するには、大別して何を書くかという面を強調する仕方と、いかに書くかという面に注目する仕方と二つがある。前者は一九世紀の欧米に流行し、後者は伝統的中国において典型的である。私は後者の考え方に傾くから、文体を文学的問題の中心とみなす。そして今日の日本の文体に係る問題をさかのぼれば「明治初期の文体」に行き着く。逆に明治初期に成立した文体の諸条件は、その多くがそのまま今日にも存続するのである」（「著作集」一七、あとがき」、一九九六年）。

こうして同書に「明治初期の文体」（前掲『文体』。「自選集」八所収）という論考を寄せた。「明治初期」というのは、加藤が確認するように、明治維新（一八六八年）から大日本帝国憲法公布（一八八九年）までのおよそ二〇年間を指す。この間に日本の近代国家としてのおおよその体制が整えられる。そして「文体」を「さしあたり、文章の意味内容ではなく、その形式的な性質のなかで、文法的性質を除くものの総体を指す」（『自選集』八、七三頁）と定義する。

近代国家としての体制が整備されるなかで、いいかえれば「近代化」の初期の過程で、日本人が書く「文体」は変化した。「「明治初期」の日本におこった社会的変化は、「文体」の変化にどう反映していたか。逆に文体の変化の裡に、その時代のものの考え方や感じ方のどういう特徴があらわれていて、その背景にはどういう社会的・文化的条件を認めることができるか」（同七四頁）を論じようとしたのである。

この論考で加藤が強調することのひとつは、当時の日本社会に公衆が出現したことが二人称複数の「諸君」といういいかたを普及させ、意見の多様性があったことが一人称単数の「吾輩」「我輩」「余」といった語を使わせた、という指摘である。

馬場〔辰猪〕の「外交論」（『嚶鳴《おうめい》雑誌』明治一三年一二月）の第一行は、「余ガ聴衆諸君ニ向テ意見ヲ陳述セント欲スル所ノ論題ハ極メテ重大ナル事項ニシテ、苟《いやしく》モ日本人民タル者ハ之ガ為メニ苦心焦慮セザル可カラザル要件ナリ」という。「論題」を限定するのは、話し手と聞き手の対等の関係であるから、「諸君」と「余」とは並ばなければならない。その二つを合せて「日本人民」ということになろう。しかし「日本人民」の全体は、一様の意見をもつのではない。「我邦今日ノ外交」を意に介しない者もいる。そのことを憂うるのは、「日本人民」の誰でもがではなくて、ほかならぬ馬場辰猪がである。故に「吾輩ノ之ヲ憂ウルハ実ニ久シ」という。「故ニ今吾輩ノ曾テ親シク経験セル所ノモノヲ挙ゲテ之ヲ諸君ニ示サン」。かくして馬場の「吾輩」も、植木〔枝盛《えもり》〕の「余」と同じように、「諸君」と関聯し、「諸君」と同時にその文体にあらわれざるをえなかったものである。（同八二―八三頁）

さらに「定義」の習慣および「分類」や「列挙」の形式に及び、句読法、括弧の用法、論理的用語や接続詞の使い方に到る。西洋の分類記法が、哲学思想や科学的技術の分野だけではなく、新聞の論説にまで及んでいたことを、次のように述べる。

福地《ふくち》桜痴《おうち》の「人権ノ弁」（『東京日日新聞』明治一〇年一二月一二―一四日）は、その典型的な例である。すなわち「人世ノ社会ニアルヤ、須臾《しゆゆ》モ離ルベカラザルハ夫レ人権乎」で始まり、人権の内容を大別して、「（第一）身命保安ノ権利、（第二）栄誉保有ノ権利、（第三）身体自由ノ権利、（第四）奉教自由ノ権利ノ四項」とする。「此ノ人権ノ伸縮」（その実現の程度）を観察するには、まず英米二国が高点に達し、徳川時代の日本が低点にあったとして「第一、二、ハ維新以后ニ於テ何等ノ進取ヲ今日マデニ成シタルカヲ証シ、第二、ニハ将来ニ於テ又何等ノ進取ヲ要スベキカヲ視ント欲ス」という。その後に、人権の内容四項の（第一）から（第四）までを、個別に詳説する文章が続く。ここでは文章の内容が西洋近代の思想を説くばかりでなく、その叙述の形式もまた西洋流に従う。明瞭な「人権」の概念は、東アジアの伝統文化にはなく、整然たる列挙により概念を秩序づける形式もまた、そこにはなかった。内容・形式共に西洋から来たのである。（同八九頁）

「第一に……、第二に……、第三に……」という形式は、加藤の文の特徴だといわれることがあるが、欧米の文章としてはごく普通の書きかたであり、とりたてて個人の特徴として挙げるようなものではない。それが明治初期には今日以上に使われていたということは、そのころに導入したものの、日本文として馴染まないままにあまり使われなくなったことを意味するだろう。さらに「接続詞」の用いかたにも言及する。

西洋文には「なぜならば」「故に」という意味の接続詞がしばしば用いられる。すなわち命題相互の関係を因果論的に規定しようとする傾向が強い。その背景には因果論によって統一的な世界観をつくりあげようとする意志があるだろう。そのことが、明治初期の著作家に影響しなかったはずはない。少くともある著者たちにおいては、徳川時代の儒者の作文には到底考えられないほど多くの、「なぜならば」「故に」に相当する言葉があらわれる。現に、「もし」を頻《しき》りに用いた福沢〔諭吉〕や尾崎〔行雄〕は、前記引用の文章のなかで、さかんに原因または理由または根拠を強調した。

福沢においては、「左レバ」「其已レハ即チ先方ノ人ニ異ナル者ナレバ」「故ニ」、尾崎においては、「故ニ洋学者ノ声価大ニ騰貴シテ」「故ニ物ノ古色アル者ハ」「故ニ博士ノ講ズル所」などという「故ニ」である。

西周もまた「故ニ」「是故ニ」「然リ而テ」などを多用した。

すなわち彼らの時代に因果関係の著しい意識化がおこったのである。これもまた文体にあらわれた西洋文化の影響のもっとも深いものの一つであろう。

(同一〇四頁)

これらは西洋文化から影響を受けた文体の「変化」の側面であると同時に、加藤がよく遣う言い廻しでもある。

このようなところに加藤は明治初期の文体の「変化」を発見した。しかし、「変化」を発見するだけではなく、江戸時代の文体の「持続」も認識する。漢語の借用、漢語からの造語、漢文を基調とする文体、比喩や対句を遣った修辞法などである。それに口語と会話形式が加わる。会話体に含まれる擬声語、擬態語も活用される。さらに古代以来の文学が培ってきた掛けことばの多用である。掛けことばを遣った例として仮名垣魯文の「船料理柳船」の広告文を挙げる。

「今年も安のお手軽専一、彼《かの》蝙蝠の柳船味はひ与三と御評判を……」

料理屋の広告であるから、安くて味がよいという以外に何もいうことはない。すなわち文章の目的は、描写でも、議論でもなく、予想される単純な内容(安くてうまい)について、読者の注意をひきつけることだけである。その目的を達するための手段は、言い廻しの面白さであり、言い廻しの面白さは巧妙な掛け言葉に極まる。ここでの仮名垣魯文の手腕は、料理屋の広告文をほとんど文学的小品にまで高めている。

(同九八頁)

コピーライター眞木準は、広告コピーを定義して「準文学」といったが（これも掛けことばに違いない）、眞木がコピーライターだからこそいえたことばだろう。文学者は普通には広告コピーを文学的だとはいわない。加藤の発想はこの広告文を「ほとんど文学的小品」だというほどに思考が柔軟である。

では、なぜ明治の文体は江戸時代の遺産の「持続」を必要としたのか。それについて「権力機構内外の知識人が大衆へ訴えるためには、新思想を従来の参照基準、その語彙や比喩を用いて、大衆の理解できるものにする必要もあった」（同八五頁）、と加藤は解釈する。「要するに新秩序の導入が急であればあるほど、旧秩序の活性化とその利用の必要も大きいということになる」（同）というのは、卓見であろう。加藤はいつも「なんとしても読者に分かってほしい」という意識と情熱を強くもっていたが、そういう意識と情熱をもっていたからこそ認識できた「歴史の逆説」ではなかろうか。

「文体」というのは、文のかたちである。そこにはかたちとなって表れている「心」があるはずである。また「明治初期の文体」に江戸時代の文体の変化と持続を加藤は見ようとした。これはまさしく『日本文学史序説』における基本的な方法あるいは視点である。「変化と持続」は、加藤の歴史分析全体における示導動機のひとつなのである。ということは、この論考も『日本文学史序説』や『日本　その心とかたち』と同じ問題意識によって書かれたものだといえる。

3「明治初期の翻訳」

加藤が編集に関ったもうひとつの主題は『翻訳の思想』である。今日われわれが遣っている翻訳語は、その多くが明治初期に定着している。たとえば、今日多くの人は〈society〉という英単語を見れば「社会」や「協会」という翻訳語がただちに脳裡にのぼり、〈common sense〉という西洋語に出くわせば「常識」や「良識」という翻訳語をまずは想い起し、名詞の〈right〉を見れば「権利」あるいは「右」をすぐに思い浮かべるだろう。しかし、最初からこのような翻訳語が遣われていたわけではない。〈society〉は、「仲間」「組」「社中」「人間交際」といった翻訳語が遣われ、徐々に「社会」や「協会」に定着した。〈common sense〉は、「達理」とか「見識」とか「通常良知」といった翻訳語も試みられたが、次第に「常識」や「良識」に固着した。また、今日われわれが「権利」として理解している〈right〉は、「道理」「権」「権理」「通義」という翻訳語として通用していた。「理（ことわり）」の源泉という意味が、「利益」の源泉という意味に変ったというのは、後世に大きな影響を与えたのではなかろうか。

幕末維新期に入ってきた西洋語の翻訳語は、いずれも紆余曲折の後に――この紆余曲折の過程はまことに面白いのだが――、ほぼ明治初期の二〇年のあいだに、今日用いられるような語に落ち着いた。科学技術用語から法律用語まで、芸術用語から哲学用語まで、現代日本語は明治初期につくられた翻訳語に多くを負っている。西欧を範とした日本の近代化は、翻訳という作業を梃《て》子《こ》にして行われた、といっても過言ではない。

かくも広汎な、かくも正確な（総じて訳者の原文の理解はおどろくべく正確である）、かくも訳語の発明に巧妙な翻訳の大事業が、かくも短期間に（主として明治初期の二〇年間）なしとげられたのは、いかなる条件の下においてであったか。それが私の扱おうとした問題である。（「『著作集』一七、あとがき」）

かくして『翻訳の思想』を編集し、「明治初期の翻訳——何故・何を如何に訳したか」（前掲『翻訳の思想』）を執筆した。この論考は、副題にもあるように、明治初期に翻訳に携わった人たちが西洋の文献を「何故、何を、如何に訳したか」を論じたものである。まず、何故訳したのか、という問題を取りあげるが、この問題は、どうして西洋文献の優れた翻訳が幕末維新期に可能であったのか、という問題を必然的に伴う。その答えとして加藤は三つの条件を挙げる。

第一に、漢文読み下しの伝統があることである。漢文読み下しは一種の翻訳であり、日本の知識人の漢語を操る能力は高い水準に達していた。かくして、西洋の抽象的概念に漢語を当てること、あるいは漢語から新しく造語することも容易に出来た。

第二に、蘭学の経験を挙げる。幕末維新期に翻訳された文献にオランダ語文献は少なくない。オランダ語に慣れていた知識人は、そこから必要に応じて、英語、フランス語を学びとることはそれほど難儀なことではなかったろう。

第三に、「全体としてみれば、一九世紀の西洋と日本の間には、大きなちがいがあったばかりでなく、共通の特徴もあったからであろう。大きなちがいがなければ、そもそも西洋を模範としての日本社会の改革を誰も思いつくはずがない。社会と文化とその歴史に全く共通点がなければ、西洋社会の現実とその象徴体系を理解することはほとんど不可能に近かったろう」（『自選集』八、二一九―二二〇頁）という。

この論考では「如何に訳したか」に、もっとも重きが置かれるが、明治初期の翻訳者の能力は高く、原文の理解、対象の本質の把握、漢語の転用能力、新造語能力に、きわめて高い能力を示したことを具体的に例示して論を進める。その詳細を紹介する暇はないので、本論考を読んでいただきたい。

要するに、「近代化」という「変化」を可能にしたのは、過去に蓄積した能力を「持続」し活用したからである、と加藤は主張する。この論考にも「変化」と「持続」という、加藤の示導動機が鳴り響いていることが分かる。

たしかに、明治初期の翻訳作業は優れたものであったが、それがその後に与えた負の影響も見おとしてはなるまい。それは会話語と文章語との分離に拍車をかけたことであろう。明治初期の翻訳家にして新聞記者の森田思軒の「翻訳の苦心」という談話を引用して加藤はいう。

西洋語を日本語に移そうとするとき、日常の話し言葉に適当な訳語がなく、「多くの漢語に依頼するやうに成ツた」といい、さらに続けて「勿論、支那の言葉は半分以上は日本に帰化してをツて、特に文章の言葉としては、殆ど有らゆる支那の言葉を持ツて来て日本で用ひて差支ない有様になツてをりますから、どうしても此の方に依頼しがちになる」と説明している。

（同二一七頁）

「文章の言葉としては」ということは、すでにこのときに文章語と日常会話語とが分かれていたことを意味する。西洋文献を文章語として訳して、そのとき漢語を遣うことが多くなれば、ますます日常語と専門用語との分離が起きるのは当然の結果であろう。

私の学生時代の経験であるが、ある授業で、フランスの実存主義哲学者ガブリエル・マルセルに話が及んだ。マルセルの代表的著書である《*L'Etre et Avoir*》に触れた。〈Etre〉（ある）も〈Avoir〉（もつ）も、フランス語の授業で最初に習う基本動詞である。ところが、その翻訳書の表題は「存在と所有」であった。そのときに感じた原語と訳語の落差にたいする違和感は今でもよく覚えている。

内田義彦がよく指摘していたことだが、専門用語と生活用語が乖離するという、その後の日本の学問や思想が抱える問題点のひとつの要因は、幕末維新期の翻訳に求められるに違いない。

加藤は「追記」に「同書の編者は丸山眞男と加藤の二人、私はその内容について丸山氏にしばしば相談した」と述べる。これは、数年をかけて進められた編集作業が「いよいよ解説の段階となった頃、丸山氏は体調が思わしくなくなり、執筆を加藤氏に一任された。そのため加藤氏は、丸山氏の体調が比較的よい折りをみはからって、数回にわたり、意見を求められた」（丸山眞男・

加藤周一「本書の成り立ちについて」『翻訳と日本の近代』岩波書店、一九九八年）という事情を指す。このときのふたりの問答がのちに『翻訳と日本の近代』（岩波新書）として刊行された。

加藤は丸山にたいする篤い敬意を抱きつづけていたが、この論考ほど丸山の位置に近いところに立って書かれた著作はないのではなかろうか。論考を読みすすめれば、行間に丸山の主張が滲みでてくるように思われる。ギゾーやバックルに重要な位置づけを与えたことや、丸山の「幕末における視座の変革」（『展望』一九六五年五月号）を想起させる立論などは、その例である。それは上記のような事情があり、加藤が丸山にたいする敬意と配慮を示した結果に違いない。

4 「中原中也の日本語」

潮出版社から刊行された「近代の詩人」（全一〇巻・別巻一、一九九一―一九九三年）の編集委員を、加藤は中村眞一郎・中村稔とともに務めた。そして自ら第三巻の『斎藤茂吉』と第一〇巻の『中原中也』、および別巻の『訳詩集』の責任編集と解説を引きうけている。一〇人の近代日本詩人のうちから茂吉と中也を撰んだのには、それなりの理由があるだろう。そのひとつが右に述べたように、『文体』や『翻訳の思想』にかかわったことに違いない。しかし、それに止まらない。それは何だろうか。

「私の青春は歌にみたされていた」（「日本の抒情詩」『図書』一九五七年四月号。「著作集」一五、二四一頁）と加藤はいう。父信一は『万葉集』に親しみ、自らも歌を詠み、母ヲリ子（一八九七―

一九四九年）からは若山牧水の歌を教えられ、加藤は牧水に夢中になった。自らは中学時代に『みだれ髪』『竹之里歌』『万葉集』の順に感心した。高等学校に入ると『アララギ』を知り、『金槐集』を学んだ。さらに『新古今和歌集』『建礼門院右京大夫集』『山家集』を味わう。まさに「日本の歌」に満ちた青春時代であった。

青春時代に読んだ詩人のひとりが中原中也である。旧制高等学校時代に中也の「『山羊の歌』（一九三四年）は書店に無く、誰かがどこかで見つけてきた一冊を、私自身も含めて数人の学生が筆写した」（「中原中也の日本語」『近代の詩人』第一〇巻、潮出版社、一九九一年。「自選集」八、二五八頁）。それほどまでに加藤の心を捉えて離さなかった詩集だった。自伝的小説『羊の歌』には中也に傾倒したことが触れられている（同書一四九頁、改版一六八頁）。『羊の歌』という書名について、矢島翠は「中也の「羊の歌」に触発されてつけたのだろう」と推測する。加藤は未年《ひつじ》生れだったがために『羊の歌』と名づけた、と「あとがき」にも書いている。ところが、中也も同じく未年生れで、そのために「羊の歌」（『山羊の歌』所収）という詩を書いた。加藤が中也の「羊の歌」を意識しなかった理由はない。

一方、中学時代に『万葉集』に興味を覚え、『万葉集』を介して齋藤茂吉の『万葉秀歌』（岩波書店、一九三八年）も「たしかに読んだ」と加藤はいう。そして「高等学校に入り、みずから択んで本を読み漁《あさ》るようになり、『アララギ』を知り、『アララギ』を通じて『金槐集』を知った」（前掲「日本の抒情詩」。「著作集」一五、二四一頁）。

中也も茂吉も加藤の中学・高校時代にすでに関心を寄せた詩人であり、生涯にわたって関心をもち続けた詩人である。中也と茂吉のどこに関心をもったのか。それは加藤が詠む詩歌と関連する。第1章や第5章で、加藤のいくつかの詩歌を引用したが、加藤が詠む詩歌には平易な語彙と語法が遣われる。その点では、中也や茂吉と共通する。加藤が詩歌を詠もうとしたとき、脳裡には、中也や茂吉の「日本語の工夫のしかた」がのぼっていたに違いない。したがって、中也を論じれば、「中原中也の日本語」になることは必定であったろう。しかし、茂吉にたいする関心は、後述するように、日本語の工夫だけでは済まなかった。

「中原中也の日本語」では、まさしく中也の日本語表現に限定して論じられる。その理由は三つある。ひとつは、加藤がいうように、生涯について、伝記について、作品評釈については、大岡昇平、中村稔、吉田凞生《ひろお》の作品があって、「そこにつけ加えるべきことは、私にはない」(「自選集」八、二五九頁)と加藤が考えたからである。もうひとつは、中也は日本語表現にきわめて鋭い感覚をもった詩人であり、中也を論じれば、日本語表現を抜きにはできないからである。そしてもうひとつは、さきの「日本近代思想大系」で『文体』および『翻訳の思想』を編集し、当時の加藤の問題意識が日本語に向っていたからである。「語彙の種類とその境界」(同二六三頁)という章で書かれる内容は、「大系」の編集作業に携わっていたからこそ、こういう書きかたをしたと思われる。

すなわち、近代日本語の語彙は、六種類あるといい、「和語」(=本来のやまとことば)、「俗語」(=多くは和語だが、文章語としては普通には遣われない語)、「漢語」(=近代以前から遣われている中国渡来の語)、「訳語」(＝西洋語の翻訳語または明治以後の新造語)、「日本語化した外来語」(＝もともとは西洋語でカタカナで表記され、遣われている歴史が長い語、たとえば「タバコ」「ゴム」など)、そして「日本語化の浅い外来語」(＝明治以後の、ことに第二次世界大戦後に氾濫した外来語で、まだ日本語として安定を欠く語)だと加藤はいう。このような日本語にたいして中也は、どのような態度で臨んだか、どのように遣ったか、と問題は立てられる。

中也は若くして亡くなった。若くして亡くなった詩人は、時の流れにたいする敏感さをもち、語感の異常な鋭さを備えると加藤は指摘して、中也の「詩的効果をつくりだすための工夫」(同二六七頁)を論ずる。

まず中也の自選詩集『山羊の歌』と『在りし日の歌』に収められた詩篇(これをＡ群と呼ぶ)と、上記詩集に収められない未刊詩集の詩篇(これをＢ群と呼ぶ)とを分類し、それぞれの群で、どういう日本語が遣われていたかを分析する。

語彙の第一種和語、第二種俗語、第三種漢語という伝統的な日本語の語彙について大きなちがいはない。しかし第四種訳語のなかで、慣用の語彙、たとえば倦怠、自由、恋愛というような言葉は、Ａ群とＢ群の両方で用いられているが、日常の語彙として耳慣れない訳語、たとえば「イデエとは未決定存在であるのか」(「脱毛の秋」)という「未決定存在」、「結締組織」(「そのうすいくちびると」)、「反射運動の断絶」(「脱毛の秋」)というような言葉は、Ｂ群にあらわれ、Ａ群にはほとんど用いられていない。要するに明治以後に訳語として成立した漢語の耳慣れぬものは『山羊の歌』と『在りし日の歌』から注意深く排除された、と考えられる。なぜ未刊詩ではそれが用いられたか。それは中原が生硬な語を日常生活のなかで必要としたからにちがいない。彼の詩は日常生活に直結し、日常の考えを詩の形で記録したものである（B群）。しかしそれを完成した詩（A群）とは彼自身がみなさなかったのである。生活においてありとあらゆる翻訳語を――その極めて生硬なものも含めて――必要としたという点で、中原はその同時代の知識層の誰ともちがっていなかった。彼が他の、詩人を含めての多くの人々と決定的にちがっていたのは、その語彙の一部が「詩」に用いえないことを、鋭く意識していた点においてである。（同二六八頁）

そのうえで「中原中也は、生活の言葉と詩の言葉のくいちがいを意識していたから、生活の言葉の詩になじまぬものをできるだけ用いないように努力したばかりでなく、あえてそれを用いる場合、それにも拘らず詩的効果をつくりだすための工夫をした」（同二六九頁）。

翻訳語の場合に、専門用語と生活用語の乖離を問題点として指摘した加藤は、中也が生活のことばと詩のことばのくいちがいを意識していたことに注目する。

そして中也が企てた「工夫」には三つがあり、第一は、純粋に形式的な技法上の工夫を挙げ、「七五調」や「くりかえし」の使用だという。たとえば「コボルト空に往交《ゆきか》へば」（「この小児」）とか「かゝるをりしも剛直の」（「夕照」）とかが、七語五語で構成されているのは、「コボルト」とか「剛直」といったことばを中也が必要とし、かつそれを遣う場合に散文的な響きに堕することを避けるために七語五語を用いたのだと指摘する。「くりかえし」表現は、詩の基本的な技法であり、文を詩的にする効果がある。たしかに中也の詩には繰りかえしが多く遣われる。

第二は、感覚的な印象の強調であり、色彩表現の豊富さ、擬声語・擬態語の多用を認める。「空の色は、少くとも八つの異る言葉で形容され」「併せて三〇種類に近い色名または色の形容が、比較的小さな詩集二冊にあらわれ、同じ対象に同じ色の形容が二度使われていることは、おどろくべし、ほとんど全くない」(同二七〇―二七一頁)。

しかも色彩にかかわる象徴主義的なことば遣いも認め、その例として「煉瓦の色の憔心の」(「雨の日」)とか「心は錆びて、紫色をしている」(「冷たい夜」)とか「茶色い戦争」(「サーカス」)を挙げる。

第三は、皮肉な冗談やことばの不調和な配置を通して、ことばとの知的距離をつくりだす方法である。それには「お道化方式」(加藤の命名)と呼べるような方法と、ブレヒトのいう異化効果を狙った「言葉の非調和的配置」があるという。

中原は「ベートーヴェン」を詩のなかにもちこみ、しかしその名前の不安定な違和感を除くために、皮肉な冗談に訴えた。「お道化うた」の「ベトちゃん」はいきなり「隣の八重ちゃん」とならぶ。これは壮厳深刻高級志向のベートーヴェン崇拝スノビズムに対する皮肉であり、ほとんど偶像破壊的な批判――ベートーヴェンの音楽に対してではなく、日本社会のベートーヴェン・イメージに対しての――を、冗談の粧いのなかにつつむだろう。批判は知的距離をつくりだす。ベートーヴェン・イメージの不安定性は、かくして、スノビズム攻撃の知的活動に吸収される。中原はベートーヴェンを詠ったのではなく、「ベートーヴェン」という言葉の不安定性を詠ったのである。これが彼独特のお道化方式である。（同二七五頁）

中也の修辞法は、主として単語の遣いかたに見られ、加藤の修辞法は、主として文章の構造に見られる。そういう違いがあるが、文章の修辞法に心を砕いている加藤だからこそ、中也のことばの遣いかたが見えてくるのだろう。

中也の日本語表現、あるいは修辞法を論じただけでは、中也を論じつくしたという気にはならなかったに違いない。のちに加藤はもういちど中也を論ずる機会を得る。それが「中原中也詩注「茶色い戦争」など」（『新編中原中也全集』第一巻月報」角川書店、二〇〇〇年。「自選集」一〇所収）である。短い文ではあるが、この文で「中原中也の日本語」を補足しつつ、中也の詩の「茶色い戦争」「コボルト空に往交へば」「ホラホラ、これが僕の骨だ、」「朝鮮女」「ハイ、ではみなさん、ハイ、御一緒に――」という表現に註を加えた。なお、この「詩注」は、前掲「近代の詩人」第一〇巻『中原中也』に付せられた詩註の要約である。「註」を独立させたといってもよいだろう。「註」や「校註」あるいは「解題」という仕事は、その労の大きさにもかかわらず、学界や出版界では、これを校註者自身、解題者自身の「著作」とする考えかたが乏しい。そういう学界あるいは出版界の考えかたにたいする批判の意味も加藤は込めていたのかも知れない。

中也の「サーカス」という詩の冒頭に「茶色い戦争」という表現が出てくる。

幾時代かがありまして
　茶色い戦争ありました
幾時代かがありまして
　冬は疾風《はやて》吹きました
幾時代かがありまして
　今夜此処での一殷盛《ひとさか》り
　今夜此処での一殷盛り

（「サーカス」『生活者』一九二九年一〇月号）

この「茶色い戦争」についてはさまざまな解釈があるが、加藤は「解題」で次のように述べる。

　おそらくここでの「茶色」は、何年か経って変色した写真の「茶色」だろう、と私は考える。その写真は必ずしも軍医であった父親の写真ではないかもしれない。しかしその家庭に、軍人や砲車や戦場の古い写真、変色して茶色になった写真や絵葉書があった、と想像することはできる。現に私は少年の頃、というのは二〇年代末か三〇年代初に、元軍人であった祖父の家で、そういう写真や絵葉書の「アルバム」を見たことを想い出す。その黄ばんだ、あるいは茶色がかった色は、写真の古さを示していて、ああ遠い昔、私が生まれて来るまえに、どこか遠いところで私とは何のかかわりもない「戦争」というものがあったのか、と子供の私は考えていた。その想い出は、まさに、「幾時代かがありまして　茶色い戦争ありました」の中原の二行に要約されている、と思う。中原の「幾時代」は古い写真によって代表されていた。要点は「戦争」ではなくて、「茶色」の方である。（中略）

そのあとに「冬は疾風」が来る。冬の「疾風」は珍しいから、この表現にはいくらかの誇張があるかもしれない。要するに冷たい風であろう。いつの時代にも、――少なくとも六〇年代以前には――、貧弱な暖房（火鉢）とすき間風の多い家に、ほとんどすべての日本人は住んでいた。外へ出れば空気の冷たい道を歩く。冬の風は幾時代にわたっても変わらぬ日常生活の辛い部分であったろう。「世間の冷たい風」という慣用句のあることも、それを示す。

私は「幾時代」と関連しての「戦争」と「疾風」に「共通する動きの激しさ」を読むよりも、一方には時代の変化の相を、他方には其の持続を読むことに興味を覚える。つまるところ「幾時代」とは、変わるものと変わらぬものとの合成である。詩人がそう意識していたとしても、意識していなかったとしても、詩をわれわれはそう読むことができる。

（「「サーカス」解題」、前掲「近代の詩人」第一〇巻『中原中也』。傍点引用者）

ここにも「変化と持続」という加藤の示導動機が表れていることに注意を払う必要がある。加藤は文学史や美術史のなかに「変化と持続」を見るだけではなく、中也の詩にも「変化と持続」を見出すのである。

しかし、「要点は「戦争」ではなくて、「茶色」の方である」というのは、少しばかり誇張が過ぎるように思われる。もしそうだとしたら、加藤の次のような解釈や見解とつながらなくなるだろう。

すなわち、「お道化うた」の解題に「中原が「お道化うた」を書いたのは、中原の問題であると同時に、時代の文化の問題である。「お道化うた」が発表されたのは、二・二六事件の年であり、日本社会は急速に軍国主義へ向かおうとしていた。道化方式によらないで批判的でありうる可能性の幅は、いよいよ狭くなりつつあった」（「自選集」八、二五七頁）と述べた解釈。また「春日狂想」の「ハイ、ではみなさん、ハイ、御一緒に――」という表現について、「日本の社会心理学の要点は、この一行に尽きる」（同三二二頁）と註した。要するに、日本社会の集団主義を揶揄していると解釈したのである。「中原は詩人として日本語に敏感であった。同時に環境の観察者としては、日本社会の基本的構造を実に見事に見抜いていた」（前掲「中原中也詩注「茶色い戦争」など」。「自選集」一〇、六八頁）という見解。「お道化うた」という表現や「ハイ、ではみなさん、ハイ、御一緒に――」という表現は「茶色い戦争」という表現と、おそらくひとつながりのものに違いない。

5　「齋藤茂吉の世界」

中原中也と並んで加藤が若いときから親しんだ歌人齋藤茂吉について「齋藤茂吉の世界」（「近代の詩人」第三巻『斎藤茂吉』潮出版社、一九九三年。「自選集」八所収）を著した。中也と茂吉には、さきに述べたように、日常語を遣って詩歌を詠み、日本語に敏感であり、平易な語彙と語法を用い、日本語の工夫においてきわだっていたという共通点がある。同時に、きわめて対照的な特徴も見られる。中原中也は主として自由詩を詠んだが、齋藤茂吉は定型詩である短歌を詠んだ。中也（一九〇七—一九三七年）は三〇歳で亡くなったが、茂吉（一八八二—一九五三年）は中也の倍以上を生き七〇歳で亡くなった。中也はもっぱら詩人・歌人であったが、茂吉は歌人でありかつ医者であった。中也はさきの戦争に反対だったが、茂吉は天皇をたたえ戦争に賛成し、戦意を鼓舞する多くの短歌を詠った。

齋藤茂吉は、医学を学び、精神医学者として治療に当り、脳病院を経営する。文学者として正岡子規に師事し、万葉調の短歌を詠み、一七冊に及ぶ歌集を上梓し、柿本人麿を研究した。

「齋藤茂吉の世界」は、私の長い間の興味の要約である。その世界は、多くの謎を含んでいて、容易に理解し難いようにみえた。地方と都会、医学と文藝、知的活動と官能性、歌人として達した高さと軍国主義讃美の愚かさ、——そういう二項対立は茂吉においていかに係り、いかに折合っていたのか。彼を理解することは、私の父の世代の日本人を、すなわち一五年戦争へ日本国を導いた人々を、十分に理解するための鍵にもなるだろう。

（「『著作集』一七、あとがき」一九九六年）

中也は「幾時代かがありまして　茶色い戦争ありました」（前掲「サーカス」）と詠った。さきに述べたように、この「茶色い戦争」には諸説あり、加藤は古びた写真の「セピア色」だと解釈するが、吉田秀和は、中也に直接に聞いたこととして「中原の頭の中にあったのは中国の大地や砂塵だ」（小池民男「時の墓銘碑」『朝日新聞』二〇〇五年四月四日）と結論する。吉田の説に従えば、中国大陸における戦争を中国の大地を念頭に置いて「茶色い戦争」と表現した。そこに戦争にたいする中也の批判的な態度が表れている。

一方、茂吉は、

皇軍のいきほひたぎり炎だちけがれたるもの打ちてしやまむ

（「国祝《くにほ》ぎ」『寒雲』一九三九年）

と詠んだ。戦争を支持し、戦意を鼓舞する短歌にほかならない。歌人としての水準の高さ、科学者としての思考をもっていても、なおこういう短歌を茂吉は詠んだのである。

茂吉と同じく医者であり文学者である加藤は、徹頭徹尾、戦争反対であった。そういう加藤にすれば、茂吉は「理解し難い」人物だった。それだからこそ余計に、茂吉という人物を読み解きたい欲求は強く、長い時間をかけて取りくんだのである。

「斎藤茂吉の世界」を明らかにするために、茂吉の短歌の一語一語を徹底的に分析しながら、茂吉の日本語の工夫のしかたを説いた。だが、加藤はそこに止まっていなかった。一方で、一七冊の歌集を出版し独創的な短歌の業績を残し、一頭地を抜く万葉研究や柿本人磨研究を残しながら、もう一方で、天皇崇拝に陥り、戦争讃美に到る社会的認識が、茂吉という人間のなかでどのように折りあっていたのか、という問題を解こうとした。要するに、複雑な茂吉の世界の統一的理解を目ざしたのである。

茂吉の短歌の独創性のひとつは、平易な語彙と語法を遣ったうえでの歌の主題の拡大である。故郷山形の山河や、旅先の自然や、愛した女、これらは和歌の伝統的な主題である。ところが、そのような伝統とは無関係に、日常語を用いて、身の回りのすべてを歌の主題にしたという点で、茂吉の短歌は画期的であった、と加藤は考える。

たしかに、医学研究や精神病院の仕事や食生活や性生活までも、茂吉は短歌の主題にした。

小脳の今までの検索を放棄せよと教授は単純に吾にいひたる
（「ミュンヘン漫吟其二」『遍歴』一九二四年）

うけもちの狂人も幾たりか死にゆきて折をりあはれを感ずるかな
（「狂人守」『赤光』一九一二年）

はかなごとわれは思へり今までに食ひたきものは大方くひぬ
（「日常吟」『たかはら』一九二九年）

岩かげに吾は来りておもひきり独按摩す見る人もなし
（「熱海小吟」『石泉』一九三一年）

和歌集の分類に従えば、日常の暮しのなかから材を撰び、多く「雑」に属する短歌を茂吉は詠んだ。『古今集』以後には、「雑」の歌は低い評価しか与えられなかった。茂吉が「雑」に属する歌を多く詠んだことは、『古今集』を高くは評価せず、『万葉集』を高く評価した子規の考えかたを継いでいるからである。

歌の主題を拡大すれば、当然、歌のなかで詠まれる語句、いうなれば「歌語」の拡大がもたらされる。茂吉の短歌には、伝統的な和歌では決して遣われないようなことばが頻出する。たとえば、「コメット第百二號機」「宗教荘厳の形式」「自治制」「脳病院」「ガード下」「pluma loci」（陰毛を意味するラテン語）とかいったことばは、茂吉以前には歌のなかに詠まれることはなかった。これらの語は、伝統的な和歌における歌語と違って、その語に付着しているコードがない。そういう意味では、茂吉のことばの遣いかたは自然主義文学者のことばの遣いかたと同じである。

伝統的な和歌の世界では「つゆ」は「涙」と結びつき、「梅」は「鶯」に連なる。ところが、自然主義文学者にとって、「つゆ」はものの面《おもて》につく水滴であり、それ以外ではなかった。茂吉の「小脳」や「岩かげ」は、物理的な意味での「小脳」であり「岩陰」である。そういう「歌語」の遣いかたを茂吉はした、ということである。

加藤の立論に導かれていえば、茂吉の業績は、ふたつあるに違いない。ひとつは、短歌の世界を拡大し、歌語を拡大したことによる「短歌の革新」である。さらにその先にもうひとつの業績が見えてくる。それは、短歌を和歌の伝統から切り離し、短歌の世界を拡大し、歌語を拡大したことによる「短歌の大衆化」ではなかろうか。つまり、和歌の伝統とは無関係に、何を主題に詠ってもよいし、どんな語を遣ってもよいのだということは、短歌はだれにでも詠める、ということになる。だからこそ、茂吉は大衆的人気があるに違いない。

短歌の世界を革新するほどに独創的な茂吉が、なぜ天皇や東条英機や皇軍に賛辞を捧げるのか。その問題を解く鍵を、加藤は「故郷金瓶村《かなかめ》」に求める。

茂吉は山形県金瓶村（現・上山市《かみのやま》）出身であり、東京に出てからも、金瓶村にたいする自己同一性を失わなかった。金瓶村を象徴するのは、「母」であり、「土地のことば」であり、「自然」である。茂吉はこれらを巧みに短歌に詠みこんだ。東京の文化のなかに暮したとき、東京の文化にたいする違和感が生じ、負けず嫌いの茂吉のなかに、東京の文化にたいする対抗心が生れる。東京の文化を凌駕するには、東京を超えたものに自己同一性を求めればよい。それが、一方では『万葉集』であり、『万葉集』最高の歌人、柿本人麿であり、他方では天皇であり、東条英機であり、皇軍だった、と加藤は考える。

茂吉が『万葉集』研究に向う理由を語って、「文学の上でどういうことばを用いたら東京人に負けないか」（『鷗外・茂吉・杢太郎』日本放送出版協会、一九九五年。「自選集」九、一一五頁）と考えたすえ、「京都にも、江戸にも属さないものは、奈良朝の文化です。茂吉は奈良朝の『万葉集』に向った。奈良朝のことばは、京都の人にとっても、江戸の人にとっても、金瓶村からみても、外国語でしょう。これならば対等の勝負ができます」（同一一六頁）と断言する。しかも『万葉集』の基調は都会的なものではなく、地方的なものである。したがって、『万葉集』でならば東京人と対等に勝負できる、と茂吉は考えたのだ、と加藤はいう。
天皇も国家も、天皇の軍隊である皇軍も、東京人のうえにある存在である。東京人のうえの存在と自らを結びつけることによって、東京人と勝負する。この加藤の説は十分な説得力をもつ。
しかし、東京を越えたものに向っても、日本を超えさらに「世界」には向わなかった。茂吉の関心は、身の回り六尺とはいわないまでも、外に向って拡がらない。ヴェネツィアに行って部屋を飛ぶ蚊に関心を寄せ、ミラノの聖堂にいた蠅に注意を払う。おそらくヴェネツィアの「蚊のこゑ」を聞きながら、あるいはミラノの聖堂の「われに附きし蠅ひとつ」を見ながら、茂吉は金瓶村にもいた蚊や蠅に思いを馳せていたに違いない。

ヴエネチアの夜のふけぬればあはれあはれ吾に近づく蚊のこゑぞする
（「イタリアの旅」『遠遊』一九二三年）

うすぐらきドオムの中に静まれる旅人われに附きし蠅ひとつ
（同上）

思いが金瓶村に戻ってしまえば「外国」や「世界」を深く理解することは出来ない。結局は「日本」の枠を出ない。茂吉の場合はまさにそうであった。
しかも、日本、天皇、東条英機、皇軍に自己同一性を求めても、それを客観的にみる視点はもちあわせていない。日本を包む世界をみようとしないのだから、日本が絶対化されるのは当然である。こうして、「日本」や「天皇」や「東条英機」や「皇軍」が、絶対的なものとして茂吉のなかで成立する。医学者あるいは科学者としての才能は、社会的認識能力を助けないし（「オウム真理教信者」も同じ）、歌人としての異才もまた社会的認識能力を育てない。社会的にはきわめて拙劣な認識能力しかもたなかったのである。その結果が、

何なれや心おごれる老大の耄碌《もうろく》国を撃ちてしやまむ　（「開戦」一九四一年）

東條首相にまうしていはく時宗のかの荒魂《あらたま》に豈《あに》おとらめや　（「寄東條首相」一九四一年）

大君《おおきみ》のみこゝのまへに臣の道ひたぶるにして誓ひたてまつる　（「詔書拝誦」一九四五年）

茂吉のように考えた日本人は、おそらく知識人を含めて少なくなかった。加藤は、茂吉を通して「父の世代の日本人」に迫ったのである。だが、加藤の関心は、そこだけに止まってはいなかった。加藤と同じく、医者にして文学者であった鷗外、茂吉、杢太郎を通じて、近代の日本人がいかに自分自身をつくったか、いかに時代と向きあったかを解き明かすという問題に向った。もちろん、そこに加藤自身をも重ねあわせる。それが人生の最後に書こうとした主題『鷗外・茂吉・杢太郎』の構想だったが、それについては次章に述べる。

第9章

時間と空間
——または日本文化とは何か

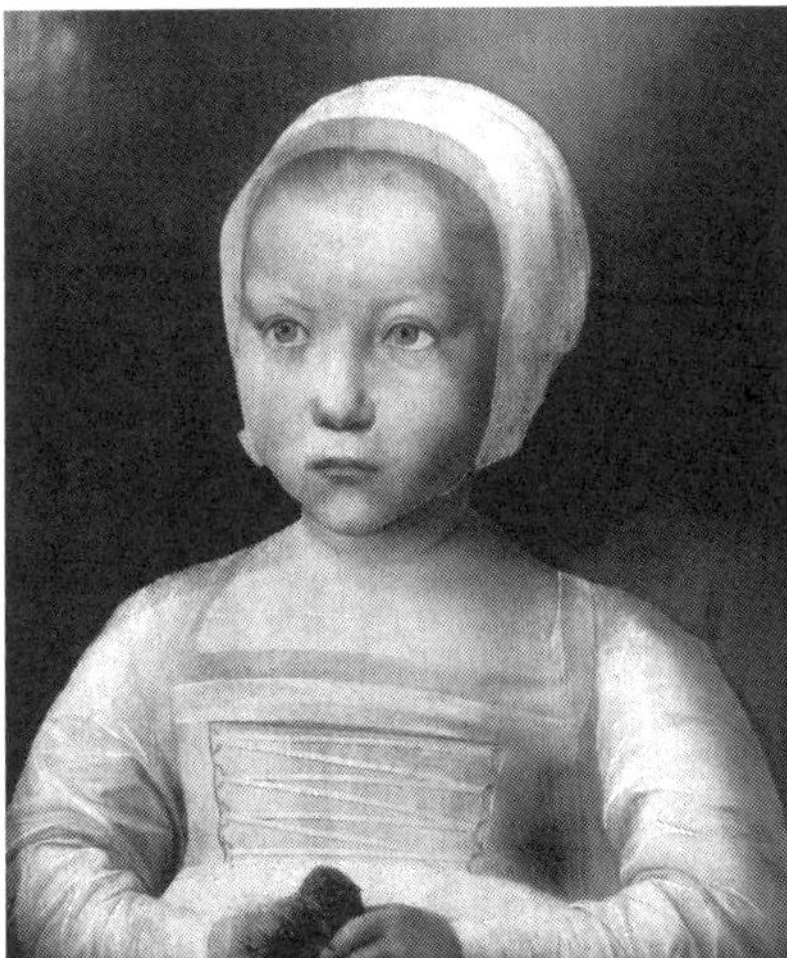

作者不詳『死んだ小鳥をもつ少女』（ブリュッセル王立美術館蔵）

1　一九四〇年と一九九四年

一九九〇（平成二）年を挟んだ前後の数年のあいだに、戦後世界の基本的な条件であった「冷戦構造」が終焉を迎えた。その発端となる事件が社会主義圏に起こる。すでに一九八五（昭和六〇）年にソ連ではゴルバチョフが共産党書記長に就任し、「ペレストロイカ（改革）」と「グラスノスチ（情報公開）」を軸にした民主化を進めていた。そして、一九八九（平成元）年には東西冷戦の象徴であった「ベルリンの壁」が事実上撤廃される。東欧の社会主義圏各国でも民主化要求が高まり、いくつかの国で社会主義政権が瓦解する。ゴルバチョフの進めたソ連の民主化は、さらなる民主化を求め、一九九一（平成三）年には、連邦構成共和国がそれぞれ主権国家として独立することとなり、ソヴィエト連邦は解体した。一方、アジアに目を転じれば、一九八九年には中華人民共和国でも、民主化要求が「天安門事件」となって現れる。一九九〇年になると、イラクはクウェートに侵攻し、これを契機にして一九九一年に「湾岸戦争」が起こる。

日本国内では、一九八九年に「昭和」が終り、「平成」の世となる。泡沫経済もわずか数年ではじけ、一九九一年から「失われた一〇年」と形容される「平成不況」が始まる（二〇〇二年まで）。泡沫経済のなかで擡頭した新保守主義の風潮が顕著になった。「国際貢献」という衣《ころも》を着た「改憲論」という鎧《よろい》が力を得て、さまざまな世論調査でも「改憲」を望ましいと考える人が過半を占めるようになった。こうしたなかで、「国際連合平和維持活動等に対する協力に関する法律案」（いわゆる「PKO法」案。平和維持活動＝Peace Keeping Operation）が国会で可決され、自衛隊の海外派遣への道が開けたのである。

こういう状況を目の当りにして、「近頃しきりに私は一九四〇年を想い出している」（「一九四〇年の想い出」『朝日新聞』「夕陽妄語」一九九四年一一月二一日夕刊。「自選集」九、二八頁）と加藤は書き記した。

その年の初めに、民政党の代議士斎藤隆夫が帝国議会で日本の中国侵略政策を批判した。その少数意見を抹殺しようとして、議会は演説を議事録から消し、斎藤を除名した。そのとき、社会大衆党は、除名決議に反対した八人の同党代議士を除名し、しばらく後に、解党する。

やがて保守二大政党、政友会と民政党も解党し、野党も批判勢力もない議会の、いわゆる「翼賛体制」が成立した。（同）

社会大衆党の解党から政友会、民政党の解党まで、わずか一カ月余り。この間に日本労働総同盟も自発的解散を決議した。これらに代って大政翼賛会が発足したのである。

ひるがえって一九九四（平成六）年は、小選挙区比例代表並立制が国会で成立し、これを契機にして生じた「批判的野党の消滅に至る議会の事情は、共産党の合法と非合法の相違を除けば、近衛幻想と「新体制」の宣伝にはじまり、「翼賛」議会に終る一九四〇年の状況を思わせる」（同二九頁)。加藤は暗澹《あんたん》たる思いで政治状況の移り変りを見ていたのだろう。この前後から「戦前の状況に似てきた」ということをしきりに口にした。

しかし、「二枚腰」の加藤は暗澹たる思いに浸っているだけではなかった。もう一方で、一九四〇年の状況とは異なる一九九四年の状況も感じとっていた。「今では政府の政策に批判的な多数の市民があり、無数の分散した小市民グループがあり、たとえ彼らの意見が大政党や大組織に反映されることがなくても、それぞれの活動をつづけ、それぞれの意見に固執している」(同)ことを評価していた。そして、こういう小さな市民グループの活動に、加藤は将来への希望を託すのである。

分散した個人や小グループの少数意見は、いつ多数意見になるだろうか。それはわからない。しかしそのための必要条件——十分条件ではないだろうが——の一つは、分散した批判的市民活動の、少くとも情報の交換という面での、横のつながりをつくりだすことである。同じようなことを考えたり、したりしている人々が、他にもいるということの知識ほど、信念や活動を勇気づけるものはない。(中略)私は昔私が若かったときの軍国日本を想い出しながら、夕陽のなかで、このような妄想を抱くのである。(同三一一頁)

「妄想を抱く」というのは加藤流の修辞表現だが、加藤は小グループの人たちと積極的に交流した。たとえば、京都の市民グループ「白沙会」の人たちと継続的な談話会をもち(一九九〇年以降)、東京の市民グループ「凡人会」の人たちと「一期一会」の読書会をもった(一九九七年以降)。「白沙会」を舞台に『『日本文学史序説』補講』(かもがわ出版、二〇〇六年)をはじめとする書籍やブックレットが生みだされた。「凡人会」は、加藤と共著で『「戦争と知識人」を読む』(青木書店、一九九九年)および『テロリズムと日常性』(青木書店、二〇〇二年)、そして加藤歿後には『ひとりでいいんです――加藤周一の遺した言葉』(講談社、二〇一一年)をまとめた。少し時間を遡るが古在由重《こざいよししげ》が主宰する「コーヒータイムの哲学塾」にも参加した。

江戸時代に町人が学んだ大坂の懐徳堂の精神が、あたかも加藤によって今日に引きつがれたかのごとくである。こういう会合に積極的な姿勢を見せたのは、人との交りを愉しんだということでもあろうが、それ以上に、眼の前の政治状況にかんする加藤の危機意識が強くなったがゆえの行動ではなかったか。これらの行動はまぎれもなく政治的行動といえる。この道はのちの「九条の会」にまでつながることになる。

2　未完の遺稿「なぜこの三人か」

一九七〇年代、八〇年代の精力的な著作活動に従った時期を過ぎて、一九九〇年代の加藤は、さらなる著作活動の準備に入る。この間に、主としてふたつの大きな仕事の準備を進めた。そのひとつは未完に終り、もうひとつは完成を見た。未完に終った書は『鷗外・茂吉・杢太郎』であり、完成させた書は『日本文化における時間と空間』である。

『鷗外・茂吉・杢太郎』は、すでに述べたように、最後の著書として加藤が何としても完成させたいと切望したものである。加藤のなかにその構想がいつ芽生えたかは精確には分からない。だが、鷗外や杢太郎にかんする著書を出版することは、かなり早い段階から考えていたと思われる。

杢太郎にかんするもっとも早い著作は「木下杢太郎の方法について」（『文藝往来』一九四九年三月号。のちに「木下杢太郎の方法」と改題。「自選集」一所収）である。「私はながい間、木下杢太郎の精神的な発展を細かくしらべて一冊の本をかきたいと考えていた」（「木下杢太郎の位置」『現代日本文學全集』第一七巻、月報」筑摩書房。「著作集」一八、一二二頁）と述べたのは、一九五六（昭和三一）年三月のことである。このときすでに、杢太郎論を著して一書とすることを「ながい間」考えつづけていたのである。「東北大学で杢太郎を知ること深かった河野与一先生からは、「杢太郎の満足すべき伝記はない。君が書きなさい。できるかぎりの援助はする」とまで言われていた」（「短いまえがき　なぜこの三人か」未完原稿。「自選集」一〇、四八一頁）。

一方、鷗外にかんするもっとも早い著作は「鷗外と洋学」（『文学』、一九五〇年。「自選集」一所収）だろう。以来、鷗外についても、たびたび論じ、たびたび語る。「鷗外とその時代」（『岩波講座　日本文学史』一五、岩波書店、一九五九年。「自選集」二所収）、「鷗外と「史伝」の意味」（『朝日ジャーナル』一九六三年五月五日号。「自選集」三所収）、「『渋江抽斎』について」（『朝日新聞』一九八六年一月二六日、原題は「加藤周一さんと渋江抽斎を読む」。「著作集」一八所収）などがあり、「近代の翻訳詩」（前掲『近代の詩人』別巻。「自選集」九所収）では、取りあげた五つの翻訳詩のうちふたつの詩は鷗外の手になるものであり、その訳詩について論評を加える。さらに、加藤の単独の著作とはいえないが、『日本人の死生観　上』（岩波書店、一九七七年）の一章は鷗外に当てられる。

茂吉については、早くから読んでいたにもかかわらず、たびたび述べていたわけではない。一九七二（昭和四七）年に書かれた「齋藤茂吉全集賛」（「齋藤茂吉全集内容見本」岩波書店。「自選集」五所収）という推薦文が、おそらく茂吉にかんする初めての文だろう。最初に本格的に論じたのは「続日本文学史序説」（『朝日ジャーナル』、一九七九年）の連載においてである。それでもそれほど多くの紙数を費やしてはいない。そして、第8章で述べた「齋藤茂吉の世界」が加わる。

『日本文学史序説』では、鷗外に一〇頁（「著作集」版。以下同）、杢太郎に六頁、茂吉には二カ所に分かれて五頁を与えている。『日本文学史序説』の「鷗外とその時代」では、もっぱら鷗外について述べられる。「杢太郎と詩人たち」では、杢太郎だけではなく、「詩人たち」として一緒に括られ、北原白秋《きたはらはくしゅう》や萩原朔太郎《はぎわらさくたろう》とともに齋藤茂吉も含まれている。茂吉は「詩人たち」のなかのひとりに過ぎない。このような比重のかけかたは、通常の文学史における比重のかけかたとはずいぶん異なる。多くの日本文学史研究では、茂吉の頁数以上に杢太郎の頁数を与えることはしない。加藤の共感は、鷗外や杢太郎に厚く、このふたりに比べれば茂吉にたいして薄い。それは茂吉の短歌のある面を高く評価しても、茂吉の社会的行動について疑問を抱いていたからに違いない。茂吉の短歌における非凡な才能と社会的行動における凡俗な思考。とりわけ「悲惨なほど浅薄」（「自選集」九、一〇六頁）とまでいった茂吉の社会観。そこに日本の知識人だけではなく、どの社会の知識人にも共通するひとつの問題を見た。たとえば、ゴットフリート・ベン（前掲「ゴットフリート・ベンと現代ドイツの「精神」」。『自選集』二所収）、マルティン・ハイデッガー（前掲「宣長・ハイデッガー・ヴァルトハイム」。『自選集』八所収）、ゴットロープ・フレーゲ（「フレーゲの「日記」」、「夕陽妄語」『朝日新聞』一九九五年五月二四日夕刊。『自選集』九所収）、そして小林秀雄などに見出した問題である（前掲「戦争と知識人」。『自選集』二所収）。茂吉の問題は茂吉だけの問題ではなかった。

だからこそ茂吉をよく理解したいという欲求を抱いて、加藤は「齋藤茂吉の世界」を著した。このころより、医者にして文学者である鷗外・茂吉・杢太郎の三人を重ねて論じる構想を育んでいたと思われる。では、なぜ加藤は、この三人の知識人を撰んで論じようとしたのだろうか。いうまでもなく、鷗外・茂吉・杢太郎は、医者にして文学者である。加藤も医者にして文学者である。この三人に、自己との同一性を感じていたことはいうまでもない。しかし、医者にして文学者なのは、何もこの三人に限らない。安部公房《あべこうぼう》、なだいなだ、北杜夫《きたもりお》、加賀乙彦《かがおとひこ》らは、医者にして文学者だし、医者を自然科学者と捉えれば、寺田寅彦《てらだとらひこ》や中谷宇吉郎《なかやうきちろう》にまで拡がる。

加藤が興味を覚える人物は、多くの場合に、加藤自身との何らかの共通性をもつ。さきに述べたように、後白河法皇にしても、一休宗純にしても、新井白石にしても、森鷗外にしても、加藤は自分との共通性を意識している。医者の仕事に従いつつ、なおかつ近代文学者としての活動も遂げた人物のなかでは、鷗外と杢太郎に強い共感を覚え、茂吉には共感よりも強く興味を抱いていたのである。

三人に共通するのは、医者で文学者というばかりではなく、今日の東京大学医学部を卒業したこと、ヨーロッパに留学したこと（鷗外はベルリンに、茂吉はヴィーンに、杢太郎はパリに留学）、詩作を行うこと（鷗外は短歌、俳句、訳詩、茂吉は短歌、杢太郎は抒情詩）、日本の歴史を遡って研究したこと（鷗外は江戸の儒者、茂吉は『万葉集』や人麿、杢太郎はキリシタン研究）も共通する。しかも、これらはいずれも加藤自身と重なるのである。

三人のなかでは鷗外にもっとも自分と近いものを感じていたに違いない。そもそも日本の近代文学にたいする関心は、中学時代に読んだ芥川龍之介に始まる。芥川を読むことは、小学校以来の幼馴染みの少女が「馬鹿ねえ、芥川を知らないの？」といって芥川選集の一冊本を貸してくれたことを契機《きっかけ》とする。「その一冊本を読みとおすと、それだけでは満足できず、一年間の小遣いをためて、全集を買った」（前掲『羊の歌』、五七頁、改版六四頁）。なお、この全集は保存状態良好のままに加藤の書庫に所蔵されていた。加藤の几帳面な性格と書物を大事にする態度が窺える。

芥川から、さらに関心を、漱石、鷗外、荷風、中野重治、石川淳という非自然主義文学系の文学者へ拡げる。その反面、自然主義文学者への関心はさほど深くならない。すでに「感覚は洗煉の極に達し、言葉はぬきさしならず設計された「つづきあひ」の裡に微妙に交響している」（前掲「定家『拾遺愚草』の象徴主義」。「自選集」一、一七三頁）定家でさえ、「精神の秩序の再建」（同一七四頁）には限界があり不十分であることを見てしまった加藤には、どんなに感覚が研ぎ澄まされ、洗煉された文章を書いていたとしても、自然主義文学者を高く評価することはできなかった。

非自然主義文学者のなかで、とりわけ関心が深かったのは、森鷗外である。それは鷗外と加藤の共通点が多く、おそらく加藤にとって鷗外は時代を隔てた好敵手であり、後継者と自認していたのではなかろうか。「時代の代表的知識人」鷗外を次のような知識人として加藤は認める。

木下杢太郎によれば鷗外は「テエベス百門の大都」である。どこからでも入れるというのだが、少くとも倫理（人生）、政治（社会思想）、科学（医学）、芸術および文学のすべてに対して独特の立場をもち、その相互の関連について、鷗外ほど明瞭に語った人物は、同時代にいないだろう。（中略）知識の広さそれ自身に意味があるのではなく、知識の広さが知識の深さにもとづく必然の結果であるということに意味があるだろう。深さというのが不正確ならば、知識の特定の質といってもよい。知識の特定の質は、その普遍性であり、一個の精神においてすべての知的領域をつなぐものであり、そこに触れてたとえば科学と芸術とは一方に関心をもち他方に関心をもたぬことが不可能になるようなものである。その意味で知識人を知的技術者から区別するとすれば、言葉の厳密な意味において、鷗外は明治以後の日本に例外的な少数の知識人の一人であった。（前掲「鷗外とその時代」、「自選集」二、三二一頁）

この引用文の「鷗外」を「加藤周一」に、「明治」を「昭和」に置き換えても、不都合はほとんど生じない。医者＝科学者としての訓練を重ね、医者として身を立てたが、途中でこれを捨てたことも同じである。事実を観察し、その観察から証明できることを述べる。叙述が科学的方法に基づくという点でも鷗外と加藤は共通する。ふたりが表す日本語、すなわち文体は、日本の古典に親しみ、漢文と西洋語を学んだ末に出来あがったものである。漢文を基礎とする簡潔で明晰な文体は、鷗外に始まり、芥川龍之介を経て、永井荷風、石川淳、中野重治に受けつがれ、おそらく加藤で終るだろう。

このように、知的関心の領域において、関心対象にたいする観察や分析の科学的思考と科学的方法において、表現する文体において、鷗外と加藤には共通するものが多かった。

しかも、留学中に彼の地で親しい女性との交流があったことや、母親が勧めた女性と結婚し（加藤の場合については、実妹本村久子談）、その結婚生活はほどなく破綻したこと、複数回の結婚、最後の結婚相手に理解され支えられたことなど、私生活上でもいくつかの共通点がある。それゆえに、加藤は鷗外を「時代を隔てた好敵手」と考え、自分を「鷗外を継ぐ者」と位置づけていたのではなかろうか。

杢太郎は、三人のなかではもっとも都会的な人間であり、その点では加藤と同じである。文学活動を学生時代に詩作から始めたという点でも共通し、日本美術史や、中国美術、ことに仏教美術に深い関心を寄せたという点でも共通する。洗煉された感覚は加藤好みでもあったろう。

茂吉は、加藤にとってはもっとも遠い存在だった。しかし、茂吉との共通性がないわけではない。強い愛の感情を万葉調の歌に詠むという点でも、伊藤左千夫《いとうさちお》に傾倒した点でも、『金槐集』の源実朝に惹かれた点でも、茂吉に共通する。しかし、第8章で述べたような茂吉の社会的認識と態度は、とうてい加藤との近似性はなく、それゆえに茂吉を理解しにくく、だからこそ理解したかったのである。

『鷗外・茂吉・杢太郎』執筆の準備はかなり進められていた。相当量の参考資料が集められ「短いまえがき　なぜこの三人か」（未完。前掲）が書きはじめられていた。これは加藤の歿後に発見されたもので、わずか四〇〇字五枚足らずの、未完にして未発表の原稿であった。この原稿がいつ書かれたか、精確には不明である。おそらくそれほど古いものではなく、二〇〇八（平成二〇）年か、遡っても二〇〇七年に書かれたものではなかろうか。ここには、鷗外・茂吉・杢太郎と加藤との「出会い」が述べられる。

加藤がまだ医学生だったとき、臨床実習を受けるために青山脳病院に、父親の紹介状をもって院長の茂吉を訪ねたことがある。

突然玄関に現れたのは受け附けの事務員に非ず、看護婦に非ず、医者に非ず、秘書に非ず、いきなり院長自身であった。（中略）その頃すでに六〇歳に達していた斎藤茂吉は医者の白衣の下に、一方では精神科の病院を経営し、他方では『アララギ』派を率いて歌壇に雄飛する壮年のエネルギーを漲《みなぎ》らせていたように思われた。骨太の丈夫そうな体格、当時の日本人としては背も高く、さすがに眼光は鋭くてほとんど闘志を貯えていたのだろうが、相対すればその眼はあたたかく、その言葉はおだやかで、生国の東北地方の抑揚を含んでいた。一見すれば村の好好爺、しかし同時に全身にあふれる強い意志。

（「自選集」一〇、四七九―四八〇頁）

「村のおだやかな好好爺」と「眼光鋭く強い意志をもった闘士」との対比。相反する二面性をもった人物に惹かれる加藤は、茂吉をこのように捉えた。杢太郎とは一対一で相対してはいない。加藤が杢太郎と初めて接したのは、教場で講義を受けたときである。

　講義は階段教室で、何時《いっ》も定刻にはじまり、話の内容は主として各種の皮フ病の症状の形態学的特徴を叙述する。タテ板に水の雄弁ではなく、むしろ内省的というか、考えながらつぶやくように進むという印象を受けた。その印象は外来患者の診察のはやさとは全く対照的にみえた。（同四八〇頁）

　杢太郎にも「対照的な」ふたつの側面を見出している。鷗外との「出会い」は、残念ながらそこまで筆は及ばずに未完で終っているが、おおいに興味をそそられる「まえがき」である。

　当書の狙いは、医者にして文学者である三人の知識人を近代日本思想史のなかに位置づけることにあった。同時に、三人と対比しながら、同じく医者にして文学者である加藤という知識人を、近代日本思想史のなかに位置づける狙いもあったことを示唆する。すなわち、加藤自身による加藤自身の総括が書かれるはずであった。それが書かれないままに終ったことは、まことに口惜しい。

3　『鷗外・茂吉・杢太郎』

幸いにしてＮＨＫの「人間大学」という番組で「鷗外・茂吉・杢太郎」を放送することが決まり（放送は一九九五年一月―同三月）、その教科書として出版されたのが『鷗外・茂吉・杢太郎』（日本放送出版協会、一九九五年。「自選集」九所収）である。本書は加藤自らの執筆ではなく、加藤の口述をまとめたものである。この教科書は一二章からなり、各章は「近代日本の知識人」「故郷から」「西洋へ」「医学の研究」「文学的世界の拡がり――鷗外」「文学的世界の拡がり――茂吉・杢太郎」「科学と文学」「文章について」「歴史観」「女性観」「社会と戦争」「死及び死以後」である。

三人の故郷との関係、ことばにたいする態度、留学すなわち西洋文化との接触における態度、あるいは文化的自己同一性の問題、それぞれの医学研究、文学における仕事、それぞれの科学的研究と文学活動との関係、彼らの文章、歴史観、女性観、戦争観ことに太平洋戦争についての考えかた（ただし鷗外を除く）、死にたいする考えかたなどが比較され論じられる。

なかでも中心的な主題は、鷗外・茂吉・杢太郎のなかで、医者＝科学者と文学者とがどのように折りあっていたか、という問題である。つまり、医者＝科学者としての彼らが、それぞれの文学のうえに、それぞれの文体のうえに、どのような影響をもたらしたか、という問題である。同じく医者＝科学者にして文学者であった加藤でなければ発見しにくいような指摘がいくつも見られる。

まず第一に、文学のうえに与えた影響について。三人とも、「文学のなかでも事実に向かうという傾向を、少なくともある時期には鋭く示しました。事実の尊重、事実を知りたいという傾向が特徴です」（『自選集』九、九二頁）。たとえば、それは鷗外の「史伝」に、茂吉の『万葉集』研究に、杢太郎の「キリシタン史」研究に表れていると指摘する。

第二に、臨床医学的態度が共通し、「あまり感情をまじえずに、解釈をいきなり持ちださないで、いわんや空想を排して、実際の場面、あるいは問題を、冷静に見ようとしました。臨床医学的な態度です」（同九二―九三頁）。そのもっとも典型的な例が、鷗外の『キタ・セクスアリス』だといい、茂吉がいう「実相観入」も、まず事実の真相を観ることの主張であるという。

第三に、自分の外の世界にたいする知的好奇心も三人に共通する。しかし、これは同時に「自分の主観に対して超越的な世界を知りたいという欲求は、たとえば自分の気持ちを反省する、という反省的操作とは違います」（同九四―九五頁）と念を押す。これは自然科学者の一般的傾向で、鷗外・茂吉・杢太郎にも、程度の差こそあれ、共通して見られる傾向なのだが、知的好奇心のあまり、その知的好奇心のなせる業《わざ》にたいする人間的意味を疎《おろそ》かにする態度になりやすいことをいったのである。

文体に与えた影響について。鷗外と杢太郎に共通する叙述の方法として「概念の拡がりのひろいところから狭いところへと進んで、秩序だった叙述をしていることが特徴です。叙述の合理的秩序は科学的記述と共通しています」（同九九頁）と指摘する。その例として挙げられる鷗外の文章は以下の通りである。

　そして現在は何をしてゐるか。

　わたくしは何をもしてゐない。一閑人として生存してゐる。しかし人間はヱジエタチイフにのみ生くること能はざるものである。人間は生きてゐる限は思量する。閑人が往々棋《ご》を囲み骨牌《カルタ》を弄《もてあそ》ぶ所以である。

　剰《あま》す所の問題はわたくしが思量の小児にいかなる玩具を授けてゐるかと云ふにある。爰《ここ》に其玩具を検して見ようか。わたくしは書を読んでゐる。それが支那の古書であるのは、今西洋の書が獲難くして、その偶《たまたま》獲べきものが皆戦争を云ふが故である。是《こ》れはレセプチイフの一面である。他のプロドユクチイフの一面に於ては、彼文士としての生産の惰力が、僅に抒情詩と歴史との部分に遺残してヰタ、ミニマを営んでゐる。

　わたくしは詩を作り歌を詠む。彼は知人の采録する所となつて時々世間に出るが、此《これ》は友人某に示すに過ぎない。前にアルシヤイスムとして排した詩、今の思想を容るゝに足らずとして排した歌を、何故に猶作り試みるか。他無し、未だ依るべき新なる形式を得ざる故である。是れが抒情詩である。

（「現代日本文学大系」第八巻『森鷗外集（二）』筑摩書房）

「何をしてゐるか」「何をもしてゐない」＞「思量している」＞「書を読んでゐる」＞「支那の古書」。「抒情詩と歴史」＞「詩を作り歌を詠む」という不等号関係だろう。たしかに大きな概念の話から小さな概念の話へと、徐々に移っていく。加藤がいうように、整然とした秩序をもった文章だといえる。しかも、「何をしてゐるか」「何をもしてゐない」、「支那の古書」「西洋の書」、「レセプチイフ」「プロドユクチイフ」、「抒情詩と歴史」、「漢詩と和歌」、「詩のほうは……、歌のほうは……」、「……排した詩、……排した歌」というような対句的な二項対立をもっている。「キタ、ミニマ」は最小限の生活という意味だから、これは加藤の好む「緩叙表現」と見て間違いないだろう。第3章で加藤の文体の特徴について言及したが、これはまさしく加藤の文章の特徴とも共通する。

茂吉にも臨床医としての観察眼を認める。茂吉が短歌のなかに外国語や医学用語を多用したこと（たとえば「pluma loci」（＝陰毛）、「ペルヴェルジョ」（＝性的倒錯症））について「情緒でなく、もっと直接的に身体的・生理的描写が」（「自選集」九、八七頁）見られるのは「医者としての臨床的態度が、歌の世界にも出たということだろう」（同一〇五頁）と解釈する。研究方法については「柿本人麿研究の方法、とりわけ文献収集の方法などが、茂吉の医学研究（精神医学研究）の方法と酷似する」と認定する。

杢太郎、すなわち太田正雄の専門である皮膚科学の主な研究方法は形態学であり、杢太郎の『大同石仏寺』は六朝《りくちょう》の磨崖仏《まがいぶつ》についての形態学的研究であると判断し、形態学的研究は『百花譜』における草花の写生に活きていると断定する。これらは同じく医者であり文学者である加藤だからこそ指摘できたことに違いない。

4 『日本文化における時間と空間』

一九九〇年代になって、加藤が執筆の準備を始めたもうひとつの主題に「日本文化における時間と空間」がある。執筆の準備こそ一九九〇年代に入ってからのことであるが、かなり早い時期から晩年に到るまで、加藤が追究しつづけた主題のひとつである。では、なぜ加藤は日本文化における「時間と空間」という主題を追究しつづけたのだろうか。その理由は三つある。

第一は、時間と空間は人間がものを考える場合の基本的条件だからである。なぜならば、人間だれしも、時間のなかで生き、空間のなかで暮す。時間と空間を意識しないで生きることはあり得ない。したがって、時間と空間にたいする意識や表象は、人間のものの考えかた、すなわち「思想」を規定する。時間と空間にたいする意識や表象は文化によって異なり、文学作品や美術作品や社会的行動のうえに投影される。日本人の時間と空間の捉えかたに、日本文化や日本人の思想が表現されている、と考えることは、至極当然なことだろう。時間と空間にたいする意識や表象を通して、加藤は、日本文化や日本人の思想を読みとろうとしたのである。

第二は、戦争中の日本人の、とりわけ知識人の行動にかかわる。第1章で述べたように『ある晴れた日に』に、そして『羊の歌』にも描かれたことだが、戦争中に同僚の医師が「火傷《やけど》の治療法については綿密な論理を操り整然と語ること」が出来るのに「沖縄の運命については簡単な論理さえも冷静に辿《たど》ることができない」（本書第1章六七頁）という事実を目の当りにする。「いったいなぜこのようなことになるのだろうか?」という疑問を強く抱いた。しかも、このような思考と行動を採る日本人は少なくなかった。この疑問は、いったいどうして、日本人はこのような思考と行動を採るのかという疑問につながる。そして、その答えは、日本の文化、日本人の思想を分析しなければ得られない、と考えたに違いない。

第三は、一九五〇年代前半のフランス留学にかかわる。ヨーロッパ文化にじかに接触し、彼我の文化の違いを痛感した。文化には型があり、西洋近代の文化を「純粋文化」型だとすれば、日本近代の文化は「雑種文化」型である、ということを悟った。その考えは「雑種文化論」となって結実する。その後、ヴァンクーヴァーのブリティッシュ・コロンビア大学に赴任し、彼の地で日本文学史、日本美術史の研究に従った。そして、日本文学史、日本美術史に貫かれている基本的特質を見きわめようとしたのだが、そのときに「時間と空間にかんする意識や表象」から日本文学史や日本美術史を分析する方法を加藤は使った。

この方法に基づく最初の著作は「『源氏物語絵巻』について」(『東京新聞』一九六五年一月四・五日夕刊。「自選集」三所収)である。同著作とその次の著作「日本の美学」については、すでに第4章で述べたので(本書一七四—一八〇頁)、ここでは繰りかえさない。その主題はさらに「日本における芸術思想の展開」(「講座哲学」第一四巻『芸術』、岩波書店、一九六九年。「自選集」四所収)に引き継がれ、『日本文学史序説』や『日本　その心とかたち』に繰りかえし現れることとなる。

一九六〇年代半ばから七〇年代までは、主として文学や美術に表れた「時間と空間」にたいする意識や表象を論じてきた。ところが、一九八〇年代になると、広く日本文化や日本社会までを見わたすようになる。つまり「日本文化における」という意味を、たんに文学や美術に限定して考えていたわけではなかった（このとき文学が広義の文学を前提とすることはいうまでもない）。社会的関係や社会的行動までも「文化」として――これも至極当然なことであるが――捉えていた。それが「日本の伝統における空間と時間の概念」（「山中人閒話」『朝日新聞』一九八二年一一月二二日夕刊。「著作集」二一所収）や「日本社会・文化の基本的特徴」（『日本文化のかくれた形』岩波書店、一九八四年。「自選集」七所収）である。そして一九八〇年代前半には、「時間と空間」という語が表題に上りはじめた。

一九八〇年代後半以降には、機会あればこの主題について語った。成蹊大学（一九八六年後期）で「日本文化における時間と空間」という講義をもち、立命館大学（一九八八年に赴任）でも、仏教大学（二〇〇四年に赴任）でも、「日本文化論」を講じた。これらの講義内容は、しばしば「時間と空間」であったという（立命館大学については吉田信に、仏教大学については石原重治に御教授いただいた）。

さらに一九九〇年代に入ると、たとえばオーストラリア（一九九〇年）やイスラエル（一九九二年）でも、この主題による講演をもった。国内でも「日本文化における時間」（かもがわ出版・白沙会主催、一九九六年、京都。「自選集」九所収）や「日本文化における空間」（〈ことば〉を考える会・かもがわ出版主催、一九九六年、東京。「自選集」九所収）という講演を行っている。少しずつ構想を広め、内容を深め、紙誌に書き、聴衆に語ることを繰りかえしながら、四〇年の歳月を費やして考察を続けていくのである。

かくのごとく積みかさねられまとめられた「日本文化における時間と空間」論であるが、その表題からは、その内容を推しはかれない。いったい日本文化における時間と空間にどのような特質があるというのだろうか。「時間」について、加藤は次のようにいう。

> 日本文化のなかには、三つの異なる型の時間が共存していた。すなわち始めなく終りない直線＝歴史的時間、始めなく終りない円周上の循環＝日常的時間、始めがあり終りがある人生の普遍的時間である。そしてその三つの時間のどれもが、「今」に生きることの強調へ向うのである。（前掲『日本文化における時間と空間』、三六頁）

加藤のいうことを比喩的にいいかえれば、歴史的時間は「河の流れ」に喩えられ、日常的時間は「四季」に表れ、人生の普遍的時間に「諸行無常」を感じる、ということになる。

ユダヤ教やキリスト教の考えでは、歴史的時間は天地創造に始まり終末で終る。始めと終りがあれば、自分が歴史的時間のなかのどこにいるかが相対的に決まる。ところが、始めも終りもない歴史的時間という意識や表象のなかでは、自分の位置は客観的に決まらない。ということはいつも自分を中心にして、時間としていえば「今」を中心にして考えざるを得なくなる。

「時間」にたいする意識や表象が、日本語のうえに（たとえば語順や時制に）、日本の文学のうえに、美術のうえに、音楽のうえに、どのように表現されているかが、『日本文化における時間と空間』で取りあげられる。それに加えて、文学や美術についてはこれまでも書かれているが、同書ではじめて本格的に書かれたのが（講演では言及したことがある）、日本語のうえに表れた「時間」である。たとえば、日本語表現の時制について、次のように述べる。

　現代日本語のあきらかな特徴の一つは、少なくともヨーロッパ語とくらべて、その文法が、時間線上の前後関係による時間の構造化よりも、時間的に継起する出来事に対しての話し手の反応の表現へ向う著しい傾向である。記憶は過去の出来事を、予測は未来の出来事を、話し手の現在の心理状態へ引き寄せる。世界の過去は話し手の現在へ流れこみ、世界の未来は話し手の現在から流れ出す。もしそうでなければ、係わりのない過去は消え去り（amnesia）、予測できない未来は誰の関心の対象でもなくなるだろう。この言語とその文法は、一種の現在中心主義へ人を誘うように思われる。しかしそれは何時頃からのことか。

（同五〇―五一頁）

といって、その傾向は『万葉集』の時代から今日まで続いていることを例示する。

　たとえば過去の出来事（動作）についての推量の助動詞は、「わが袖振るを妹見けむかも」（『万葉集』、一二四。以下、番号は岩波『古典文学大系』による）の「けむ」である。現代語の

「見たらし」の「見ただろう」に相当する。現在の事についての推量は、「春すぎて夏来たるらし」の「らし」（万、二八）、現代語の「らしい」。未来の三人称の動作の推量は「語らひ継ぎて逢ふことあらむ」の「む」（万、六六九）、現代語の「だろう」。確かな過去の動作について、完了の助動詞、「つ」、「ぬ」、「り」、「たり」、未来に当然おこるはずの出来事について、「べし」など、その用例はすべて『万葉集』にある。そしてそのどれもが、直接に過去・現在・未来のどれかを明示するのではない。（同五一頁）

時制が明確に区別されない傾向は近代にも及び、鷗外にも漱石にも見られるといって、漱石の『夢十夜』の第二夜冒頭を例に引く。

こんな夢をみた。

和尚の室を退つて、廊下伝ひに自分の部屋へ帰ると行灯《あんどん》がぼんやり点つてゐる。片膝を座布団の上に突いて、灯心を掻き立てたとき、花の様な丁子がぱたりと朱塗りの台に落ちた。同時に部屋がぱつと明るくなつた。

襖の画が蕪村の筆である。（中略）床には海中文珠の軸が懸つてゐる。焚き残した線香が暗い方でいまだに臭つてゐる。広い寺だから森閑として、人気がない。黒い天井に差す丸行灯の丸い影が、仰向く途端に生きてる様に見えた。

（同五九—六〇頁。傍点は加藤）

「現在形と過去形を頻りに交代させて、一種の「リズム」」（同六〇頁）がつくりだされているという。頻りに交代させるのはあくまでも漱石であって、日本語の文法として、あるいは文章の書きかたとして確立しているわけではない。

さらに、詩に、ことに抒情詩に、時間にたいする意識や表象が鮮明に表れるといって、和歌、連歌、俳句などを考察し、随筆にも筆を伸ばす。考察は文学に留まらず、音楽（「間」と「音色」を重視する）や身体表現（たとえば「見得」）、そして絵画（絵巻による時間表現）についても考察を加える。

「今」の尊重は社会的行動様式にも当てはまる。しかし、その「今」の時間の幅は、人生であり、今世紀であり、今年であり、今月であり、今日である。それは必要に応じて伸縮する。「今」を尊重するということは、「彼岸」を考えずに「此岸」を考えるということでもある。宗教は超越的宗教を求めず（例外は鎌倉仏教）、現世利益の宗教を求めることになる。こうして「脱信仰」がもたらされる。

また、「今」を尊重すれば、今の現実を尊重することになる。今の現実は「集団外部の超越的考えかた」あるいは「集団内部の少数意見」としては現れずに、「集団内部の大勢」として現れる。かくして「大勢順応主義」という日本人の社会的行動様式が導きだされる。「大勢順応主義」では、「全会一致」が理想となり「村八分」がその理想を保障する。これはなにも伝統的な村落共同体に見られた現象ではなく、今日のビジネス社会にも見られる現象だろう。

一方、「空間」について、伝統的な村落共同体のありかたを媒介にして、次のような特徴を発見する。「「オク」（奥）の概念」「水平面の強調」「「建増し」思想」である。

「オク」について。『岩波古語辞典』（一九七四年）の「おく」の「空間的には、入口から深く入った所で、人に見せず大事にする所をいうのが原義」を引証しながら「「オク」は固定された一点を指示するよりも、運動の方向性を意味することが多い。「オク」へ向う運動があって、進めば進むほど空間の聖性が増すのである」（同一六五頁）と指摘する（たとえば神社の構造、寺院の奥の院）。世俗空間では、オクは私的性質が高まり、秘密性が増す（私人の家では、奥の部屋は容易に客人にも見せない）。

「水平面の強調」について。「日本では宗教的建築でさえも、平屋または二階建てで、地表に沿って広がり、天へ向って伸びてゆくことはない。神社には塔がない」（同一六七頁）と説く。例外は仏教寺院の五重塔だが、これは「外来宗教の造形的表現の一つである仏塔の「日本化」である」（同一六七―一六八頁）とつけ加える。

「「建増し」思想」について。建築には計画方式と建増し方式があり、ふたつを併用するのはどの文化でも共通するが、どちらを重視するかは文化によって異なる。日本では建増し方式が重視され、江戸時代の大名屋敷がその典型である。最初から全体の見取り図のもとに計画的に設計されるのではなく、必要に応じて部分的な建増しをしていく。すなわち「建増し方式は、部分から出発して全体に」（同一七〇頁）到る特徴があると説く。さらに「小さな空間」の嗜好と、「非相称性」の美学、主観主義的表現の傾向を導くと主張する。

同時に、伝統的村落共同体から日本列島に到るまで、開閉が出来る空間に暮し、基本的には外部の世界との交流は少なかった。ゆえに空間は「ここ」を基点として意識され表象されることになる。

このような「空間」にかんする意識や表象を、建築（茶室空間や庭園）、絵画（典型的なのは琳派の絵画）や書画（水墨の主観主義性）のうえに確認する。

そして、空間認識の特徴は社会的行動様式にまで反映する。「日本人の生活空間の原型は、水田耕作のムラである。その境界は開閉する。閉鎖を持続させた主な要因は、労働集約的な農業であり、その効率であり、効率が要求する団結と内的秩序である。開門を推進したのは、外部の状況とその圧力、近代以降では採用した資本主義の論理である」といって、空間認識から「閉鎖的共同体主義」や「集団主義」（同二二七頁）が生みだされることを指摘する。

さらに、閉鎖的共同社会に暮すムラ人の外部の訪問者との関係は三つに分かれることを述べる。

第一種はムラ人よりも高い位置にある存在。折口信夫《おりぐちしのぶ》のいわゆる「マレビト」＝カミ、中央政府の任命した地方官、遊行の上人など。第二種は農夫よりも下の人間。「乞食」や「すっぱ」（忍者、詐欺師、盗人など）。そして第三種は、ムラ人よりも上であり、同時に下である人々。彼らはしばしばムラ人にはない能力をもち、ムラ人が生涯に見たこともない高位の人たちの世界にも出入する。各種の芸人、連歌師、白拍子、巫女、遊女など。しかし彼らをムラ人は対等の人間とは決してみなさない。したがって結婚することもない。すなわち遠い外部からの訪問者は、ムラ人にとって自分たちよりも、上か、下か、上かつ下であって、決して対等ではなかった。そのことは近代史における日本の対外関係をも想起させるだろう。外国は日本共同体からはるかに遠い外部の存在である。彼らは教師（上）であるか、敵（下）であるか、その双方（上かつ下）であった。日本国とは中国とも米国とも、また他の外国とも真に対等の交流関係を経験したことがなかったし、周知のように今でもない。

（同二二七頁）

といって、今日の外交関係にたいする政府および日本人民の対応にまで言及するのである。

では、時間における「今」の尊重と、空間における「ここ」の尊重とは、どのような関係にあるのか。加藤はおおよそ次のようにいう。時間における「今」の尊重とは、時間の「全体」における「今」という「部分」の尊重であり、いわば「時間的部分主義」ともいえる。一方、空間における「ここ」の尊重とは、空間の「全体」における「部分」の尊重であり、いわば「空間的部分主義」である。「かくして「今」主義と「ここ」主義は、併存しているのではなく、全体を分割して部分へ向うよりも、部分を積み重ねて全体に到るという同じ現象の両面をあらわしている」（同二六四頁）。「時間」にたいする意識や表象と「空間」にたいする意識や表象を関連させ、結論として、日本文化の中心に「今ここ」主義を導きだすのである。

「日本文化における時間と空間」論は、右に見てきたように必ずしも狭義の「文化」の範疇に留まった議論ではなく、社会的行動や政治的行動や外交行動までを視野に収めた議論なのである。「今ここ」は、『万葉集』の時代から「今日」まで連綿と続いていると思われる。今日、日本国の外交から暮しの必需品となった自動販売機やコンビニエンスストアにまで「今ここ」主義が貫徹している（拙著『自動販売機の文化史』〔集英社新書、二〇〇三年〕、『公共空間としてのコンビニ』〔朝日選書、二〇〇八年〕参照）。

加藤の立論のさきに、本田和子の『異文化としての子ども』（筑摩書房、一九九二年）を私は想いおこす。「先ず第一に、彼らが〔子どもたち〕「いま」を生きる存在であること。子どもたちは、過去や未来とはかかわりなく、非連続の「いま」の輝きの中で、自足的であり得るように見える」（同書六一頁）という指摘は、日本文化の今を考えるときに示唆的である。現代日本文化では大人でさえ「幼い子ども」のような振る舞いが好意的に受けとられ（とりわけ女性の振る舞いにたいして）、大人でさえ「幼い子ども」のように遇されるのである。このような社会現象は、「いま」を尊重する社会であることによるのかも知れない。

ともあれ、加藤は、戦争中に問題意識を抱き、フランス留学でますます募らせ、ヴァンクーヴァーで考えを深めて、以降晩年に到るまで、半世紀にわたって追究しつづけ、ついに『日本文化における時間と空間』として集大成させた。同書には、それまでに加藤が日本文学史や日本美術史などで繰りかえし指摘してきたことが多く使われている。しかも、この主題は、つまるところ、「日本人のものの考えかたとはいかなるものか」ということと同義であり、「日本人とは何か」とも同義である。加藤は半生をかけて「日本人のものの考えかたとはいかなるものか」「日本人とは何か」という主題を追究しつづけたのである。

加藤は、よくいわれるように「幅広い活動」を繰りひろげただけではなく、「同じ主題の追究」を執拗に続けた。そういう姿勢は、加藤の示導動機である「変化と持続」についても「雑種文化論」についても「戦争と知識人」についても、まったく同じことがいえる。

5　推薦文の名手

さきに、加藤の文体は、森鷗外に始まり、芥川龍之介を経て、永井荷風、石川淳、中野重治に受けつがれ、おそらく加藤で終るだろうといった。そういう「文体」を如何《いかん》なく発揮させたのが、刊行物の推薦文である。出版社は大きな企画を刊行する場合には、「内容見本」と称する広告冊子をつくることが少なくない。そこにはその刊行物にたいする推薦文が寄せられる。推薦文は、ほとんどの場合、短文である。少なければ一〇〇字程度、多くても八〇〇字を超えることはほとんどない。短文のなかに、企画の全体、ことに個人全集の場合には、その個人の全体を表現しなければならない。要するに、簡にして要を得た文が求められ、「芸」が必要になり、だからこそ「芸」の見せ所となる。このような性格をもった推薦文は、だれにでもよく書けるものではない。推薦文の名手といえば、多くの人は石川淳を思いだすだろう。だが、加藤も石川に並び得る名推薦文を書いた。とりわけ個人全集の推薦文を書くことを好んだ。「ほとんどの主要作品を読まなくてはならないから、時間もかかるし、エネルギーも要る」と加藤はしばしばいった。時間をかけ苦心しながら、それでもこの種の仕事を愉しんだ。

昔は重じられて、今は軽じられる形式に、短い文章の凝集して彫琢の跡の著しいものがある、序・跋・記・伝・その他。中国の文語によると日本語の文語によるとを問わず、短い文章の洗煉は、徳川時代の終りまで、いや、明治以後にまで受けつがれて、わが国の文人の重要な事業であった。その伝統が、今日ほとんど失われたのは、何故だろうか。けだし、文章の物理的な長さによって売文業の成りたつ習慣が、天下に普及して、短文に時間と労力を投じては、効率が悪くなったからであろう。すなわち、文藝の資本主義化である。

しかし、資本主義の発達は、また広告業の興隆を伴う。書物の広告、全集の見本に提灯もちの文章は、すべて短い。そこに序・跋・記・伝の伝統を、活かすことができる。はるかに石川淳の名文には及ばずとも、文士の端くれとして応分の努力はしてみようというのが私の志であり、志によって成ったのが、「私の広告文」である。文は長きを以て貴しとせず。非資本主義的原則は、資本主義的制度を通じても、あらわれるだろう。

（「「私の広告文」追記」。「著作集」一五、二九六—二九七頁）

「『荷風全集』内容見本」（岩波書店、一九九二年。「自選集」八所収）に載る推薦文は、わずか二〇〇字足らずである。二〇〇字足らずの文に、見事に荷風の全体が表され、のみならず、加藤の示導動機である「変化と持続」も織りこんでいる。

年を追って荷風の仕事を見ることに、二つの利点あり。第一に、荷風は時代と共に変ったからであり、第二に、その本質は全く変らなかったからである。西洋から帰った荷風は、化政の江戸文化を東京にもとめ、軍国日本がその名残りを一掃するや、人情を濹東《ぼくとう》に探り、浅草に遊んだ。小説の主人公もまた芸者から私娼や踊子に移る。しかし一貫して、文壇の流行に従わず、天下の大勢に附和雷同せず、決して批判精神を失わなかった。編年順荷風全集掬《きく》すべし。

（『自選集』八、二九一頁）

『藤田省三著作集』（みすず書房、一九九七年）を推薦して陳《の》べたのが「思索への招待」（『自選集』九所収）である。

藤田氏は多く読み、多く考え、少し書く。少ししか書かない理由は、おそらく二つあるだろう。第一、独創的なものの見方、考え方、あるいは着想を含まない文章は、書かない。それは流行に従わないということでもある。第二、常に事柄の本質的な部分へ向かう。ということは、われわれの時代と社会の全体にとって、直接または間接に意味のあることだけを書くということでもあるにちがいない。

その表現は、明瞭かつ正確であると同時に、一種の「知的誠実」とでもいうべきものに貫かれている。そのことの背景には、ミッシェル・フーコーの意味でのあらゆる権力の操作に対する抵抗ということがあるだろう。

『藤田省三著作集』は、戦後五〇年の日本国においてさえも可能であったところの精神の独立を、ついにやむことのなかった批判精神の鮮かなはたらきを、見事に証言するのである。

（「自選集」九、二六九頁）

藤田を語って「流行に従わない」矜持《きょうじ》を保ち「常に事柄の本質的な部分に向かう」精神と「知的誠実」が「あらゆる権力の操作に対する抵抗」の意思と根源的な「批判精神」を生みだすことを指摘する。まさに簡にして要を得た藤田論であろう。知っていたにもかかわらず触れなかったことがあるとすれば、それは、小林秀雄を「遣《や》り手婆《ばばあ》」、つまり「小利口な若者をたらしこむ」と評したような藤田の「誠意あふれる辛辣さ」だろう。

「洪水のあとに」（「自選集」九所収）は『バッハ全集』（小学館、一九九五年）の推薦文である。わずか六〇〇字である。にもかかわらず、これほどまでに深く、これほどまでに広く書くことに感嘆の念を禁じ得ない。戦時中、召集を待っていた友人を加藤は訪ね、一緒にバッハを聴く。

友人は死に、私は生きのびた。それは全く偶然であり、人生は偶然に充ちている。しかし何故バッハか。それは必ずしも偶然ではないだろう。

私はその後、ヴェルサイユの庭の幾何学的秩序を知った。また、京都の庭の春雨に濡れた苔の表面に、官能的なほとんど情念ともいうべきものを見た。そしてバッハを想い出すことはなかった。私の脳裡にバッハの音楽が鳴り響いたのは、一二世紀のシトー派の僧院の内部に入ったときである。そこには同時に幾何学的秩序と感覚的な情念があった。あるいはむしろ、幾何学と化した情念があった、というべきであろう。すなわち精神となった生命。それだけが、死に、洪水に対抗する。

（『自選集』九、一四六―一四七頁）

6　「未知生、焉知死」と「空《くう》の空《くう》」

『バッハ全集』の推薦文もそのひとつであるが、晩年期の加藤は「死」を意識し、「死」を主題として文を綴ることが少なくなかった。おそらく加藤が「死」を強く意識した最初は、太平洋戦争のさなかのことに違いない。「戦争が始まって、自分の命は近い将来におしまいになるだろうと思った」と語るのを何回となく聞いた。戦争は国同士が行う大量かつ組織的な殺人行為である。戦争が始まれば、とりわけ青年男性は戦場に駆りだされ、命を失う可能性は高い。太平洋戦争によって加藤はかけがえのない親友を失う。友人を死に到らしめた国や戦争にたいする怒りが、その後の加藤の活動の原点にある。そして、その原点を見失うまいとたえず意識的な努力を続けた。

一九九〇年代頃から、加藤の「死」にたいする意識は、それ以前と少し違ってくるように思われる。加藤が「死」を考える場合、多くは親しい友人の死に臨んで友人の死を媒介にして考えた。ところが、この頃からは「友人の死」を媒介にすることなく「死」を考えるようになる。たとえば「ある少女の眼」(『朝日新聞』「夕陽妄語」一九九四年六月二〇日夕刊。「自選集」九所収)に、そういう加藤の意識が垣間見られる。ブリュッセル王立美術館に所蔵される、作者不詳の『死んだ小鳥をもつ少女』という一枚の肖像画(本章中扉写真参照)に触発された随筆である。

少女の眼は正面に向って見開かれ、小鳥の方を見ていない。そこに涙が滲んでいるというのでもない。飼っていた小鳥が死んだのか。それとも軒下に、あるいは野原に、まだぬくもりのある動かない小鳥を見つけたのだろうか。いずれにしても、その眼は小鳥の死を悲しんでいるのではない。呆然として涙も出ず、悲しむことさえもできない、ということなのか。そうかもしれない。しかし呆然とした瞬間の表情としては、彼女のかたく結んだ口や、正面を見すえた眼ざしは、あまりに真剣で、あまりに断乎として、ほとんどその全存在を挙げて、何ものかに立ち向っているようにみえる。未知の何ものか、すなわち「死」に。その眼が見つめているのは、死んだ小鳥ではなく、小鳥にあらわれた「死」である。

悲しみながら同時に考えることはできない。真剣で、考え深い眼は、少女がおそらくはじめて出会ったであろう現象を理解しようとして、全力を傾けていること、その現象の意味を問い、答を探しもとめて考えていることを、示唆している。(「自選集」九、一五一―一六頁)

「死」という「現象の意味を問い、答を探しもとめて考えている」のは絵のなかの少女だけではない。加藤自身も「死という現象の意味を問い、答を探しもとめて考えて」いたと思う。

同じ頃、ポール・デイヴィス『神と新しい物理学』（岩波同時代ライブラリー、一九九四年）やジョージ・コインほか編『宇宙理解の統一をめざして——物理学・哲学・神学からの考察』（南窓社、一九九二年）を読んで、物理学的宇宙論と神学的終末論とはどのような関係にあるかといったことに関心を抱いていた。人間にも「始め」があり、「終り」があるが、今日の物理学では、宇宙にも「始り」があり、「終り」があることが分かっている。そのことと『聖書』的終末論はどのように関連させて考えるべきか、ということである。そして「物理学は、あるいは一般に科学は、すべての問いに答えていないし、おそらく答えることができない」（同一八頁）と考えた。しかも『旧約聖書』「伝道之書」に述べられる「空《くう》の空《くう》、空の空なる哉、都《すべ》て空なり」ということばは、人の一生の話ではなくて、宇宙の一生の話でもある。これを仏教的に表現すれば、般若心経の「色即是空、空即是色」となるだろうか、と加藤は考える。

一方「未だ生を知らず、焉《いずく》んぞ死を知らん」（『論語』「先進第一一」）という孔子の死にたいする考えかたに共感を示す。そして『論語』「先進第一一」のなかの一節を引く。この件《くだり》は加藤にしては珍しく論理の進行に飛躍があり、少し補わないと分かりにくい。そこで少し補うと、孔子は弟子たちに向って、もしある国に用いられたら、その国で何をするかを問うた。弟子たちの答えは以下の通りである。子路「三年も治めれば勇気があって道を弁《わきま》える国民をつくることができる」。冉有《ぜんゆう》「人びとを豊かにすることができる」。公西華「礼服を着して礼式に立ち、いささかの助け役を務めたい」。最後に曾晳《そうせき》に答えを求めると「莫春には春服既に成り、冠者五六人・童子六七人を得て、沂《き》に浴し、舞雩《ぶう》に風《ふう》して、詠じて帰らん」（金谷治訳注『論語』岩波書店、一九九九年、二一九―二二三頁）と答える。孔子は曾晳の意見に賛成する。加藤はこの件を引いて、孔子は「「詠じて帰る」愉しみに究極の意味を見出そうとしていたらしい……」（前掲「ある少女の眼」。「自選集」九、一八頁）と結ぶ。孔子と弟子たちとのやり取りからは、まさしく「空の空、空の空なる哉、都て空なり」という観念が立ちあがってくる。

この「空の空」という表現も晩年に何回か言及しているが、この「空の空」以上に、しばしば加藤が引用することばに、孔子の「未だ生を知らず、焉んぞ死を知らん」がある。連載「夕陽妄語」では、繰りかえし表れる。たとえば、「夕陽妄語」初回に「夕陽妄語の辮」（『朝日新聞』一九八四年七月二四日夕刊。「著作集」二一所収）があるが、その末尾に次の一節がある。

ヴァレリー Valéry もいったように、すべての文明は滅びる、スーザも、ペルセポリスも。しかしまだ滅びないうちは、われわれ自身の文明を考えるほかはないだろうし、生きているうちは、死よりも生を考えるほかはないだろう。我生を知らず、いずくんぞ死を知らんや。私は『論語』に賛成する。私は、夕暮れの文をつくって、闇夜の文をつくらない。

（「著作集」二一、二四〇頁）

加藤は、孔子に「賛成する」と断言する。ところが、その一〇年後に書かれた「ある少女の眼」では、微妙な変化が見られる。その文末の一節である。

一六世紀の少女は成長しても答を得なかったろう。その後科学的知識が劃期的に増大しても答が得られたわけではない。私はそういうことのすべてを孔子が予感していたのではないか、と思うことがある。彼は「ギャップを埋める」ことを考えずに、「未だ生を知らず、焉ぞ死を知らん」といった。そして「詠じて帰る」愉しみに究極の意味を見出そうとしていたらしい……。

（「自選集」九、一八頁）

文末を「……」と結んだ。このように「……」で文を結ぶことは、加藤の場合、晩年の著作に多少見られるほかはあまり見られない。しかし、あえて「……」と結んだところに、加藤の複雑な思いが込められているように思えてならない。

牧谿《もっけい》の『老子図』を観て、能の『檜垣《ひがき》』を想い出し、ふたたび加藤は孔子を引用する。

人生の朝と夕暮に本質的なちがいはないように思われる。本質的なちがいがあるとすれば、それは青年の後には老年が来るのに対し、老年の後には死が来るということだけであろう。しかし語ることができるのは、生であって、死ではない。語ることは人生に属し、死は人生の否定にすぎないからである。否定は思考の前提（論理用語）の一つであり、思考の対象ではない。故にあの聡明な古代中国人もいった、「我生を知らず、いわんや死をや」と。花を眺めていいるときにはその散ることを思わない、舞を見ているときにはその終わりを考えないのである。

（「老年について」、『朝日新聞』「夕陽妄語」

一九九七年一一月一九日夕刊。「自選集」九、二八六頁）

一九九九（平成一一）年七月、作家の辻邦生が急逝した日に、加藤は辻の山荘を訪れる。そして、辻の追悼を「夕陽妄語」に寄せた。

辻邦生は、その静かな書斎の椅子にかけて、何を考えていたのだろうか。死について私は彼と語ったことがない。「生を知らず、況や死をや」の伝統的文化がわれわれを侵していたからかもしれない。彼はローマの文化にも詳しかったから、「たとえ私の説が誤っているとしても」といったキケローを知っていたにちがいない。またその後につけ加えて、「自然」の永遠の法則の一部である死の静かな受容を説いていたことも、知っていたはずだろう。西行の語彙に従えば、諸行無常であり、万法寂滅である。それは科学的知識ではない。しかし科学的知識と矛盾はしない。

（「辻邦生・キケロー・死」、『朝日新聞』「夕陽妄語」一九九九年八月二三日夕刊。「自選集」一〇、三七—三八頁）

ここでは、「死」と科学的知識との関係について思いを巡らせた。それは、さきに挙げた「ある少女の眼」のなかに、物理学的宇宙論と神学的終末論とはどのような関係にあるか、について言及があることと通じあうだろう。

よくわからぬことについては黙るという断固とした態度をとったのは、『論語』における孔子（「未知生、焉知死」）と『論理哲学論考』におけるヴィットゲンシュタイン（「序文」）である。孔子＝ヴィットゲンシュタイン組の凛然として明快な宣言には、一種の爽やかさがある。しかしそれは死が投げかける問題への答えであるよりは判断停止声明である。宗教的信念の意味がそれによって消えるわけではないだろう。それにもかかわらず、そこに一種の爽やかさが感じられるのは、なぜだろうか。

（「随筆、何くれとなく」、『朝日新聞』「夕陽妄語」二〇〇六年八月二三日夕刊。「自選集」一〇、三八二頁）

これまで孔子の言を「判断停止」だとは表現しなかった。加藤はなおそのさきに考えを進めたかったから、ヴィットゲンシュタインとともに孔子を「判断停止」といったに違いない。そこには「死」を「宗教的信念」の問題に関連づけて考える姿勢が表れているが、加藤はさらにさきに進んでいく。

すべての死が不条理であり、理解を拒むものなのだろうか。そうかもしれない。私はかつて引いた陶淵明の二行を再び思い出す。「死去何所知」——死ねばどうなってしまうのかわからない、というのでそこまでは反対者が少ないだろう。だから生きているうちにどうすればよいか。淵明の答えは「称心固謂為好」である。みずから自由に決めるが好い、というので、そこに「自由」の語は用いられていないが、「称心」のなかに現代語の「自由」の意味が含意されているのかもしれない。

聡明な『論語』は、その話はやめよう、といった。信仰を前提とする『旧約聖書』の「伝道の書」は、人間の所業をすべて「空の空なる哉」としたうえで「神を畏れその誡命《いましめ》を守れ」と結論した。人さまざま。私の立場は日常生活の些事にまぎれる。亡くなった編集者の友人に導かれれば、淵明の吟懐を思い出すところまでゆくこともある……。

（「不条理の平等」、『朝日新聞』「夕陽妄語」二〇〇七年二月二〇日夕刊。「自選集」一〇、四〇四頁）

「死去せば何の知るところぞ　心に称《かな》うを固《もと》より好しと為す」は陶淵明の「飲酒其十一」の詩である。「生きているあいだにいかに生きるかが大事だ」と陶淵明はいう。さらに『論語』に到るのだが、ここに到って『論語』よりもむしろ『旧約聖書』が前面に押しだされる。晩年の加藤は『論語』を愛読していたので、しばしば『論語』が引証されるが、それだけではなく「死」の問題を考えつづけたがゆえに、孔子の「未知生、焉知死」が繰りかえし引用されたのだろう。孔子の「未知生、焉知死」という一句は、一九九〇（平成二）年以降、加藤の脳裡を離れなかった問題であった。この一句に言及した文を書かれた順序に従って読めば、加藤が少しずつその考えを深めていった道筋も辿ることができる。

第10章

加藤周一
——または「理」の人にして「情」の人

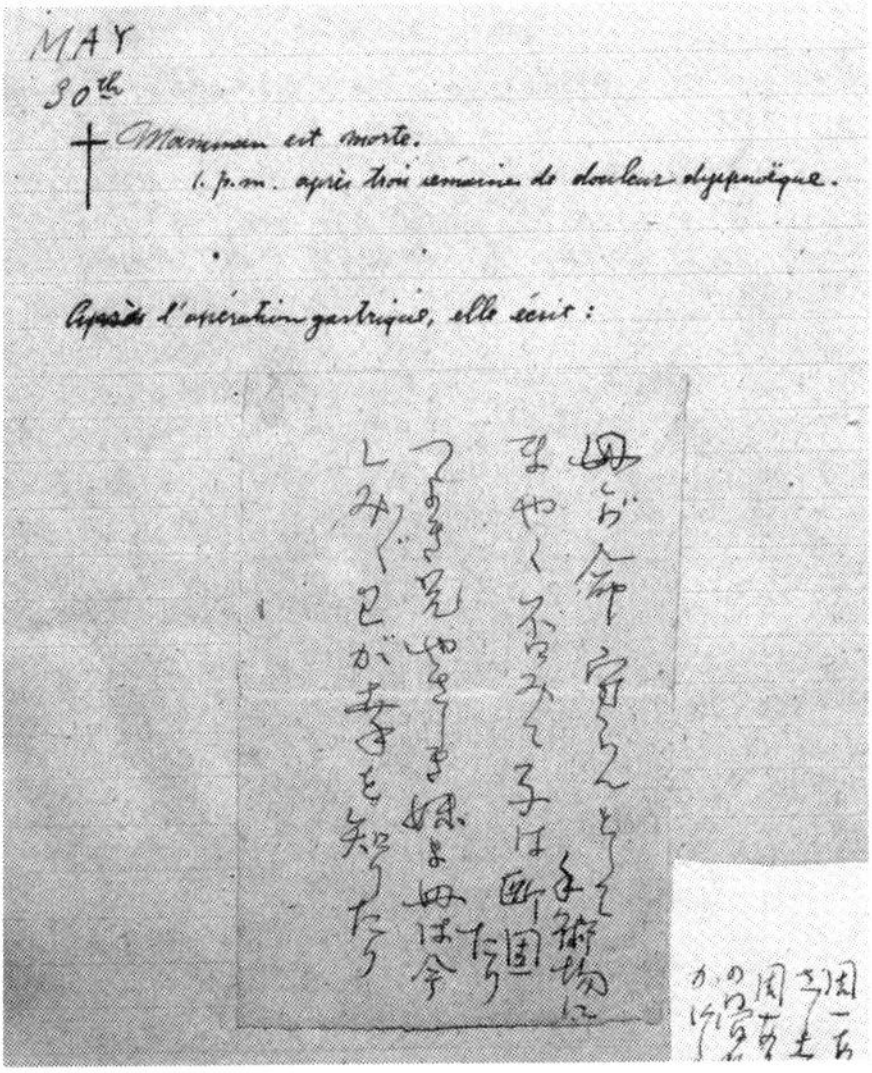
MAY
30th
Maman est morte.
Après l'opération gastrique, elle écrit :

1949年５月30日、母ヲリ子の亡くなった日の加藤の日記。日付の下に十字架が描かれている。同頁に、母から加藤に宛てた、手術前と手術後の手紙が貼られている。本図版中、中央の日本語で書かれているのが、その手術後の手紙

1　「九条の会」への参加

加藤は人生の九割を二〇世紀に生きた。その二〇世紀とはどんな時代であったかを述べたのが、鶴見俊輔《つるみしゅんすけ》との連載対談「二十世紀の精神」(『20世紀から』潮出版社、二〇〇一年)であり、『私にとっての二〇世紀』(岩波書店、二〇〇〇年)や『二〇世紀の自画像』(筑摩書房、二〇〇五年)である。「加藤周一著作集」第二四巻も『歴史としての二〇世紀』(一九九七年)と題され、『高原好日』(信濃毎日新聞社、二〇〇四年)の副題も「20世紀の思い出から」と付けられた。「二〇世紀」と名づけた書が続けて刊行されたのは、世紀末から世紀替りの時期に、世のなかの関心が「二〇世紀」に向いていたこともあろうが、加藤自身が、自分の生きた時代への関心が高かったこともあるに違いない。

二〇世紀は「戦争と革命の世紀」であり、「科学技術の進歩の世紀」である。「戦争」も「革命」も「科学技術」と深く結びついている。とりわけ「戦争」は二〇世紀に生きる人びとに大きな影響を与える。二〇世紀の戦争は戦闘員と非戦闘員を区別せず、科学技術の発達によって武器の殺傷能力は著しく増大する。それゆえに、戦闘地域に暮すあらゆる人間はその生命と財産を脅かされ、犠牲者はそれ以前の戦争とは比べものにならないくらいに増えた。戦争は人命を奪い、人間がその地に生みだしたすべての価値を抹殺する。二〇世紀を自覚的に生きた人間が戦争に反対する理由は、まさしくここにある。ロマン・ロランからノーム・チョムスキーまで、内村鑑三から小田実《おだまこと》、鶴見俊輔まで、反戦を主張し反戦運動に命を賭した人は数知れない。二〇世紀は「反戦運動の世紀」でもあった。

二一世紀に入って晩年の加藤の行動で見のがすことができないのは「九条の会」の呼びかけ人に名を連ねたことである。「九条の会」とは、その名称からも明らかなように、憲法全一〇三条のうち第九条「戦争の放棄、軍備及び交戦権の否認」に限定して、その堅持を訴える市民運動である。

加藤が「九条の会」に参加することでにわかに政治的になった、といわれることがある。しかし、そんなことはない。すでに述べてきたように『朝日新聞』での連載名を「山中人閒話」から「夕陽妄語」へ変えたことも政治状況の変化への反応である。市民の小グループの談話会や読書会に積極的に参加したことも政治状況の変化への対応である。加藤は徐々に政治状況にたいする危機意識を強め、政治的行動に参加する度合いを深めていった。その延長線上に「九条の会」への参加が現れる。政治状況への危機意識こそが「九条の会」に積極的にかかわったひとつの動機である。

もうひとつの動機は、対象との知的距離の問題である。加藤はしばしば「観察」を「高みの見物」といい、自らを「傍観者」と位置づける。それは視点の意識的な選択である。「太平洋戦争の間、いくさと自分との間に知的距離をおくことにより、客観的判断の甚だ正確であり得るということを経験した」(『続羊の歌』、一七四頁、改版一九八頁) といった。しかし、同時に「傍観者としての判断は、常に可能ではない。故に傍観者であるのをやめるときがなければならない……」

（同一七五頁、改版一九九頁）ともいった。「……」は、おそらく「はたしてそういうときが本当に来るのだろうか」という自分にたいする疑問を意味するだろう。だが、その「とき」が来たと自覚した。

しかし、それだけではなく、もうひとつの動機があり、それは遺された一枚の原稿用紙が物語る。

　私は戦争で二人の親友を失った。もし彼らが生きていたら、決して日本が再び戦争への道を歩みだすのを黙って見てはいないだろう。

　南の海で死んだ私の親友は、日本が再び戦争をしないことを願ったに違いない。憲法9条にはその願いがこめられている。私は親友を裏切りたくないし、9条を改め

（未完）

原稿は未完のままここで終っている。しかし、加藤の心情を表して余りある。日本がふたたび戦争への道を歩むことを戦争で亡くなった親友は認めないに違いない。戦争への道は急にだれの目にも明らかなように敷かれるのではなく、しかと見極めないと知らず識らずのうちに、少しずつ少しずつ、なし崩し的に敷かれていく。十五年戦争のときもそうであった。戦後になって「何も知らされていなかった」といった人は少なくない。イラクへの自衛隊派遣もそういう結果だろう。だからこそ戦争への可能性があると思われる芽は早くに摘みとっておかねばならない。戦争への道を防ぐ有力な条件が現日本国憲法、とりわけ憲法第九条である。親友も憲法第九条を堅持

することを望むに違いない。そういう「親友を裏切りたくない」。そのためには第九条を堅持する行動を起こすしかない。この「親友を裏切りたくない」という道義心こそが「九条の会」への参加とその後の積極的な活動を支えたもうひとつの、そしてもっとも強い動機である。

「加藤周一映画製作実行委員会」（代表＝桜井均・矢島翠）が製作した映画『しかしそれだけではない。加藤周一幽霊と語る』（二〇〇九年、DVD版がある）のなかで加藤はいう。

〔戦死したのが〕どうして私じゃなくて彼〔戦病死した親友中西哲吉〕なのか、と。その後、半世紀以上、私は生きたわけでしょう。八八だから。だけど、彼は、だから、二五くらいだからね。サバイバル・コンプレックスですよ。生き残りコンプレックスだな。で、それは、私にもちょっとあるのかもしれない。……そこで、その、私はどうするかということになるとね。だから、彼の代わりに、仇討ちでもないけどさ、そういうふうには考えないんだけど、代わりにやるべきことだという、それが責任であり義務であるとは必ずしも思わないけれどね。つまり、彼だったらやるかもしれないというようなことを全然やらないでいるっていうことの、一種のうしろめたさっていうか——があると思うんですよね。だから、それと闘うために戦争反対なんかの話をする、運動するっていうことになるかもしれない。

（『シネ・フロント』二〇一〇年二・三月号）

日本国憲法はその制定直後から「解釈改憲」を重ねてきた。「解釈改憲」を重ねるあまり、条文と現実とがあまりにかけ離れ、どうにも辻褄が合わずに「明文改憲」を必要としてきたこともある。アメリカ政府からは「国際貢献」を求められ、これを巧みに利用して日本政府は「九条があるから国際貢献できない」と国民に訴えることで「明文改憲」に向けて足を速めようとした。こういう状況を目の当りにして加藤は「九条の会」に参加することを決断する。

「九条の会」を舞台とする加藤の行動は驚くほど精力的である。数多くの講演会をこなした。遺された記録を見て、これほど多くの講演を行えば『鷗外・茂吉・杢太郎』の執筆が滞るのも無理はない、と思わざるを得なかった。要するに、自分の執筆を進めることよりも「九条の会」の活動を優先させたのである。しかも、講演旅行に出て連続して講演会をやっても、毎日同じ内容の講演をすることはほとんどなかった。それは講演会のためのメモ書きが証言している。そういう講演活動と並行して『朝日新聞』「夕陽妄語」には、しばしば憲法問題や九条問題が取りあげられるようになる。

加藤が「九条の会」を始めたころのことである。「憲法改定にかんする発議がなされ国民投票にかけられたら、どういう結果になると思いますか?」と私は聞かれた。当時のいくつかの世論調査では、改憲に賛成の人が過半数を占めるという結果が出ていた。「(否決するのは)難しいと思います」と答えた。「そうでしょうね。「九条の会」はたとえ憲法改定がなされても続けないとならないですね」と加藤はいった。これまで反体制運動は、六〇年安保にしても七〇年安保にしても、「敗北」のたびに「挫折」を繰りかえしては運動を細らせていった。その轍《てつ》を踏んではならない。たとえ憲法が改定されたとしても、運動は続けなければならない、というのである。加藤の粘り腰というか、「希望」を捨てない姿勢に感服させられた。「希望」を捨てない限り「敗北」はないのである。

2 「夕陽妄語」の主題の変化

一九九〇年代の半ば以降に、「夕陽妄語」の主題に多少の変化が見られる。ひとつは、政治的社会的問題が主題とされる頻度が高くなること。このころには全体のおよそ半分は政治的社会的主題を論じている。

もっとも、加藤の場合には、すでに述べたように、問題はいつも重層的に論じられるので、それがはたして何を主題としたかを特定するのはむつかしいこともある。「清少納言によれば、「近うて遠きもの」は、たとえば「はらから、親族《しぞく》の中」であり、「遠くて近きもの」は、「極楽、船の道、人の中」である」(「近うて遠きもの・遠くて近きもの」『朝日新聞』「夕陽妄語」一九九九年一〇月二〇日夕刊。「自選集」一〇、四一頁)と始まる文がある。話は「核兵器と戦争、非核と平和は、かぎりなく近くみえる」(同四二頁)ことに及び、「それは一種の錯覚である」(同)といって、「核なしの世界と平和な世界との距離は、日本からみて近そうでも、実は遠い。反核と反戦は、『枕草子』のいう「近うて遠きもの」の一つであろう」(同)と断ずる。さらに核の平和利用問題に論は進んで、次のようにいう。

核爆弾も原子力発電も、核分裂の連鎖反応から生じる。連鎖反応が加速されれば爆発して爆弾となり、原子炉のなかで制御されて臨界状態が続けば発電所の熱源となる。比喩的にいえば原子爆弾とは制御機構の故障した発電所のようなものである。核兵器と原子力発電は、一方が「戦争」に属し、他方が「平和」に属するという意味では、かぎりなく遠い。しかしどちらも核分裂の連鎖反応の結果であるという意味では、きわめて近い。もちろん原子爆弾による放射線病と、チェルノブイリや東海村の事故による平和時の障害も、本質的には同じものである（造血組織や生殖・遺伝機構への破壊的影響）。もし清少納言が今日の日本に生きていたら「遠くて近きもの」として原子爆弾と原子力発電所を挙げるだろう。

核戦争のおこる確率は小さいが、おこれば巨大な災害をもたらす。原子力発電所に大きな事故のおこる確率は小さいがゼロではなく、もしおこればその災害の規模は予測し難い。一方で核兵器の体系に反対すれば、他方で原子力発電政策の見なおしを検討するのが当然ではなかろうか。

（同四四—四五頁）

これを二〇一一（平成二三）年三月一一日以降に読めば、多くの読者は実感をもって納得するに違いない。清少納言の話から核兵器および原子力発電の問題へ、一気に跳躍するのである。このような「跳躍」は、加藤の文のひとつの特徴といえるだろう。

一九九五（平成七）年以降の「夕陽妄語」に憲法問題を取りあげることが多くなる。憲法問題を主題としたものには、次のようなものがある。

一九九六（平成八）年に「安保条約の行く末」（同年四月一七日）、一九九八（平成一〇）年に「神戸と沖縄」（同年三月二三日）、一九九九（平成一一）年に「国連憲章・憲法・拾い読み」（同年四月二一日）、「鈴木大拙と国会」（同年七月二一日）、二〇〇〇（平成一二）年に「狂言と憲法」（同年五月二四日）、「状況の皮肉」（同年一〇月二五日）、二〇〇一（平成一三）年に「この頃都に流行るもの」（同年五月二四日）、二〇〇二（平成一四）年に「春日明暗」（同年四月二二日）、二〇〇三（平成一五）年に「二〇〇三年回顧」（同年一二月一七日）、二〇〇四（平成一六）年に「また9条」（同年六月一七日）、「日本二〇〇四年」（同年一二月二〇日）、二〇〇五（平成一七）年に「四月の夢」（同年四月二〇日）、二〇〇六（平成一八）年に「二〇〇六年一一月」（同年一一月二七日）、二〇〇七（平成一九）年に「超楽天主義のすすめ」（同年一月二二日）を書いた。

ほとんど毎年のように、一二カ月のうち最低一回は憲法問題を主題として取りあげている。もうひとつの変化——この時期の「夕陽妄語」に、戦前の日本で加藤が直接に体験したことを主題とすることが多くなる。その例には、以下のようなものがある。たとえば、「一九四〇年の想い出」については前章に触れた。「かくしごと」（一九九六年一二月一七日）、「タゴール再見」（一九九七年八月二〇日）、「サラエヴォと南京」（一九九八年四月二二日）、「フランス人の見た日本」

（一九九九年二月一八日）、『『敗戦日記』抄』（二〇〇一年八月二四日）、「『それでもお前は日本人か』」（二〇〇二年六月二四日）、「六〇年前東京の夜」（二〇〇五年三月二四日）、「怪談・八月の『つくつく節』」（二〇〇五年八月二三日）、「『孫子』再訪」（二〇〇五年一一月二二日）、「私が小学生だった時」（二〇〇六年九月二一日）、「『戦争は本当にあったんだろうか』」（二〇〇七年八月二五日）などである。

このように戦前の想い出を繰りかえし語るのには理由があるだろう。そのひとつの理由は、戦前と状況が似てきたことにたいする危機意識である。もうひとつの理由は、加藤が「死」を意識していて、「後から来る世代への警鐘」として書き遺したかったに違いない。

宗左近が『詩のささげもの』（新潮社、二〇〇二年）で書きとどめているある出来事に加藤は注目する。それは宗が召集令状を受けた「歓送会」（と加藤はいう）でのことだった。当時東大法学部の学生だった橋川文三と彼の同級生ひとりが、動機は何であったかは分からないが、白井健三郎に向って「きみ、それでも日本人か」と詰問したらしい。そのとき白井は「いや、まず人間だよ」と応じたという。そして「まず日本人だ」と「まず人間だ」といって激しい謂い合いになったらしい。その件を引きながら、加藤は、「『それでもお前は日本人か』」のなかで、次のように書いた。

「まず日本人」主義者と「まず人間」主義者との多数・少数関係は、四五年八月を境として逆転した――ように見える。しかしほんとうに逆転したのだろうか。もしその時日本人が変わったのだとすれば、「それでもお前は日本人か」という科白をこの国で再び聞くことはないだろう。もしその変身が単なる見せかけにすぎなかったとすれば、あの懐しい昔の歌が再び聞こえてくるのも時間の問題だろう。あの懐しい歌——「それでもお前は日本人か」をくり返しながら、軍国日本は多数の外国人を殺し、多数の日本人を犠牲にし、国中を焼土として、崩壊した。その反省から成立したのが日本国憲法である。その憲法は人権を尊重する。人権は「まず人間」に備わるので、「まず日本人」に備わるのではない。国民の多数が「それでも日本人か」という代わりに「それでも人間か」といいだすであろうときに、はじめて、憲法は活かされ、人権は尊重され、この国は平和と民主主義への確かな道を見出すだろう。

（『自選集』一〇、一八三—一八四頁）

加藤は憲法擁護の問題を政治指導者や法律家の問題だとは考えていない。ひとりひとりの問題として考えていたのである。

3　珠玉の交友録「高原好日」

二〇〇一（平成一三）年から三年間にわたって『信濃毎日新聞』に連載された「高原好日」は、珠玉の交友録である。掲載が『信濃毎日新聞』だったこともあり、信州を舞台にする交友に限定されてはいるが、面識のある人も、面識のない人も、歴史上の人物も取りあげられる。達意の短文のなかに親しみを抱いた人や親しく付きあった友の全体像を描こうとする意思が感じられ、相手にたいする敬愛が認められる。これほど美しい文章で綴られ、これほど人物像が的確に鮮烈に描かれた交友録は少ないだろう。

第3章に述べたように、加藤は自分が完成したと自覚したときに自伝的小説『羊の歌』を著した。そして自分の人生を締めくくるときが近づいたと自覚したときに、自らの交友を語った。「交友」とは、すなわち「人生」に違いない。それゆえに「高原好日」は、「もうひとつの『羊の歌』」といってもよい。

第一高等学校時代から晩年に到るまでの盟友ともいうべき中村眞一郎を語った文は鮮やかである。中村は加藤の大学進学祝いにボードレールのフランス語版『悪の華』を祝辞を添えて贈り、加藤はそれを亡くなるまで愛蔵していた（立命館大学図書館加藤周一文庫所蔵）。そういう「無二の親友」なのである。

若い時からあらゆるスポーツに何らの関心をもっていなかった。彼の軽井沢にテニス場《コート》の交わりはなく、ゴルフ場での交際はなかった。スポーツだけではない。彼は碁を打たず、将棋を指さず、琴を弾ぜず、「カラオケ」に行かず。また室生犀星のように庭の苔の間から雑草を抜く趣味はなく、堀辰雄のように郭公の声を聴いて時を過ごす習慣もなく、福永武彦のようにこぶしの花を訪ねて早春の山の小径に入ることもなかったろう。

（「中村真一郎　上」『信濃毎日新聞』二〇〇一年七月二八日。「自選集」一〇、一五一頁）

「否定形」を重ねていって中村像を浮かびあがらせるのだが、その構造的な組み立てと修辞表現の鮮やかさ。「テニスコート」と「ゴルフ場」が一組になり、「碁」と「将棋」が一組になり、「琴」と「カラオケ」がもう一組になり、それぞれの句は短い。後半は一転して句は長くなり、「室生犀星のように……」「堀辰雄のように……」「福永武彦のように……」といって、自然にたいする接しかたを比較する。ほとんど詩のように響く。加藤は若いときから晩年に到るまで詩歌をこよなく愛した。詩歌を学んで培った詩的表現は、詩歌の創作に活かされたというよりも、むしろ論文や時評や随筆の文章に活かされたように、私には思われる。

また、渡辺一夫と川島武宜のふたりがいなければ、戦時下の狂気の時代に自分は正気を保てなかったに違いない、と加藤は述べたが（本書第1章五三頁）、その川島について次のように語る。

川島武宜教授は、いうまでもなく、戦後の日本で「法社会学」の一時代を築いた学者である。その関心の範囲は広い領域にわたり、日常的な出来事の観察からも、古典文芸の挿話の引用からも、会話を抽象的・普遍的な水準へ引き上げる知的操作において、鮮やかに水際立っていた。（「川島武宜夫妻」『信濃毎日新聞』二〇〇一年六月二三日。「自選集」一〇、一四五頁）

この川島像について私はおおいに納得する。学生時代に川島の民法の講義を受けたときのことである。口頭で挙げられた参考文献に仰天した。マルクスの『資本論』、これは分かる。それに加えてゲーテ『ファウスト』と、久保亮五「理論物理学における概念について」という論文を挙げた。『ファウスト』は「契約」に関わり、「理論物理学における概念について」は「概念」に関わる。こんな法律学者はほかにいないと思った。しばしば「絶対的少数説だ」といった民法解釈の独創的なこと、その水際立った説明の鮮やかさは、すこぶる刺激的であった。

4　死の自覚とカトリック入信

二〇〇八（平成二〇）年の初め頃に加藤は体調に多少の違和感を覚えたようである。五月に精密検査を受け「胃がん」であると診断された。加藤を見舞ったとき「噴門部分の胃がんだという ことです。それほど悪いがんではないらしい。〔余命が〕三カ月なのか、あるいは数年なのかは、だれにも分かりません」といった。

それを聞いて、高齢でもあるし、悪性ではないし、病状はそれほど速く進むことはないだろう、かえって『鷗外・茂吉・杢太郎』の執筆に専念できるかも知れないと楽観的に予測した。ところが、のちに矢島翠から知らされたのだが、「進行性胃がん」であり、外科療法も化学療法も放射線療法も施せない状態にあることが、診断直後に加藤にも告げられていた。にもかかわらず「それほど悪いがんではない」と加藤がいったのは、見舞にたいする配慮だったのだ。医者だった加藤は、病状を告げられたとき、自らの余命がどれほど残されているか、おおよそ見当がついたはずである。「噴門部分の胃がん」であることを聞かされたとき、おそらく加藤は「母の子」であることを強く実感したに違いない。なぜならば、母ヲリ子も噴門部分の胃がんによって亡くなっているからである。

たまたまそのころＮＨＫの番組の準備が進んでいた。そして七月から八月初めにかけて、二回にわたって映像が収録された（番組制作者日置太一談）。それが亡くなった直後に放送された「加藤周一　一九六八年を語る——「言葉と戦車」ふたたび」（二〇〇八年一二月一四日放送）という番組である。収録の時点で加藤は余命のそれほど長くはないことを知っていた。あきらかに加藤は「遺言」のつもりで語ったのである。収められた映像は、加藤の衰弱がかなり速く進んでいることを物語っている。二度の録画があり、比較的元気に見える映像も認められるが、病状がかなり進んだ映像も見られ、収録が短期間のわりには体調の衰えは速かった。

病状は刻一刻と悪化していた。一週間か一〇日ごとに見舞うと、加藤の病状はその前に比べて確実に悪くなっていった。矢島は「加藤周一が加藤周一でなくなっていく」と嘆いた。

八月中旬に加藤は、矢島と、実妹本村久子および ふたりの甥に、カトリック入信の意思を別々に伝えた。矢島も本村久子も「驚いた」という。矢島は入信に反対であり、反対の意思を加藤に伝えた。久子は「兄から電話があり、自分はそう長くは生きられない。カトリックに入信したいので、神父に連絡を取ってほしい、といわれました。病状がそれほど悪いとは思っていませんでしたから驚きましたが、入信したいということばにもびっくりしました。本当かどうかを息子〔加藤にとっては甥〕ふたりに確認してもらいました」と語る。上野毛教会に入信の意思を伝え、八月一九日に加藤は受洗した。そして矢島の希望に沿って「ルカ」という洗礼名が与えられた。

入信に反対であった矢島も、入信した以上は加藤に相応しい洗礼名を希望したのである。医者にして聖書の著者のひとりとされる「ルカ」は、いかにも加藤に相応しい洗礼名である。

入信の五日前、二〇〇八年八月一四日夜、加藤は私に電話を掛けてきて、おおよそ次のようなことを述べた。

　宇宙には果てがあり、その先がどうなっているかはだれにも分からない。神はいるかもしれないし、いないかもしれない。私は無宗教者であるが、妥協主義者でもあるし、懐疑主義者でもあり、相対主義者でもある。母はカトリックだったし、妹もカトリックである。葬儀は死んだ人のためのものではなく、生きている人のためのものである。〔私が無宗教では──引用者〕妹たちも困るだろうから、カトリックでいいと思う。私はもう「幽霊」なんです。でも化けて出たりはしませんよ。

加藤は「死」を覚悟した。そしてカトリックに入信する意思とその理由を明らかにした、と私は受けとめた。受洗の意思を告げられたとき、私はそれほど意外な感じをもたなかった。驚きもしなかった。「ああ、やはりそうか」というのが率直な感想だった。そう考えた理由はいくつかある。

加藤は若いころからカトリックに親近感と好奇心を抱いていた。カトリック系幼稚園に通ったが、馴染めずにほどなく退園した（前掲『羊の歌』、三四頁、改版三九頁）。カトリック系幼稚園の体験は、加藤にそれほど大きな影響を与えはしなかっただろう。しかし、こよなく愛していた母ヲリ子が敬虔なカトリック信者であったことは、少なくともカトリックにたいする親近感を育んだに違いない。そしてカトリックの世界の情緒的な側面は幼いうちに肌で感じとったことだろう。

高校生のときには、カトリックを知りたいという知的好奇心を抱いた。それもあるいは母ヲリ子の影響かもしれない。親友であった垣花秀武にカトリックについてさまざまに問い質《ただ》している。垣花は「君は僕からカトリックの話を聞きたいと言った。加藤君は、真正のカトリックを求めていた」（前掲、垣花秀武「加藤周一君よ」）と回想する。

後日国際的に知られた核物理化学者になった垣花秀武は、今も私の親しい友人の一人であるが、その時すでに、右手にはディラックの量子力学を、左手には聖トマスの神学大全を携えていた。量子力学は私には到底歯のたたぬものであったが、理路整然たるカトリック神学の、殊に岩下壮一神父の著作の理論的魅力と倫理的な深みとを教えてくれたのが、彼である。

（「中村真一郎、白井健三郎、そして駒場」『向陵』一高同窓会、一九九八年。「自選集」九、四三二頁。傍点引用者）

加藤は旧制高校時代に、駒場で垣花に導かれて、岩下壮一の著書を読み、カトリシズムの論理的な側面と倫理的な側面を知るのである。

それは私が母を通じて知っていたカトリック教会の情緒的世界とは、全くちがう別の世界であった。駒場で垣花と岩下神父を通じて発見したカトリシスムの衝撃は、初めて『資本主義最後の段階としての帝国主義』を読んで、戦争をすれば誰がもうかるか、を知ったときの衝撃にも匹敵する。（同）

カトリシズムを知った衝撃とレーニンの『帝国主義論』を知った衝撃とが匹敵するという表現は、いかにも加藤らしい。加藤がカトリシズムに感じる魅力のひとつは理路整然とした思考である。加藤が論理整合性に惹かれることを私は繰りかえし述べてきたが、新井白石の思考やポール・ロワイヤール論理学にたいしてと同じように、カトリックにたいしても、その論理整合性が何よりも加藤の思考に合っていた。

東京帝国大学に進学し、本郷で吉満義彦の講義を受け、「バルトの弁証法神学やマリタンのネオトミスム」（同）を学ぶ。戦後になって加藤は「カール・バルトとプロテスタンティズムの論理」（前掲『世界』一九五八年二月号。「自選集」二所収）について論じることになるが、そのひとつのきっかけは吉満の講義にあったたろう。

論理整合性と並んで加藤が惹かれるのは、「超越的思考」である。日本の思想に鎌倉仏教を除いて「超越的思考」がないことを繰りかえし問題にする。「超越的思考」がないことが、多くの知識人が軍国主義にも反対できずに、時勢に流される結果を招いた、ということも繰りかえし指摘した。そして親鸞など鎌倉仏教に超越的思想を見出す。しかし、超越的思想を鎌倉仏教に見いだしただけではない。たとえば、一休宗純を論じて次のようにいう。

禅に徹底することは、自力の限界までゆくことである。一休はおそらくその力の限界において、どうしても解決できない対立につき当った。（中略）もしその解決が自力で不可能ならば、その先には「他力本願」の世界しかないはずだろう。

（「一休という現象」、『日本の禅語録』第一二巻『一休』講談社、一九七八年。「セレクション」二、一一七頁）

浄土宗への彼の関心は、自力の限界に他力の意味を感じとったからでなければならない。そのときはじめて現れる「他力本願」の意味は、禅宗の枠を超えて仏教の本質に近いはずであり、おそらくは仏教の枠さえも超えて、一般に宗教的なるものの核心に近いはずである。

（同一一八頁）

カトリックに論理整合性と超越的思想を見出したのだが、論理整合性と超越的思想を兼ね備えているのは、カトリックだけではない。同時に、論理整合性と超越的思想だけでは、カトリックに入信する、あるいは宗教に帰依する動機としてはやや乏しい。その不足を補う動機は何だったろうか。

加藤は医者出身で科学者的思考をもっている。生涯かけて、なにより世界を「理解すること」を目ざしてきた。ところが、科学はすべての問題には答えを出すことができない。どんなに科学が発達しても、どんなに人間が考えを巡らせても答えが得られないことがある。たとえば、それは「宇宙」であり、「死」である。第９章でも触れたが、加藤は肖像画『死んだ小鳥をもつ少女』の少女と同じ問題を考えていたに違いない。あるいはほとんど一休宗純と同じ境地に立ち「自力の限界に他力の意味を感じとった」に違いない。しかし、孔子の「未だ生を知らず、焉んぞ死を知らん」という見地に最後には立たなかった。そして「ギャップを埋める神」に依ろうとしたに違いない。その点で、最上敏樹の「論理の積み重ねだけでは用をなさない部分があることを強く感じておられたからであろうか」という推論（「加藤周一、対照性の美学をめぐって」『グラフィケーション』二〇一〇年一月号）に、私は同意する。

あえて批判を恐れずに述べる。加藤の思考に沿えば、入信するのは必ずしもカトリックでなくてもよかったに違いない。論理整合性をもち、超越性を志向し、「ギャップを埋める」ものであれば、カトリックであろうと、浄土教であろうと、よかったのだ。複数の選択肢からカトリックを選んだ理由は、母も妹もカトリックであるという条件である。「妹も困るだろう」と妹のことを心配した結果だと思われる。

近代日本の多くの知識人にとっては、「家」や「故郷」からいかに離脱するかが知識人として成長していく過程での大きな課題であった。ところが「家からの離脱」「故郷からの離脱」を考えたことは加藤にはおそらく生涯ほとんどなかったに違いない。それは加藤が地方出身ではなく、東京・山の手出身の（本郷に生まれ渋谷に育つ）、しかも知識階級の家庭に育ったということと深く関係しているだろう。そのうえ、加藤が育った家庭は母を中心にしてあたたかい雰囲気に包まれていた。長い旅に出ても帰っていくところはいつも東京・上野毛であった。そこには加藤の家族がいて、妹家族がいた（加藤が住んだ家は妹家族との二世帯住宅である）。

少年時代から、加藤の家では、母ヲリ子、妹久子と加藤による親密な関係がつくりあげられていた。そのなかには父信一でさえ入れなかった。「いつも三対一になるのです」。とりわけ母と加藤との関係は、父信一でさえ「嫉妬していた」という。八〇歳を過ぎても加藤は「母親にあしてあげればよかった、こうしてあげればよかった、という話を涙ぐみながら語った」（以上、実妹本村久子談）そうである。「情」に篤《あつ》い加藤であったことを髣髴《ほうふつ》とさせる話である。そういう意味では、戦後日本の上流中産階級の「家庭」が先取りされていたともいえる。そういう家庭は「加藤家」というよりは「加藤さんチ」というのが相応しい。

「加藤さんチ」の母ヲリ子は若くしてカトリックに入信した。そして息子と娘にカトリック系の幼稚園に入園させ、学校に入学させた。父信一は無宗教であったので（しかし、死の直前に親族により無理矢理入信させられたので洗礼名が与えられた）、カトリック系の学校に入学させることを好まなかった。だが、戦後日本の上流中産階級の「家庭」を先取りしていた「加藤さんチ」では、教育にかんして父親の意見よりも母親の意見が通った。しかし、息子周一も娘久子も母ヲリ子が存命中にカトリックに入信することはなかった。それでも、母ヲリ子が神父から与えられ大事に使っていた、明治時代に刊行された『聖書』を、加藤はきちんと書庫に保存していた（現在は妹久子が所有)。また、母ヲリ子が亡くなった日の日記には「十字」を記している(本章中扉写真参照)。実妹本村久子がカトリックに入信したのは「七〇歳のころでした」。入信を伝えると加藤は「喜んでくれた」そうである。それからは「外国に行ったお土産に十字架などを買ってきてくれた」(以上、実妹本村久子談)。

それほどまでに愛してやまなかった家族がカトリックであるとき、自分ひとりが無宗教を貫けば「妹も困るだろう」。母ヲリ子がもし生きていれば積極的に入信を勧め、入信しなければひどく悲しんだだろう。加藤の母と加藤の妹と加藤とは深い愛情で結ばれていた。加藤が無宗教を貫けば、妹はもう二度と兄には会えないと思って晩年を生きることになる。しかし、加藤がカトリックになれば、妹が天に召されたとき、兄にも母にも会えるのだと思って生きることが出来る。妹にとっては大きな違いである。加藤の入信は、自らの信条よりも、妹の老後の安寧を優先したのだともいえる。

「自分は無宗教者」であるが「妥協主義者」でもあり「相対主義者」でもある。しかもカトリックにたいする共感は十分にある。家族愛に篤い加藤は、何もわざわざ母を悲しませ、妹を困らせることはしたくない、と考えたに違いない。この世が、そして人生が「空の空」であれば、たとえ「死後の世界」があるにしても、それも「空の空」であろう。かくして「カトリックでいいと思う」という結論に到ったに違いない。

5　加藤周一のふたつの側面

そう考えると「私はもう「幽霊」なんです」ということばが、にわかに現実味を帯びてくる。「私はもう「幽霊」なんです」ということばで表現しようとしたことは、すでに私は死んでしまったのだ、ということだろう。だれが死んだのか。思想家、作家としての加藤、いわば「公人としての加藤」に違いない。しかし「公人としての加藤」は死んでもなお「私人としての加藤」は死んではいない。「私人としての加藤」は、母を想い、妹に心をかけて、カトリックに入信する。

とはいっても「私人としての加藤」と「公人としての加藤」とはそう簡単に切り離されるものではない。いやむしろ「公人としての加藤」と「私人としての加藤」を統一的に理解することを、加藤は求めていたように思われる。後白河法皇にしても、世阿弥にしても、一休宗純にしても、新井白石にしても、富永仲基にしても、加藤が関心をもった人物は、相反するような二面性をもつ人物である。そして加藤の目ざしたところは、そういう複雑な人物を統一的に理解することであった。それはとりもなおさず、加藤が加藤自身のなかにふたつの側面があることを見ていたからにほかならない。その「ふたつの側面」とは何か。

加藤はしばしば「「理」の人」といわれる。その通りである。透徹した知性に怜悧な論理が備わっている。類稀な「「理」の人」である。だが、もう一方では、垣花秀武や矢内原伊作や吉田秀和が述べるように、加藤はあふれるような「情」をもっていた。まさしく「「情」の人」でもあった。

「君は人に優しく友情に篤く、つねに弱者の味方で、例えば女性の立場についてもありすぎるほどの理解があった。強靭な理性と正義感とともに、温かい情がつねに君を離れなかった」（前掲、垣花秀武「加藤周一君よ」）と垣花はいい、矢内原は次のようにいう。「加藤周一は年来の親しい友人である。友人として彼はまことに親切であり、友情に厚い。彼の書くものは論理明晰、合理主義が彼の本領のように見えるが、どちらかといえば彼は「理」の人であるよりはむしろ「情」の人である。「理」と「情」が彼においてどのように統一されているか（あるいは、されていないか）を論ずれば、本格的な加藤周一論になりそうだ」（「加藤周一の勇み足」、「『著作集』一一、月報」一九七九年）。

もうひとりの旧友、吉田秀和は次のように加藤を描く。

ある在日外人教授が「日本人は非合理的なのではない。ただ感情と論理が矛盾対立する時、西洋人は理に従わずにいられないが、日本人は情を優先さすのだ」と書いていたけれど、そういう日本人の中で、加藤さんは「理」をすてるのに絶対まで抵抗する一人だろう。それでいて加藤さんで素晴しいのは、いつも同じ地点に停止してないことだ。論理に二つはあるまい。一度正しく考えぬかれたことは変るわけにいかないだろう。とすれば氏はどうやって変るのか。人間の中で変化するものといえば、それは「情的側面」だろう。だから氏がいつまでも同じでないというのは、氏の中にそれくらい豊かな感情生活がある証拠と考えるほかない。私など、このごろの氏のものには、理と情の新らしい均衡に達しようと活溌に生き、動いているものを強く感じる。

（「理と情の新らしい均衡」、「『著作集』内容見本」平凡社、一九七八年）

三人の旧友が口を揃えて、加藤が「『理』の人」であると同時に「『情』の人」であるという。たしかに加藤には「理」と「情」とが背中合せに結びついていた。加藤の「大きな『理』の世界」は「深い『情』の世界」によって支えられていたのである。第8章で「加藤の作家・思想家としての活動の背後には、それと拮抗する大事な『暮し』があった」と書いたが、加藤の公的な著作活動と加藤の私的な「情」に満ちた暮しとは、後白河法皇における権謀術数の世界と今様の世界の関係と同じように（前掲『古典を読む　梁塵秘抄』。「自選集」七所収）、加藤にとっては相互に還元不能な「絶対的平等」の価値をもっていた。

加藤の私的な「情」に満ちた暮しの構成要素は、主としてふたつある。ひとつは家族や友人たちにたいする信頼と愛情。もうひとつは人生を愉しむ生きかた。連載「高原好日」最終回は次のように終る。

思うに憲法第九条はまもらなければならぬ。そして人生の愉しみは、可能な限り愉しまなければならない……。

（「樋口陽一」『信濃毎日新聞』二〇〇三年一二月二七日。『高原好日』筑摩書房、二〇〇九年、二三六頁。「自選集」一〇所収）

だからこそ、日本の知識人の場合には「暮しが思想を裏切る」ことが少なくないのにたいして、加藤の場合には「暮しが思想を支え」たのである。そういう関係が成り立ち得ることを加藤の生涯が示した、と私には思われる。

加藤のカトリック入信という事実を、驚きをもって受けとめる人も少なからずいた。『羊の歌』あとがき」には、「宗教は神仏のいずれも信ぜず」という立場を明らかにしているからである。「神仏を信じない」ということばに、生きる勇気を与えられた人も少なくないに違いない。それゆえに加藤の入信を「意外な行動」あるいは「変節」あるいは「裏切り」だと感じる人がいることも想像に難くない。しかし、同じ『羊の歌』のなかには次のような件もある。

母が死んで何年も経った後にも、私はしばしば、自分の死を考えるときに、何の理由もないのに癌《がん》で自分は死ぬのだろうと思い、それればかりではなく、もし天国というものがあるとすれば、母はそこにいるにちがいなく、もう一度そこで母に会えるかもしれないと考えることさえあった。

（『続羊の歌』、四二―四三頁、改版四八頁）

加藤のカトリック入信を「意外」だとも「変節」だとも私は思わない。加藤の行動に、むしろ加藤の一貫性と加藤の世界を感じる。加藤の「「理」の世界」と「「情」の世界」の接点に、あるいは「公人としての加藤」と「私人としての加藤」の接点に、「カトリック入信」が用意されていた、と考える。「カトリック入信」を決めたのはいつのことなのかは精確には分からない。おそらくかなり前から決めていたと思われる。「ある少女の眼」（『朝日新聞』「夕陽妄語」一九九四年六月二〇日夕刊。「自選集」九所収）を執筆したときには、すでに人生の最後に「入信」することを内心では決意していたのかもしれない。「ある少女の眼」という文は、加藤の「入信表明」だったのではなかろうか、とさえ思えるのである。

二〇〇八（平成二〇）年一二月五日午後二時五分、加藤は東京・世田谷区内の有隣病院にて息を引き取った。葬儀は、カルメル修道会のカトリック上野毛教会にて執り行われたが、加藤の棺《ひつぎ》には、フランス語版『聖書』、ドイツ語版カント『実践理性批判』、そして岩波文庫版『論語』の三冊が収められた。この三冊を選んだ矢島翠の見識に私は脱帽する。その理由は、第一に、加藤自身の著作をひとつも入れなかったこと。第二に、加藤が日ごろから愛読していた「古典」を入れたこと。第三に、加藤の思想と響きあう作品を入れたことである。加藤の最大の理解者として、矢島は加藤を支えつづけてきたことをあらためて知った。

二〇〇九（平成二一）年八月一五日、この日もよく晴れた日だった。矢島の手によって、加藤は都内の小平霊園に葬られた。「加藤」とのみ銘じられた墓に、両親にはさまれて加藤は永遠に眠る。

あとがき

本書は、岩波書店から刊行された「加藤周一自選集」(二〇〇九―二〇一〇年)各巻巻末に付された「解説」に大幅な加筆訂正を施したものである。加筆訂正によって「解説」の三倍ほどに分量が増え、ほぼ「書き下ろし」に近くなった。その理由は、「解説」には厳しい枚数制限を課されたこと。引用は当該巻本文を読めばよく、それほどには必要なかったが、本書にはかなりの引用が必要であると判断したこと。そして「自選集」の基本方針に従い主要著書――『羊の歌』『日本文学史序説』『日本　その心とかたち』『日本文化における時間と空間』などが除かれており、あらためて加藤の全体を叙述するには、それらを除いたままでは成りたたないこと、などによる。それでも各章はおおむね「自選集」各巻に対応し、各章表題はあらたに付けた。

「加藤周一自選集」は、二〇〇七(平成一九)年七月に山口昭男岩波書店社長が加藤に提案したことに始まる。加藤は私に編集協力を求め、私は求めに応じた。「自選集」の基本方針として、加藤の七〇年余の著作活動の軌跡を辿り、かつ「加藤を定義する」ことが定められた。こうして「自選集」は編年体によって編まれることになった。「解説」も同じ方針に立って書かれており、当然、本書もそれを継ぐ。

本書を書くにあたって心掛けたことが三つある。

ひとつは、近時の若い人たちには加藤をいまだ読んだことがない人が少なくない。そういう読者にとって、加藤を読むための「手引き」になるように、分かりやすさを旨としたつもりである。もうひとつは、完結した加藤の世界を全体的に論じることを優先せず——それは丸山眞男がいうように、ほとんどだれにも不可能である——、あくまでも加藤の著作に即し、加藤の軌跡を辿ったことである。すなわち、どうしてこの時期に、どのような時代背景のなかで、どのような問題意識をもって、その著作が書かれたのか。その著作はのちのどのような著作と関連しているか、というようなことが明らかになるように努めた。

さらにもうひとつは、これまで加藤を精しく読んできた読者には煩わしいかもしれないが、加藤自身の著作を意識的に多く引用したことである。それは右のふたつのことを実らせるための必要条件だと考えたからである。引用された文に関心を抱かれた読者は、ぜひとも加藤の原文を、さらに「自選集」あるいは「著作集」を、読んでいただきたい。

加藤の七〇年の執筆活動の軌跡を辿ってみて、いま思うことも三つある。

ひとつは、加藤は、よくいわれるように、きわめて幅広い著作活動に従った。それもたしかに実感には違いない。しかし、それ以上に、生涯を通じて同じ主題を追究しつづけた、という感を強くしたことである。それは、日本の文化・思想における「変化と持続」であり、「時間と空間」であり、「此岸性と彼岸性」であり、「特殊性と普遍性」であり、「雑種文化論」であり、「戦争と知識人」である。煎じつめれば、「日本人のものの考えかたとはいかなるものか」あるいは「日本人とは何か」という主題を追究しつづけた。思えば、モディリアーニやモーツァルトも同じである。たとえばモディリアーニがひとたび細長い顔を描けば、そこから変じることはなかった。モディリアーニを多少なりとも知れば、初めて見る絵でさえ紛うかたなく、これはモディリアーニの絵だと知ることができる。モーツァルトがひとたびモーツァルトの響きを紡ぎだせば、そこから動じることはなかった。モーツァルトを多少なりとも知れば、初めて聴く曲でさえ聴きちがえることなく、これはモーツァルトの曲だと認めることができる。モディリアーニにせよ、モーツァルトにせよ、「自分の主題」をひたすら深めていった。加藤の場合もふたりとまったく同じである。

もうひとつは、何を論じても、何を語っても、そこに重ねて加藤自身が表されていると実感したことである。それは何も加藤に限られたことではないだろう。表現者というものは、そういうものに違いない。後白河法皇を語っても、一休宗純を論じても、新井白石を説いても、森鷗外を註しても、ヴァレリーを弁じても、サルトルを解いても、その背後には、いつも加藤自身が立ち上がってきた。結局、加藤は加藤自身を生涯にわたって書きつづけた、といえるのかもしれない。

さらにもうひとつは、加藤周一とは何か、についてである。加藤のような多面的な人をひとことでいい表すのは容易ではないが、やはり「「理」の人」にして「「情」の人」と表現するのがもっとも相応しいに違いない。加藤の旧友である垣花秀武や矢内原伊作も吉田秀和も「情の人」であったことを力説する。三人の説に私は共感を覚える。ゆえに、本書の書名を『加藤周一を読む——「理」の人にして「情」の人』とした。

「自選集」の全巻解説を求められたとき――のちにそれは山口昭男社長の発案だったことを知ったのだが――私ごときに全巻解説を求める、その大胆な発案に驚いた。そればかりではなく、担当編集者との軋轢があって「解説」が一時窮地に陥ったとき、迅速かつ適確な判断を下されたのは山口社長と小島潔編集部長である。解説に加筆訂正を施し、単行本として刊行する御提案をいただいたのも小島編集部長からである。小島編集部長には拙稿を丹念に読んでいただき、原稿の到らぬところを的確に御指摘いただいた。さりながら本書の内容にかかわるすべての責任は、著者である私に帰することはいうまでもない。

ひとつのシリーズが編まれるにも、一冊の書物が出されるにも、編集者、校正者、装幀者などとの基本的な考えかたの共有と相互の信頼関係と協力関係が不可欠である。かつて編集者だった私は、そのことを骨身に沁みて知っている。ここに名前を記さなかった人たちを含めて、「加藤周一自選集」と本書に携わられたすべての方々の多大な労にたいして、深甚の謝意を表したい。

最後になってしまったが、四〇年近くにわたって加藤から御厚誼をいただかなければ、このような書物を上梓することはとうてい叶わなかった。また加藤を支えつづけた矢島翠氏と、幼いころから加藤と身近に接してこられた実妹本村久子氏には、かずかずの不躾な質問にたいしても快くお答えいただいた。両氏にお答えいただかなければ、本書の内容は確実にいま以上に乏しくなったはずである。また、加藤が遺した貴重な資料の本書への掲載（五点の中扉写真）についても、おふたりから御快諾いただいた。加藤ならびに矢島氏と本村氏にも、拝謝の念を記したい。

加藤にかんして伝えたいことはこれに尽きるわけではない。だが、紙幅の関係で今回は断念したことが少なからずある。それらはもし他の機会が与えられれば、そこで叶えたいと考える。つたないところ、到らぬところが多々残るだろう本書が、幸いにも読者の加藤理解の一助になれば、著者として、これに優る喜びはない。

二〇一一年八月　長崎原爆の日に

鷲巣　力

平凡社ライブラリー版 あとがき

本書は、二〇一一(平成二三)年に岩波書店から刊行された単行本『加藤周一を読む』を原本にしている。同書は二〇〇九(平成二一)年から二〇一〇(平成二二)年にかけて、同じく岩波書店から刊行された「加藤周一自選集」(全一〇巻、鷲巣力編、以下「自選集」という)全巻の解説をもとに、大幅に加筆したものである。「自選集」が完結してから早くも一三年が経つ。岩波書店版『加藤周一を読む』にはいくつかの制約があって不十分なところもあった。また今となっては到らぬ点も認められ、かねがねそれを補い正すことを願っていた。そのような願いを旧知の編集者竹内涼子さんに話すと、平凡社ライブラリーに収めてもよい、という竹内さんと平凡社の御意向をいただいた。そこで岩波書店に相談したところ、自社刊行物を他社の文庫に収めることを快く認めてくださった。両社の御厚意がなければ日の目を見ることはなかった書物である。

そもそも「自選集」には、同時代の加藤の出版物と相補う選集として編むという基本方針があり、廉価版があるものは――『羊の歌』(岩波新書、一九六八年)、『日本文学史序説』(上・下、ちくま学芸文庫、一九九九年)や『日本美術の心とかたち』(「加藤周一セレクション」三、二〇〇〇年)――、加藤の代表作であっても「自選集」に収めなかった。したがって「解説」でもそれらについてあまり触れていない。しかし、「加藤周一を読む」ためには、これらの書は不可欠であり、言及する必要を感じていた。

また、加藤の蔵書・資料類が立命館大学に寄贈され、同大学「加藤周一文庫」に収められた。それらの資料類が「加藤周一現代思想研究センター」スタッフの地道な努力によって、二〇一六(平成二八)年以降、順次ウェブ上で公開されている。なかでも大事なのは、一九三七(昭和一二)年から一九四二(昭和一七)年にかけて採られつづけた「手稿ノート」が、二〇一六年に公開されたことである。「青春ノート」と名づけられたノートには、早くもその後の加藤がはっきりと刻印されており、看過することはできない(「青春ノート」の抄録は、鷲巣力・半田侑子編『加藤周一　青春ノート――一九三七―一九四二』〔人文書院、二〇一九年〕として刊行された。同書の半田による校註は優れたもので、青春時代の加藤とその後の加藤との関係が鮮明に描かれている)。

平凡社ライブラリー版を刊行するに当り、編集者の竹内さんには「頁数があまり増えない限りで」という条件付きながら、いくつかの節を補綴《ほてい》することを認めてもらった。今回の補綴によって、加藤の青春時代から晩年に至るまでの道筋が、原本に比べて明瞭になったのではないか、と考えている。それは「青春ノート」に始まり一連の「雑種文化論」と「戦争と知識人」というふたつの著作群を助走として『日本文学史序説』『日本　その心とかたち』『日本文化における時間と空間』から成る「日本文化三部作」に達する道筋である。この三部作によって加藤が追究しつづけた主題は「日本人のものの考えかたとはいかなるものか」であった。加藤の半世紀を超える活動は幅広いとよくいわれるが、むしろこの一点に収斂していたといっても過言ではない。

文章表現や訂正すべき箇所などは、完全には是正し得なくとも出来る限り加筆訂正を心がけた。

結局、加筆訂正はほぼ全頁にわたった。かくして本書を『増補改訂 加藤周一を読む』と名づけたのである。なお、原本と増補改訂版を区別するために、新たに補綴した節題には〔＊〕を付した。しかし、短い挿入や字句の訂正などは、煩瑣《はんさ》を避けるためにいちいち断らなかった。

増補改訂版を編むにあたって心がけたことはほかにもある。ひとつは用字用語の統一である。これは至難の業であるにもかかわらず、校正者は、四五〇頁に及ぶゲラの隅々まで目を光らせ、不統一を細かく精査してくださった。もうひとつは難読漢字にルビを多めに振ったことである。難読漢字にルビを振れば、その字を読むことが出来るだけでなく、その漢字を覚えるきっかけになるだろうと考えたからである。ルビを付すか否かの判断も校正者の知見に助けられた。

一書を刊行するには多くの人の手を煩わせる。編集者の竹内涼子さん、校正者の鈴木剛《すずきたけし》氏、山田亮子《やまだりょうこ》氏にお力添えをたまわった。立命館大学平井嘉一郎記念図書館には、資料の閲覧の便宜を供してもらい、著作権継承者の本村雄一郎氏には、原本と同じく加藤の資料の使用をお認めいただいた。ここに記して謝意としたい。

加藤がこの世を去って一五年が経つ。加藤は「十五年戦争」のなかで自己形成し、その後生涯にわたって、少数者として生きつづけた。われわれは今、個人の尊厳と自由とが脅かされる時代に遭遇している。加藤の著作を読むことは、時勢に流されずに生きる少数者としての矜持《きょうじ》を学ぶことになるだろう。そして、生きる勇気も与えられるだろう。読者が加藤を理解するために、本書が些少《さしょう》なりとも役立つことを願っている。

二〇二三年八月一日　　鷲巣 力

略年譜（敬称略）〔＊〕

一九一九年（〇歳）
九月一九日、父加藤信一（東京帝国大学医学部附属病院勤務医、のちに開業医）・母ヲリ子の長男として、東京市本郷区本富士町一番地にて出生。
ほどなく東京府豊多摩郡渋谷町大字中渋谷に転居（中渋谷は二八年に金王町と改称される）。

一九二〇年（一歳）
一〇月、妹久子東京市豊多摩郡渋谷町にて出生。

一九二二年（三歳）
この年、父信一、東京帝国大学医学部附属医院退職、開業医となる。

一九二三年（四歳）
九月一日、関東大震災に遭い、母に背負われ逃げる。

一九二四年（五歳）
この頃、カトリック系の幼稚園に通うも馴染めずにほどなく退園。

一九二六年（七歳）
四月、東京府豊多摩郡渋谷町立常磐松尋常小学校（現・東京都渋谷区立常磐松小学校）に入学。
幼い頃病弱だったことが、運動を不得意にし、読書に親しませ、文学書を好ませる。

一九二八年（九歳）
この頃から祖父増田熊六に連れられて、従兄たちと映画を観るようになる。

一九三〇年（一一歳）
この頃、父の書斎に『万葉集』を見つけて披《ひら》き、音の響きの美しさに感動する。
この頃に原田三夫編集の雑誌『子供の科学』と、菊池寛編集、芥川龍之介協力『小学生全集』（全八八巻）を愛読する。

一九三一年（一二歳）
四月、東京府立第一中学校（現・東京都立日比谷高等学校）に飛び入学級試験に合格して入学。同学年に矢内原伊作が在籍したが、その頃に知りあうことはなかった。
九月、満州事変起きる。

この頃、一家は渋谷町大字金王町から同美竹町に引っ越す。
中学時代に『万葉集』を読み、芥川龍之介を愛読する。学校の方針に馴染めず中学時代を『羊の歌』では「空白五年」と表現する。

一九三五年（一六歳）
この頃、第一高等学校への飛び入学試験を受けるも不合格となる。
夏、妹久子とともに初めて信州追分に逗留（以後、亡くなるまで夏季には追分に滞在することを常とする）。追分で堀辰雄や立原道造や中村眞一郎らと知りあう。

一九三六年（一七歳）
二月、二・二六事件。
三月、東京府立第一中学校卒業。
四月、第一高等学校理科乙類入学。寄宿寮に入る。庭球部と映画演劇研究会に所属。
ドイツ文学の片山敏彦、国文学の五味智英の講義にも出席。また大野晋、小山弘志らと『万葉集』の輪講に参加する。

一九三七年（一八歳）
九月頃、矢内原忠雄の講義に出たが、その講義は自由主義者の最後の「遺言」を聞いているのだと感じる。
一二月、第一高等学校の『向陵時報』に「映画評「ゴルゴダの丘」」を藤澤正という筆名で発表（もっとも早い公表著作）。
この頃から「ノート」を採りはじめ、一九四二年五月までに八冊になる（「青春ノート」）。

一九三八年（一九歳）
三月頃、庭球部を退部する。
この年、第一高等学校の『校友会雑誌』の編集委員を務める。

一九三九年（二〇歳）
三月、第一高等学校理科乙類卒業。東京帝国大学医学部の入学試験に不合格となり、浪人生活に入る。
六月、矢内原伊作、小島信夫らと同人誌『崖』を創刊。
この年、世田谷区東松原に、半年後に同区赤堤に転居する。

一九四〇年（二一歳）
四月、東京帝国大学医学部入学。湿性肋膜炎を患い、一時生死のあいだを彷徨《さまよ》った。
医学部の授業とともに、文学部の授業も受け、仏文研究室に出入りもして、渡辺一夫の薫陶を受ける。福永武彦、森有正、三宅徳嘉などとも知己を得る。

一九四一年（二二歳）

一二月八日、太平洋戦争開戦の日、新橋演舞場で大阪・文楽座の引っ越し公演を観たと『羊の歌』には綴られる。実際は豊増昇のピアノリサイタルを聴きに行ったと思われる。

一九四二年（二三歳）

秋、中村眞一郎、福永武彦、窪田啓作らと文学者集団「マチネ・ポエティク」を結成。

一九四三年（二四歳）

九月、東京帝国大学医学部を繰り上げ卒業。同大学附属病院医局佐々内科に副手として勤務。

この頃、世田谷区松原に転居する。

一九四五年（二六歳）

春、東京帝国大学医学部佐々内科教室とともに信州上田の結核療養所に疎開、上田で敗戦を迎える。

九月、東京に戻り、目黒区宮前町に転居する。

一〇月、「原子爆弾影響日米合同調査団」の一員として約二カ月間広島に滞在し、調査と治療に当る。

一九四六年（二七歳）

戦後の出発点となる「天皇制を論ず」（『大学新聞』）、「天皇制について」（『女性改造』）、「新しき星菫派に就いて」（『世代』）を続けて発表。

五月三〇日、中西綾子と結婚。

一九四七年（二八歳）

五月、最初の著書である『１９４６　文学的考察』（共著、真善美社）刊行。

一九四九年（三〇歳）

一月、「ある晴れた日に」を『人間』（鎌倉書房）に連載（〜八月）。

五月三〇日、母ヲリ子、胃がんのため逝去。

この頃、埼玉県浦和市に転居する。

一九五〇年（三一歳）

二月、「日本の庭」（『文藝』）を発表。このときに自らを文筆家と意識する。

この年、東京大学で医学博士の学位を取得する。

この頃、東京都文京区駒込西片町に転居する。

一九五一年（三二歳）

三月、『抵抗の文學』（岩波新書）を刊行。

一一月、フランス政府半給費留学生として渡仏する。

一九五二年（三三歳）

一〇月、イタリア旅行。フィレンツェでヒルダ・シュタインメッツと出会う。

同月、『戦後のフランス』を刊行。

一二月、ヒルダを訪ねてヴィーンに行く。

同月、ヴァーグナーの『トリスタンとイゾルデ』を初めてヴィーンで観る。
一九五五年（三六歳）
三月、フランスより帰国。文京区駒込西片町の自宅に戻る。
東京大学医学部附属病院に復帰。
この頃、三井鉱山株式会社本店医務室に隔日勤務（〜五八年）。
四月、明治大学文学部非常勤講師（〜六〇年）。
六月、「日本文化の雑種性」（『思想』）を発表。
この年、ヒルダが来日する。綾子と別居し、ヒルダと世田谷区上野毛に暮すようになる。
一九五六年（三七歳）
九月、『雑種文化』（大日本雄弁会講談社）刊行。
一九五八年（三九歳）
九月、旧ソヴィエト連邦ウズベク共和国タシケントで開かれた第一回アジア・アフリカ作家会議準備委員会に出席。これを機に医業を廃して文筆業に専念する。
同会議後に、ユーゴスラヴィア連邦のクロアチア共和国、インドのケララ州を旅する（帰国は五九年一月）。
一九五九年（四〇歳）
九月、「戦争と知識人」（筑摩書房『近代日本思想史講座四』）を発表。
一九六〇年（四一歳）
六月、日本ペンクラブの声明文「安保条約批准承認に対して」を丸岡明とともに起草する。
一〇月、カナダ・ヴァンクーヴァーのブリティッシュ・コロンビア大学に准教授として赴任し、日本文学・日本美術を講じる（〜六九年）。
この年から東京大学文学部講師を務める（〜六一年）。
一九六二年（四三歳）
一月二九日、妻綾子との協議離婚届け出。
三月一四日、ヒルダ・シュタインメッツと婚姻証明書提出。
一九六四年（四五歳）
この年、ドイツのミュンヘン大学で客員教授を務める。
一九六五年（四六歳）
一月、「日本文化の時間と空間」論の嚆矢となる「日本文化の基本構造——源氏物語絵巻について」（『東京新聞』）を発表。
七月、短篇小説集『三題噺』（筑摩書房）刊行。
一九六六年（四七歳）
一一月、「羊の歌」（『朝日ジャーナル』）を連載（〜六七年四月）。

一九六七年（四八歳）
七月、「続羊の歌」（『朝日ジャーナル』）を連載（〜同年一二月）。
一九六八年（四九歳）
八月、チェコスロヴァキアを旅行。ソ連のプラハ侵攻をザルツブルクで知り、急ぎヴィーンに戻って精力的に情報収集。
八月に『羊の歌』、九月に『続羊の歌』（岩波書店）刊行。
一一月、「言葉と戦車」（『世界』）を発表。
一九六九年（五〇歳）
九月、ベルリン自由大学教授に就任（〜七三年）。同大学東アジア研究所所長に就任。
一九七一年（五二歳）
九月、中島健蔵の勧めを受けて、日中友好協会訪中団の一員として初めて中国を訪問する。
一九七二年（五三歳）
一月二四日、ソーニャ・クンツェンドルファーを妻ヒルダ・シュタインメッツとともに養子縁組する。
一九七三年（五四歳）
一月、朝日新聞客員論説委員（〜七九年九月）。
同月、「日本文学史序説」（『朝日ジャーナル』）の連載を始める（〜七四年八月）。
この頃より矢島翠と同居する。
一九七四年（五五歳）
四月二二日、父信一逝去。
七月一八日、ヒルダと協議離婚届け出。
九月、アメリカのイェール大学で客員講師（〜七六年八月）。
一九七五年（五六歳）
二月、『日本文学史序説　上』（筑摩書房）刊行。
四月、上智大学教授に就任（〜八五年三月）。
一九七八年（五九歳）
一月、「続日本文学史序説」（『朝日ジャーナル』）の連載を始める（〜七九年九月）。
四月、スイスのジュネーヴ大学客員教授（〜七九年四月）。
一〇月、「加藤周一著作集」（第I期全一五巻・付録一巻）、平凡社より刊行開始（〜八〇年五月）。
一九七九年（六〇歳）
一一月、平凡社『大百科事典』編集長に就任。
一九八〇年（六一歳）
四月、『日本文学史序説　下』（筑摩書房）刊行。
一〇月、『日本文学史序説』（筑摩書房）で第七回大佛次郎賞受賞。なお同書は、英語、仏語、独語、伊語、ルーマニア語、中国語、韓国語、トルコ語の八カ国語に翻訳されている（二〇二三年七月現在）。

一九八三年（六四歳）
一月、イギリスのケンブリッジ大学客員教授（〜同年六月）。
三月二四日、ヒルダ逝去（享年四九）。
一〇月、ヴェネツィア大学客員教授（〜八四年七月）。

一九八四年（六五歳）
四月、『サルトル』（「人類の知的遺産」講談社）刊行。
七月、「夕陽妄語」（『朝日新聞』）の連載を始める（〜二〇〇八年七月）。

一九八五年（六六歳）
三月、フランス政府より芸術文化勲章シュヴァリエ（Chevalier des Arts et des Lettres）を授与される。

一九八六年（六七歳）
四月、メキシコのコレヒオ・デ・メヒコ大学客員教授（〜同年七月）。

一九八七年（六八歳）
四月、アメリカのプリンストン大学で講義。
一一月、NHK『日本　その心とかたち』（前半）放送。同時に平凡社が同名書（第一巻〜第五巻）刊行。後半（第六巻〜第一〇巻）は一九八八年三月の放送（NHK）と同時に刊行（平凡社）。

一九八八年（六九歳）
四月、立命館大学国際関係学部客員教授に就任（〜二〇〇〇年三月）。
一〇月、東京都立中央図書館館長に就任（〜九六年三月）。

一九八九年（七〇歳）
一月、アメリカのカリフォルニア大学デーヴィス校で講義（〜同年三月）。
同月、加藤周一・前田愛編『文体』（「日本近代思想大系」岩波書店）刊行。同書解説として「明治初期の文体」を発表。

一九九一年（七二歳）
九月、丸山眞男・加藤周一編『翻訳』（「日本近代思想大系」岩波書店）刊行。同書解説として「明治初期の翻訳」を発表。
一一月、加藤周一編『中原中也』（「近代の詩人」潮出版社）刊行。同書解説として「中原中也の日本語」発表。

一九九二年（七三歳）
四月、立命館大学国際平和ミュージアム館長（〜九五年三月）。
同月、ドイツのベルリン自由大学客員教授（〜同年七月）。
一九九三年（七四歳）
七月、加藤周一編『斎藤茂吉』（「近代の詩人」潮出版社）刊行。同書解説として「齋藤茂吉の世界」発表。
一九九四年（七五歳）
一月、一九九三年度朝日賞を受賞。
一九九五年（七六歳）
三月、中国の北京大学で講義（～同年四月）。
一月、『鷗外・茂吉・杢太郎』（NHK人間大学テキスト、日本放送出版協会）刊行。放送は、同年一月から三月末まで。
一九九六年（七七歳）
一〇月、「加藤周一著作集」（第Ⅱ期全九巻）を平凡社から刊行開始（～二〇一〇年九月）。
一九九七年（七八歳）
一月、アメリカのポモーナ大学客員教授（～同年五月）。
二〇〇〇年（八一歳）
二月、フランス政府よりレジオン・ドヌール勲章オフィシエ（Officier de la Legion d'honneur）を授与される。
二〇〇一年（八二歳）
二月、中国の香港中文大学にて講義（～同年四月）。
二〇〇二年（八三歳）

一二月、イタリア政府より勲章コンメンダトーレ（Commendatore）を授与される。

二〇〇四年（八五歳）

四月、仏教大学客員教授に就任（～二〇〇六年三月）。

六月、「九条の会」の呼び掛け人に加わる。以後、積極的に「九条の会」関連の講演を続ける。

二〇〇七年（八八歳）

七月、『高原好日』（信濃毎日新聞社）刊行。

三月、『日本文化における時間と空間』（岩波書店）刊行。

二〇〇八年（八九歳）

一〇月、体調不良につき検査入院。

五月、年初より体調がすぐれず検査を受け、進行性胃がんと診断される。

七月、「夕陽妄語」の「さかさじいさん」が絶筆となる。

八月、カトリックの洗礼を受ける。洗礼名は「ルカ」。

一二月五日午後二時五分、東京・世田谷区内の有隣病院にて多臓器不全のために逝去。

二〇〇九年
九月、鷲巣力編「加藤周一自選集」（全一〇巻、岩波書店）刊行開始（～二〇一〇年九月）。

作成：鷲巣 力

[著者]
鷲巣 力（わしず・つとむ）
1944年東京都生まれ。ジャーナリズム論、戦後思想史。東京大学法学部を卒業後、平凡社に入社、『林達夫著作集』や『加藤周一著作集』などの編集、『太陽』編集長を経て、取締役。退任後、立命館大学客員教授、同大学加藤周一現代思想研究センター長を経て、現在同研究センター顧問。
著書に『公共空間としてのコンビニ——進化するシステム24時間365日』（朝日選書）、『加藤周一はいかに「加藤周一」となったか——『羊の歌』を読みなおす』（岩波書店）、『書く力——加藤周一の名文に学ぶ』（集英社新書）、『丸山眞男と加藤周一——知識人の自己形成』（共著、筑摩選書）など多数。

平凡社ライブラリー 952
増補改訂《ぞうほかいてい》 加藤周一《かとうしゅういち》を読《よ》む
「理《り》」の人《ひと》にして「情《じょう》」の人《ひと》

発行日…………2023年9月5日　初版第1刷

著者……………鷲巣 力
発行者…………下中順平
発行所…………株式会社平凡社
〒101-0051　東京都千代田区神田神保町3-29
電話　(03)3230-6579［編集］
(03)3230-6573［営業］

印刷・製本……中央精版印刷株式会社
D T P…………大連拓思科技有限公司＋平凡社制作
装幀……………中垣信夫

ISBN978-4-582-76952-4

平凡社ホームページ https://www.heibonsha.co.jp/